# 지구화와 이주 그리고 생명평화

**표지 그림 설명**

이 그림은 한국을 대표하는 화가 이중섭이 1954년에 그린 '길 떠나는 가족'이라는 작품이다. 이중섭은 1945년에 일본인 야마모토 마사코(한국 이름 이남덕)와 혼인하고 두 아들과 함께 행복한 시간을 보냈다. 하지만 생활고와 건강악화로 가족을 일본으로 떠나보내고 홀로 생활했다. 가족과 떨어져 살았던 화가가 어려움을 극복하고 가족과 함께 이상적 삶을 살고픈 희망을 표현한 그림 중 하나가 '길 떠나는 가족'이다.

# 지구화와 이주 그리고 생명평화

박노자 성상희 박흥순 오경석 이용승 이용재 오현선 김수진

도서출판**참**

지구화와 이주
그리고 생명평화

초판1쇄 인쇄 2019년 12월 5일
초판1쇄 발행 2019년 12월 10일

지은이 | 박노자 성상희 박흥순 오경석 이용승 이용재 오현선 김수진
펴낸곳 | 프리드리히 에버트 재단
다문화평화교육연구소
사단법인 생명평화아시아
주소 | 대구시 수성구 명덕로 411 광덕빌딩 8층
전화 | 053) 753-1894
전자우편 | ecopeace-a@naver.com
편집디자인 · 출판 | 도서출판참 053)256-6695


ISBN 979-11-87023-07-4
책값은 뒤표지에 있습니다.

# 책을 내면서

우리 함께 걷고 있다

박노해

오늘도 길을 걷는 우리는
알 수 없는 먼 곳에서 와서
알 수 없는 먼 곳으로 돌아간다

우리의 힘든 발자국들은
한 줌의 먼지처럼 바람에 흩어지니
그러나 염려하지 마라

그 덧없는 길을
지금 우리 함께 걷고 있으니

빛고을 광주에서 주로 활동하는 다문화평화교육연구소와 달구벌 대구에 뿌리를 둔 생명평화아시아가 뜻과 마음을 모아 달빛동행을 함께 실천하고 있습니다. 그 첫 번째 사업으로 세계 사회민주주의의 전파자이자 한국 민주주의 운동의 후원자 역할을 하고 있는 프리드리히 에버트 재단(Friedrich-Ebert-Stiftung)과 협력하여 “지구화와 이주 그리고 생명평화”를 출간하게 되어 매우 기쁩니다.

비영리민간단체 다문화평화교육연구소는 선주민과 이주민이 평화롭게 공존하는 사회를 만들기 위해서 2015년부터 교육과 연구출판 사업을 활발히 진행하고 있습니다. 사단법인 생명평화아시아는 약 4년간의 준비 끝에 2018년 창립되었는데, 생명이 존중받고 평화가 실현되는 공동체와 그 속에서의 평화로운 삶을 지향하고, 생명과 평화의 가치를 바탕으로 한 아시아인의 소통과 연대를 위해서 노력하고 있습니다.

과학자들에 따르면 약 137억 년 전 빅뱅이라는 사건으로 물질과 에너지, 시간과 공간이 존재하게 되었고, 약 45억 년 전 지구 행성이 형성되었습니다. 250만 년 전 아프리카에서 시작된 인류(호모 속에 속하는 현존하는 모든 종)가 아프리카에서 유라시아로 이주하였고, 20만 년 전 호모 무리 중에서 현 인류의 조상인 호모 사피엔스가 출현하여 7만 년 전 아프리카에서 다른 대륙으로 이주 · 정착한 이후 현재 아시아, 유럽, 아메리카 등 6대주에 걸쳐 77억 명의 인류가 193개의 나라를 이루어 살고 있습니다.

20세기 초 일제 강점기에 사할린으로 이주한 우리 동포들은 1917년 소련에 의해서 중앙아시아로 강제 이주를 당하여 허허벌판에서 논과 밭을 일구며 살았고, 남미 브라질과 하와이로 이주하여 사탕수수 밭에서 일하였으며, 미국과 일본 등지로 이주하여 고단한 삶을 살았습니다. 1960년대에는 독일에 광부와 간호사로, 1970년대에는 사우디아라비아 등 서남아시아 지역에 건설노동자로 이주하였고, 수많은 아이들이 입양이라는 이름으로 한국을 떠나 이주민의 삶을 살아야 했습니다. 다른 한편으로 해방 이후 한국 경제의 비약적인 성장 이후 아시아를 비롯한 여러 나라의 사람들이 한국으로 들어와 노동자 혹은 한국 선주민의 배우자로서 이주민의 삶을 살고 있습니다.

이 책은 '생명과 평화'의 관점에서 이주민의 삶과 인권현실을 살피고 생명평화의 가치에 부합하는 이주민 정책의 큰 방향을 밝히고 있습니다. 이 책이 다양한 이유와 목적으로 이주해서 살아가는 이주민이 선주민과 어떻게 소통하고 공존할 수 있을까 라는 질문에 대한 대답을 제시하는 마중물이 되기를 기대합니다. 또한 이 책이 이주민을 위한 활동가, 시민, 연구자 등에게도 도움이 되기를 소망합니다.

이 책의 집필에 참여한 여덟 분의 연구자, 집필과 출판 비용을 감당하고 제반 절차를 도와 준 프리드리히 에버트 재단 한국사무소의 스벤 슈베어젠스키(Sven Schwersensky) 소장과 헤닝 에프너(Henning Effner) 신임 소장, 김태현 담당 매니저께 감사드립니다. 또한 이 책을 기획한 생명평화아시아 성상희 이사와 다문화평화교육연구소 박흥순 소장, 이 책이 나오기까지 집필자 선정에서, 강연회, 필자토론회, 교정 등 제반 절차를 챙긴 생명평화아시아의 손영호 연구기획이사, 남은경 사무국장, 이명은 활동가, 그리고 이 책이 세상에 나올 수 있게 수고해 주신 도서출판참 윤지현 대표에게 감사드립니다.

메소포타미아 길가메시 서사시에는 인생에 관한 다음과 같은 글이 있습니다.

"인생의 시작과 끝은 정해져 있으니, 첫 번째는 의미 있는 일을 하고, 두 번째는 잘 놀고, 세 번째는 서로 사랑을 나누는 것이 인생의 정답이다."

우리 함께 그 길로 걸어가면 좋겠습니다.

2019년 11월 하순

프리드리히 에버트 재단, 다문화평화교육연구소, 생명평화아시아를 대표하여
생명평화아시아 이사장 유한목이 씁니다.

# 서 문

“빨리 가려면 혼자 가고, 멀리 가려면 함께 가라”는 아프리카 코사(Xhosa)족 속담을 넬슨 만델라 남아프리카공화국 대통령이 자주 인용했다고 한다. 이 세상이 혼자 걷는 길이 아니라 함께 걷는 여정이라고 힘주어 말하는 것이다. 다문화사회는 혼자 빨리 걷는 여정이 아니라, 모두 함께 걷는 여정이다. 이주민과 선주민이, 이주민과 이주민이, 선주민과 선주민이 모두 이인삼각(二人三脚) 경주를 함께 하는 것과 흡사하다.

이 여정에 달구벌과 빛고을에서 활동하는 두 단체가 뜻을 모아서 달빛동행을 실천하는 첫 단계로 이 책을 출간하게 되었다. 빛고을 광주에 자리한 다문화평화교육연구소와 달구벌 대구에 뿌리를 둔 사단법인 생명평화아시아가 함께 뜻을 모았다. 그리고 세계 사회민주주의의 전파자이자 한국 민주주의 운동의 든든한 후원자 역할을 하였던 프리드리히 에버트 재단(Friedrich-Ebert-Stiftung)의 도움을 받아 이 책이 세상에 나오게 되었다. 두 단체가 추구하는 으뜸 가치인 생명과 평화로 이주민의 삶과 인권현실을 살피고 생명평화 가치에 부합하는 이주민 정책을 제안하자는 것이 이 책의 기획 취지이다.

생명평화아시아는 생명이 존중받고 평화가 실현되는 공동체와 그 속에서의 평화로운 삶을 지향하며, 생명과 평화의 가치를 바탕으로 아시아인의 소통과 연대를 위해 노력하고 있다. 다문화평화교육연구소는 선주민과 이주민이 평화롭게 공존하는 사회를 만들기 위해 2015년부터 교육과 연구, 출판 사업을 활발히 진행하고 있으며 생명평화아시아와 가치를 공유하면서 일상적인 교류를 하고 있다. 책 출간을 위해 몇 차례 기획회의를 거쳤는데 그 과정에서 정리된 주요한 문제의식은 다음과 같다.

첫째, 한 사회의 생명존중 수준은 그 사회에서 가장 낮은 지위에 있는 사람이 어떤 대우를 받고 있는가와 관련이 있다. 현재 한국에는 200만 명이 넘는 이주민이 거주하고 있으며 이들 중 상당수는 한국 사회에서 가장 취약한 계층이다. 특히 이주노동은 상대적 저임금이라는 자본의 필요에 의해 만들어진 것으로 "차별"을 내포하고 있다. 한국 사회에서 이주민 처지를 생명존중 가치로 살펴볼 필요가 있다. 둘째, 평화로운 삶은 서로 해치지 않고 누구나 절제된 속에서 즐겁게 살아가는 것을 의미한다. 한국 사회에서 대부분의 이주민은 열악한 직업과 생활 조건, 사회적 차별 속에서 불공평한 처우를 받고 있다. 이런 현실을 극복하고 이주민은 평화로운 삶을 누릴 권리가 있다. 셋째, 한국의 이주민들은 주로 아시아권으로부터 온 사람들이고 이들의 이주는 출신국의 경제와 정치 현실을 반영하고 있다. 이주민 문제의 해결방안을 찾고 바람직한 이주 정책을 수립하기 위해서는 이들 나라에 대한 이해를 바탕으로 한 소통과 연대가 필요하다.

두 단체는 이러한 문제의식을 토대로 글의 주제와 필자를 정하였다. 그리고 프리드리히 에버트 재단에 공동으로 책을 출간하자는 제안을 하였다. 노동문제는 프리드리히 에버트 재단의 이념인 사회민주주의의 핵심적인 주제이며, 이주노동은 노동 내부에서 차별이 드러나는 부분으로 사회민주주의의 주요한 가치인 평등의 실현이라는 관점에서 중요한 주제라고 인식을 하고 두 단체가 프리드리히 에버트 재단에 제안을 한 것이다. 프리드리히 에버트 재단이 사업 제안을 흔쾌히 수용하여 생명평화아시아와 다문화평화교육연구소, 프리드리히 에버트 재단이 공동으로 이 사업을 진행하게 되었다.

필자들이 한창 원고를 작성하던 중이었던 7월에 일시 귀국한 박노자 교수를 초청하여 "지구화와 이주 그리고 역사"라는 제목으로 서울에서 강연회를 열었다. 이 강연은 민주사회를 위한 변호사모임과 공동으로 진행하였다. 그 뒤 9월에 필자들이 모여서 토론회를 가졌는데, 각자 원고를 발표하고 동료 필자들이 수정, 보완 의견을 내는 자리였다. 필자토론회 이후 다시 제출된 원고를 생명평화아시아 사무국에서 교정 작업을 하였고, 필자와 교정 작업자 사이에 수차례 의견이 오고간 후 최종 원고를 완성할 수 있었다. 책 내용을 간략히 소개한다.

"지구화와 이주 그리고 아시아와 한국"은 스스로 이주민의 지위에서 한국생활을 시작하여 깊고 밝은 눈으로 한국사회를 들여다보고 여러 글과 책으로 한국 독자들에게 메시지를 전해 온 박노자 교수의 글이다. 이 글은 세계적인 신자유주의 시대 이민 정책이라는 맥락에서 한국 이민의 현실, 그리고 이민 정책을 점검해 본다. 박노자는 신자유주의 시대의 전반적 경향과 마찬가지로, 한국에서도 이민 인구는 극도로 파편화 되어 있으며, 체류 조건이 훨씬 더 좋은 전문직과 대개 단기 체류만 할 수 있는 육체노동자 사이의 차별도 크지만, 동시에 한국계 외국인을 의미하는 동포와 결혼 이주자 등도 특별한 범주로서 국가에 의해 별도로 관리되고 있다고 본다. 결론에서 필자는 선택적 배제와 동화 압력으로 점철된 한국의 이민 정책은 이민 사회로의 원활한 이동을 어렵게 하는 만큼 그 개선이 사회적 급선무 중의 하나라고 맺음을 한다.

생명평화아시아 이사인 성상희의 글 "생명평화의 눈으로 바라보는 이주와 이주민"은 생명평화사상이라는 눈으로 이주문제를 어떻게 바라볼 것인가라는 조금 색다른 시도를 한다. 주요 종교의 생명과 평화에 대한 관점을 분석하고, 전통신앙과 불교에서 시작하여 동학, 한살림, 생명평화결사로 이어지는 한국의 생명평화사상을 조망한다. 이어서 생명평화의 관점에서 이주와 이주민 문제를 어떻게 바라볼 것인가라는 방향을 제시한 후, 이주민을 바라보는 인종주의 시각의 극복, 생명평화의 가치에 반하는 이주문제 관련 용어 사용, 한국 이민정책의 이중성과 다문화주의의 편협성, 이주민 지위에 관한 국제기준과 그에 미치지 못하는 한국의 현실을 분석한다. 성상희는 우리는 모두 '국민'이기 이전에 '인간'이며, 자본의 이동이 자유로운 만큼 사람의 이동도 자유롭도록 보장하는 이주 정책이 국민국가와 대륙연합체 수준에서 수립되어야 함을 주장한다. 결론에서는 생명평화의 가치와 생명평화운동이 이주민의 운동과 만나야 하고 만나게 될 것이라는 점을 강조한다.

"평화에 비추어 본 이주와 이주민"은 공존과 평화의 개념에 주목하여 연구하는 성서학자로 기독청년의료인회 협동목사, 다문화평화교육연구소 소장으로 왕성한 실천 활동과 집필 작업을 하고 있는 박흥순의 글이다. 박흥순 소장은 "이주민과 선주민 사이에서 일어날 수 있는 다양한 갈등과 문제에 대한 진단이나 분석을 시도하는 글"이 아니라 "다양한 이유와 목적으로 이주해서 살아가는 이주민과 선주민이 어떻게 소통하고 공존할 수 있을까라는 질문"에 대안을 제시하는 시도라고 밝힌다. 박흥순은 '평화'를 사람과 사람이 서로 비추어 보는 것, 사람과 사람이 서로 배우는 것, 그리고 사람과 사람이 함께 사는 것이라고 정의한다. 이 글은 선주민과 이주민이 서로 비추고, 선주민과 이주민이 서로 배우고, 선주민과 이주민이 함께 살아가는 것을 평화에 비추어 살펴본 글이다.

안산 국경 없는 마을의 형성에 주요한 역할을 하였고 경기도외국인 인권지원센터 소장으로 일하면서 이주문제를 오랫동안 천착해 온 오경석 박사의 "이주민의 인권: 담론과 현실의 거리는 좁혀질 수 있을까"는 열정적인 이주민 인권 옹호 활동에도 불구하고 이주민 인권 담론과 현실의 간격이 좁혀지지 않는 이유는 무엇인지 물으면서 인권과 주권의 모순관계, 문화적 권리에 대한 둔감성이 구조적인 요인이라고 지적한다. 그 간격을 좁히기 위해서 이주인권 옹호 활동의 지향점이 이주 인권의 주류화로부터 '비-비주류화'로 재설정될 수 있어야 한다고 제안한다. 이주 인권의 비-비주류화를 위해 그는 이주민 현실의 비통계적인 재구성, 국가주의와 구분되는 담론의 형성, 외국인 혐오에 대응할 수 있는 논거와 전략의 개발, 새로운 정치의 공간으로서 지역의 중요성 등이 새롭게 토론될 수 있어야 한다고 강조한다.

"이주민 사회통합과 주민권"은 대구대학교에 재직하면서 대구대 다문화사회정책연구소 부소장을 맡고 있고, 녹색당 당원이자 생명평화아시아 연구기획모임의 구성원으로서 꾸준히 이주와 이주민에 관한 연구를 진행하고 있는 이용승 교수가 쓴 글이다. 이 글은 주민권을 통해 이주민의 지역사회 통합방안을 제시하고 있다. 이 글의 연구 질문은 두 가지이다. 첫째, 이주민 지역사회통합이란 무엇이며, 그것은 어떤 경로로 가능한가? 둘째, 그 과정에서 지위, 권리 혹은 정체성으로서 주민권은 어떤 역할을 할 수 있는가? 주민권은 체류자격 내지는 법적 지위, 인종, 민족, 출신국가, 개인적 성향, 계급, 사회적 지위 등과 무관하게 단지 그가 해당 지역의 주민이라는 이유만으로 마땅히 인정되어야 하는 권리와 지위, 정체성이 있다는 것을 말한다. 글의 목적 달성을 위해 먼저 사회통합의 의미를 규정하고 이를 지역과 연결했다. 이 과정에서 이주민의 주체성을 강조했다. 다음으로 시민권의 내용으로부터 유추하여 주민권의 내용을 구성하였고, 보편성과 다문화주의, 인권과의 관계를 통해 주민권의 정당화를 시도하였다. 마지막으로는 주민권의 구체적 구현방안을 제시했는데, 이주민의 욕망에 대한 정직한 대면, 이주민의 정책 결정 과정 참여, 체류 기간 확대, 이주민의 책임과 의무 부담 등이 그것이다. 마지막으로 주민권을 주장할 때 유의할 점 몇 가지를 제시하는 것으로 결론에 갈음하였다.

정치학 박사학위를 받고 경상북도의회 사무처 주무관으로 재직 중인 이용재 박사의 글 "우리는 왜 이주노동자의 권리를 보호해야 하는가"는 국가 간 경제격차가 심화되면서, 생존을 위해 국경을 넘는 대부분의 이주자들이 새로운 국가에서 이주노동자로 살아가고 있으며, 불안한 법적·사회적 지위로 열악한 노동환경에서 생존을 위한 노동을 강요받고 있는 현실에서 이들의 최소한의 권리를 보호해야 하는 이유에 대해 답하고자 하는 문제의식에서 쓴 글이다. 노동의 권리는 사회권적 기본권의 성격에 더하여 자유권적 기본권의 성격도 아울러 가지고 있는 국가 이전에 이미 형성된 삶의 권리이며, 세계화시대에 다른 국가의 국민이기도 한 이주노동자의 권리보호는 상호 의존하는 국제관계에 비추어도 당연하다고 주장한다. 더불어 한 국가에서 인권침해는 세계의 인권 향상을 저해하는 행위라는 점에서 국제사회 모든 구성원이 함께 행동해야 한다고 말한다.

"2018년도 광주지역 혼인이주여성 상담사례의 도전과 의미"는 오랫동안 대학에서 신학을 가르치면서 이주문제에 대한 깊이 있는 논문을 쓰고, 이주민 인권개선을 위한 교육활동을 해 오다 최근 대학에서 은퇴하고 1인 연구소 "공간 엘리사벳"을 운영하고 있는 신학자 오현선 박사가 집필하였다. 글은 2018년 광주 다누리콜센터가 실시한 혼인이주 여성의 상담사례 보고서를 중심으로 혼인이주 여성이 겪는 폭력의 내면을 비판적으로 살피고 있다. 필자는 문화가 다른 두 존재의 만남으로 이룬 국제혼인가정에서 '더 가난한 나라에서 온 여성 아내'는 '상대적으로 경제력을 가진 가부장 남성 남편'에 비해 열등한 위치에 배치된다는 것을 지적한다. 또한 불평등하게 서열화된 관계 도식에서 이주여성으로서 겪는 폭력 문제에 대한 원인진단과 해결방식을 탈식민주의 관점과 탈가부장주의 관점에서 제안하고 있다.

"정치이념과 이민정책"을 쓴 김수진 박사는 베를린 자유대학교에서 원자력정책 비교연구로 박사논문을 쓰고, 원자력과 녹색전환에 대한 연구를 해 온 학자이다. 김수진의 글은 노동이민과 난민정책을 둘러싸고 독일에서 최근 전개된 정치적 논쟁을 소개하고 이와 관련된 다양한 쟁점을 자유주의, 평등주의, 그리고 민족주의 담론으로 분석한다. 그는 정치학자 샹탈 무페의 주장에 기반하여 다원 민주주의의 작동을 위한 핵심 기제로서 정치적 논쟁의 중요성을 강조한다. 우리사회에서 인권의 사각지대에 방치되고 있는 미등록 이주민 문제는 결국 이민이나 난민 문제에 대한 책임 있는 정치적 논쟁과 정책 부재에 기인한다고 주장한다.

이 책이 나오기까지 많은 분들의 노력과 도움이 있었다. 우선 기획단계에서부터 함께 논의하고 전체 과정을 같이 점검하며 집필비용과 출판비용의 대부분을 감당해 준 프리드리히 에버트 재단의 참여와 도움이 없었다면 이 책은 나올 수 없었을 것이다. 애정을 가지고 기획단계에서 방향과 내용에 관하여 좋은 제안을 해 주고 적지 않은 금액의 재정지원을 결정하고 실행해 준 프리드리히 에버트 재단 한국사무소의 스벤 슈베어젠스키(Sven Schwersensky) 소장과 이 책의 출판단계에서 한국에 부임하여 책 출간의 마지막까지 도움을 준 헤닝 에프너(Henning Effner) 신임 소장에게 고마움의 인사를 전한다. 프리드리히 에버트 재단의 지원업무는 김태현 매니저가 담당하였다. 김태현 매니저는 책 출판과 관련된 절차, 비용지원 등 전체 일정에 걸쳐 필요한 사항을 점검하고 집필과 출판이 될 수 있도록 지원을 아끼지 않았다. 김태현 매니저와 프리드리히 에버트 재단 한국사무소의 모두에게 감사드린다.

다음으로 생명평화아시아의 연구기획과 출판 업무 담당자들의 꼼꼼한 지원과 노력에 감사드린다. 생명평화아시아 손영호 연구기획 이사는 기획단계에서부터 프리드리히 에버트 재단과의 협의, 집필자 선정과 집필 독려, 강연회, 필자토론회 등 제반 절차를 기획하고 집행하는데 중요한 역할을 하였으며, 교정 작업 전반에 걸쳐 많은 노력을 하였다. 생명평화아시아 연구기획모임의 구성원인 이용승 교수는 스스로 집필에 참여하는데 더하여 집필자를 선정하고 집필에 참여하도록 요청하고 설득하는 수고를 하였다. 남은경 사무국장, 이명은 청년활동가는 강연회와 필자토론회의 진행을 위한 준비, 교정 작업에 힘을 쏟았다. 이주노동자와 결혼이주여성의 벗으로 그들의 인권옹호를 위한 변론을 왕성하게 해 온 박정민 변호사도 필자토론회에 참가하여 의견을 주고 교정 작업에서도 중요한 역할을 맡아 주었다. 모두에게 고맙다는 말씀을 드린다. 마지막으로 이 책이 만들어져 나오기까지 알뜰한 챙김으로 훌륭한 단행본을 만들어 준 도서출판참 윤지현 대표께도 감사드린다.

필자토론회가 9월 20일에 있었는데 열흘 전이었던 9월 10일 경북 영덕군 축산면에 있는 수산물가공업체에서 일하던 베트남과 태국 출신 이주노동자 4명이 젓갈 가공공장 지하탱크를 청소하기 위하여 들어갔다가 질식하여 사망하는 충격적인 사건이 발생하였다. 이주노동자들은 한국 국적 노동자에 견주어 임금과 복리후생에서 차별을 받을 뿐 아니라, 생명과 신체의 보호라는 산업안전보건 측면에서도 매우 열악한 지위에 놓여 있는 실정이다.

이주민들이 자유로운 상태에서 공평한 조건에 따라 한국 땅에서 일을 할 수 있고, 한국인과 외국인이 필요에 따라 서로의 국적을 취득하고, 인연에 따라 결혼하고 평등한 가정생활을 할 수 있게 되는 것이 생명평화의 가치가 실현되는 이주민의 삶의 모습일 것이다. 이 책이 이주노동운동을 포함하여 이주민 운동에 헌신하는 이주민과 선주민 출신의 활동가, 지원업무를 수행하는 선한 시민과 종교인들, 이주 문제와 이주운동에 대한 연구 활동을 하는 연구자들에게 조그마한 도움이 될 수 있기를 기대한다.

모두에게 고맙다는 인사를 드린다.

모두에게 평화를!

2019년 11월 29일

집필자를 대표하여 박홍순과 성상희

차 례

## 제1장 지구화와 이주 그리고 생명평화



## 제2장 이주민의 권리



## 제3장 이주민의 삶과 이민정책

# 제1장

# 지구화와 이주 그리고 생명평화

# 지구화와 이주 그리고 아시아와 한국

**박노자** (블라디미르 티호노프, 오슬로대)

## 1. 자본주의, 신자유주의, 이민자들의 흐름

인류의 역사는 이주의 역사다. 원시시대부터 최근까지 다양한 집단과 개인들이 그 거주 지역을 수시로 바꾸어왔는데, 이는 호모 사피엔스로서 당연한 역사의 진행이다. 특정 지역 내지 기후 속에서만 그 서식이 가능한 많은 기타의 종류들과 달리 호모 사피엔스는 지구 대부분의 지역에서 생존이 가능하기에 이주는 우리에게 한 곳에서의 세거(世居)만큼이나 자연스럽다. 한반도의 역사 역시 안으로의 인구 유입과 밖으로의 인구 유출 기록으로 가득 차 있다. 중국 내지로 강제 이주를 당한 고구려 패망 이후의 고구려인이나 8-9세기의 산동반도 "신라방"(新羅坊)부터 구한말의 노령(露領), 간도, 하와이로의 이주까지, 한반도인들이 계속해서 밖으로 나갔다. 동시에 계속해서 여진족이나 명나라의 유신(遺臣)부터 일부의 일본인까지 각종의 외래 인구 집단들이 비교적 대외고립적인 정책으로 일관해온 조선시대에도 한반도로 유입돼 왔다.[1] 아무리 '쇄국'(鎖國)을 선포해도 인간 집단들의 이동을 막을 수 없는 건 역사의 바꿀 수 없는 본질이다. 실은 '쇄국'이란 용어는 에도시대 일본에서 만들어졌는데, 그 때도 예컨대 나가사키에 네덜란드인이나 중국인 등이 거주할 수 있었다.[2] 완전한 '쇄국'이란 사실 불가능한 것이다.

전통시대의 국경 통제도 이민을 막을 수 없었지만, 근대 자본주의는 과거에 일찍이 보지 못한 각종 이주의 대량화를 가져왔다. 교통수단이 나아짐에 따라 이주의 비용이 떨어지고, 동시에 전 지구 자본들의 불균형 발전 속에서 여러 지역에서의 노동력에 대한 수요가 요동쳤고 수많은 노동자들이 노임이 약간이라도 더 높은 곳을 향해 바다와 국경을 넘어가기 시작했다. 동시에 자본주의 시대 국민 국가의 동원 능력은 전통시대 국가들에 비해 훨씬 강해서, 많은 경우에 특히 전시의 강제 동원에 의한 이주들이 발생하곤 했다. 예컨대 식민지 시대 수만 명의 중국 화교들의 조선으로의 이주가 대체로 '시장 주도적'(market-driven)이었다면, 1945년에 이르러 거의 2백만 명에 달한 재일 조선인들의 다수는 바로 징용당한 비자발적 이주자들이었다.[3] 이렇게 해서 자본과 시장, 그리고 근대 국가의 힘은 근·현대 동아시아의 마이너리티들을 만들고 있었다.

근대 그 자체도 이민을 촉발시키고 대량화시키지만, 특히 신자유주의는 과거에 비해 훨씬 더 많은 이민자들을 발생시킨다. 신자유주의는 근본적으로 (개인이 아닌) 기업의 '자유', 즉 전후 자본주의 체제에서 (서구) 복지국가나 (동아시아) 개발 국가가 기업들에게 가해온 각종 규제 내지 제한의 철폐를 지향한다. 경제적으로는 사회의 전체적인 부

---

1) 최양규, 《고려~조선시대 중국 귀화성씨의 정착》, 『백산학보』 제73집, 2005, 219-240쪽.

2) Masashi Haneda, *Asian port cities, 1600-1800: Local and Foreign Cultural Interactions*. National University of Singapore Press, 2009, pp. 24-43.

3) Michael Weiner, *Race and Migration in Imperial Japan*. London, Routledge, 2009, pp. 187-209.

에서 노동 소득이 줄어드는 만큼 자본 소득이 늘어나고, 정치적으로는 자본이 국가 위에 군림하면서 국가 관료 집단을 지배 블럭(ruling bloc)의 하위 파트너처럼 우월적 입장에서 활용하게 된다.[4] 복지 국가는 복지 혜택 수혜자 숫자의 통제 차원에서라도 이민을 엄격히 관리하고, 개발 국가는 '국민 통합', 즉 균질화·획일화된 '국민' 집단에 대한 국가적 통치성을 제고하려는 입장에서라도 '비국민'의 유입을 제한시켰다. 그런데 신자유주의 시대에 와서 '국민 집단' 관리 차원의 고려보다 우선적으로 그리고 거의 유일하게 중요한 것은 '이윤'이다. 이윤의 최대화를 위해서 신자유주의 체제는 과거에 비해 훨씬 더 많은 이민을 허용한다. 단, 신자유주의 국가에서 자본의 이윤을 극대화하기 위해 들여온 노동자들은 일차적으로 '저임금' 노동자이어야 그 유입이 경제적 의미를 갖게 된다. 그래서 그들의 상당수 내지 대다수에게는 '국민', 정주 주민, 또한 복지혜택 수혜자가 되는 길이 - 적어도 쉽게는 - 열리지 않는다. 일언이폐지(一言而蔽之) 하자면 신자유주의 시대의 '이민자의 홍수'는 근본적으로는 무(無)권리 내지 저(低)권리, 뿌리 뽑힌 저임금 노동력에 대한 국제적 '장사'를 의미하는 것이다.

## 2. '사람 장사': 미국

물론 이와 같은 '사람 장사'는 자본주의적 축적의 각 중심지(북미, 서구, 동아시아), 그리고 각국에서 다소 다르게 이루어진다. 인구학적 고려부터 그 지역 내지 나라의 정치 체제, 과거의 인구 및 노동 관리 관습 등이 복합적으로 상호 작용하면서 저임금 노동력을 수입하고

---

4) David Harvey, *A Brief History of Neoliberalism*. Oxford: Oxford University Press, 2005, pp. 11-21.

활용하는 각국의 독특한 형식을 창출한다. 예컨대 미국의 경우 최악의 임금 착취 대상이 되는 이민자들은 바로 소위 미등록 이민자("불법 이민자")들이다. 1990년에 그들의 숫자는 3백50만 명 정도였지만, 신자유주의적 저임금 경제의 발달과 함께 2007년에 약 1천50만 명에 달하게 됐다. 전체 이민 인구의 약 23%에 이르는 그들은[5] 완전한 무(無)권리 신분인 만큼 평상시에 경제적 착취에 노출되며 현 트럼프 대통령과 같은 극우 정객들에게는 손쉬운 정치적 악마화 '몰이'의 대상이 된다. 그런데 '합법' 이민자라 하더라도 그들을 저임금 직종으로 내모는 여러 가지 요인들이 있는데 일차적으로는 언어이다. 이민자 인구 중에서 영어 구사력이 있는 사람은 52%에 불과하며, 영어 구사력의 수준이 높은 사람은 36% 정도 밖에 안 된다.[6] 영어를 못하는 이민자들에게 주어지는 일이란 보통 저임금 육체노동 아니면 저소득 자영업이다. 저임금, 저소득의 경우가 많은 만큼 가장 중요한 사회 보장인 의료보험을 구입하지 못하는 경우가 허다하다. 미국 시민권이 없는 이민자 중에서 의료보험이 없는 사람은 44%에 달하지만, 미국 국민 중에서 그런 사람은 17%에 불과하다.[7] 개개인이 의료보험을 알아서 사야 하는 미국은 통념적인 (서구식) '복지 국가'와 사이가 멀지만, 좌우간 이민자들의 상당수가 사회적 보장을 받지 않고 일하면서

---

5) Jynnah Radford, ≪Key findings about U.S. immigrants≫ *Pew Research Center*, June 17, 2019. Available at: https://www.pewresearch.org/fact-tank/2019/06/17/key-findings-about-u-s-immigrants/ (2019년 8월 13일 접속).

6) ≪Facts on U.S. Immigrants, 2017. Statistical portrait of the foreign-born population in the United States≫. Available at: https://www.pewhispanic.org/2019/06/03/facts-on-u-s-immigrants/#fb-key-charts-english-proficiency (2019년 8월 13일 접속).

7) Leighton Ku, ≪Why Immigrants Lack Adequate Access to Health Care and Health Insurance≫ Migration Policy Institute, September 1, 2006. Available at: https://www.migrationpolicy.org/article/why-immigrants-lack-adequate-access-health-care-and-health-insurance (2019년 8월 13일 접속).

초과 착취를 당하고, 그 만큼 자본이 초과 이윤을 얻는 사정은 타(他) 지역들과 마찬가지다.

## 3. 주변에서 중심으로: 유럽

미등록("불법") 이민은, 유럽연합의 경우에는 미국만큼 흔하지 않다. 2017년 유럽연합의 미등록 이민자 총수는 618,780명으로 추산되었는데,[8] 이는 미국 미등록 이민자 총수의 약 13분의 1에 불과한 수치이다. 유럽연합에서 신자유주의적 저임금 이민 노동력 착취는 대개 동유럽 내지 남유럽 등 유럽연합 내 '주변부' 지역으로부터의 이민자나 난민 등을 대상으로 이루어진다. 주변부 국가(남·동유럽)로부터 핵심부 국가(독일, 프랑스, 네덜란드, 스칸디나비아 등)로 이동하는 사람들의 수가 지속적으로 늘어나 2018년 유럽연합 전체 인구의 약 5.6%, 즉 약 1천5백만 명에 달했다. 그들의 상당수는 몰락한 동구권, 특히 폴란드나 루마니아처럼 최악의 탈공업화를 겪은 사회 출신이다. 정확히 이야기하면 19.1%는 루마니아, 16.6%는 폴란드 출신이다.[9] 그들 중에는 물론 IT부문이나 의료부문 등 고(高)숙련 노동자나 전문가도 섞여 있지만, 상당수는 반(半)숙련 내지 미숙련 노동자이다. 거주 국가의 언

8) Claire Heffron, 《Number of illegal migrants in EU decreases, while number of those kicked out rise》 *Euronews*, July 9, 2018. Available at: https://www.euronews.com/2018/07/09/number-of-illegal-migrants-in-eu-decreases-while-number-of-those-kicked-out-rise(2019년 8월 13일 접속).

9) 《EU and EFTA born population living in another EU or EFTA country - statistical overview》 Eurostat, July 2019. Available at: https://ec.europa.eu/eurostat/statistics-explained/index.php?title=EU_and_EFTA_born_population_living_in_another_EU_or_EFTA_country_-_statistical_overview#EU-28.2FEFTA_foreign-born_population_-_from_which_countries. 3F (2019년 8월 14일 접속).

어 구사력 부족과 숙련도 부족 등으로 비록 공식적 차별은 없다 하더라도 그들은 "자연스럽게" 저임금 부문들로 몰리게 돼 있다. 예를 들어 대표적인 유럽의 부국(富國)인 네덜란드에서 현재 약 18만 명의 폴란드 노동자들이 대개 개인 서비스(전기공, 배관공 등)나 공사장 등 저임금 노동 현장에서 일하면서 그 중 80%나 시간당 15유로, 즉 2만 원 이하의 시급을 받고 있다.[10] 한국에서는 "2만 원 시급"이 꽤나 후한 것으로 보일 수도 있지만, 네덜란드는 한국보다 임금도 물가도 높은 나라이다. 네덜란드에서 성인(21세 이상) 최저 시급은 약 10유로 정도 되는데, 대다수 폴란드 노동자들은 최저 시급 정도 되거나 그것을 약간 상회하는 임금만 받는다. 네덜란드 사람들보다 훨씬 더 고된 일을 맡아 하는데도 말이다.

## 4. 노르웨이에서 동유럽 사람으로 산다는 것

여담 차원에서 내가 노르웨이에 살면서 유럽연합 주변부 출신 이민자들의 현실을 목격한 일에 대해 간단히 적어보겠다. 남유럽이나 동유럽에서 온 노동자들을, 나는 특히 2010년대에 거의 매일 접했다. 노르웨이는 비록 유럽연합 회원국은 아니지만, 유럽경제지대(EEA)에 속하며 유럽연합 모든 시민들에게 원칙상 무비자 입국과 체류 그리고 노동의 권리를 보장한다. 이론적으로는 예컨대 폴란드 노동자가 스스로 노르웨이에 와서 알아서 구직 활동을 해도 법적으로 전혀 문제 없지만, 언어가 안 되고 "밑천", 즉 고물가로 악명이 높은 노르웨이에 와서

10) ≪Polish workers earn lowest wages, half of foreign workers come from the EU≫ *Dutch News*, April 4, 2019. Available at: https://www.dutchnews.nl/news/2019/04/polish-workers-earn-lowest-wages-half-of-foreign-workers-come-from-the-eu/ (2019년 8월 14일 접속).

구직 기간 동안 체류하는 데 필요한 자금이 부족한 폴란드나 루마니아 노동자들에게는 현실적으로 쉬운 일은 절대 아니다. 결국 그들의 상당수는 각종 파견 업체를 통해서 들어오게 된다. 2000년부터 허용된 인력 파견업은 노르웨이가 신자유주의 체제로 재편되었다는 중요한 이정표 중의 하나였는데, 현재 파견 업체에 고용되어 각종 공사장 등으로 파견 나가는 사람의 대부분은 바로 동유럽이나 남유럽에서 온 이민 노동자들이다. 파견 업체를 통해서 예컨대 병원 간호조무사 등으로 일하는 폴란드 내지 리투아니아 노동자들을 만나서 이야기를 나누다 보면, 하루에 3-4시간 동안 잔업 시키고도 잔업 수당을 제대로 지급하지 않고 심한 경우에는 잔업을 무리하게 시켜서 하루에 16시간이나 일하도록 만드는 악덕 업체 이야기를 들을 수 있다. 한국에서는 한국인 노동자들도 흔히 당하는 종류의 노동착취이지만, 노르웨이의 경우 현지인들에게는 매우 드문 경험이다. 그러나 대부분의 현지인들과 달리 파견 업체의 외국인 노동자 대다수는 미조직 상태이며, 제대로 항의할 만큼 노르웨이어를 구사하지 못하는 경우도 많다. 그러나 파견 업체를 통한 간접 고용이 아닌 직접 고용의 경우에도, 노르웨이어 구사력까지 다 갖춘 외국인 노동자들이 - 엄연히 불법이긴 하지만 - 노르웨이인보다 훨씬 더 적은 월급을 받는 경우가 수두룩하다. 최근에 힘들고 때로 위험하기도 한 어업 부문에서 일하는 폴란드 노동자가 노르웨이 동료들 월급의 약 50%도 안 되는 차별적 저임금을 받은 경우가 노동조합 신문에서 발표돼 화제에 올랐는데[11], 고용주는 "노르웨이의 2분의 1

---

11) Tri Nguyen Dinh, 《Polske Radoslaw gjør den samme jobben, men tjener halvparten av lønna til norske kolleger: - Jeg synes det er rart》 *Fri Fagbevegelse*, February 14, 2019. Available at: https://frifagbevegelse.no/maritim-logg/polske-radoslaw-gjor-den-samme-jobben-men-tjener-halvparten-av-lonna-til-norske-kolleger--jeg-synes-det-er-rart-6.158.611344.4281c01463 (2019년 8월 14일 접속).

에 불과한 폴란드 물가수준"이나 폴란드 노동자의 "비교적 더 쉬운 과제" 등의 궤변을 늘어놓아 임금 차별을 합리화했다. 불법임에도 불구하고 곳곳에서 버젓이 벌어지는 폴란드, 루마니아 등지에서 온 노동자에 대한 차별적 임금 책정이나 잔업 수당 미지급 등은, 외국 노동력 유입이 노르웨이 총자본에 어떤 초과 착취의 가능성을 열어주는지 잘 보여준다. 사실 고(高)임금에다 조직률이 높고 (50% 이상) 노조의 발언권이 강한 노르웨이 같은 국가로서는 꽤나 보기 드문 초과 착취의 기회이기도 한다.

미국에서의 미등록("불법") 노동자와 달리 추방의 위험성도 없고 노르웨이 복지 혜택의 일부분(무상 의료, 자녀들의 무상 교육 등)을 받기도 하는데, 그럼에도 불구하고 내가 여태까지 오슬로 내지 그 근방에서 목도한 폴란드 등지에서 온 노동자들의 삶은 고되다. 공사나 각종 수리 등의 일 자체도 힘들지만, 차별이 인격 모독으로 느껴져 원망의 소리를 듣는 경우가 적지 않다. 그러나 그럼에도 불구하고 내가 개인적으로 아는 많은 폴란드 노동자들은 역경을 헤쳐가면서 언어를 익혀 나가고 노르웨이에서 '정주'하기를 원한다. 이유는 간단하다. 동구권 몰락 이후에 탈공업화 당한 폴란드보다는, 계속 "잘 나가는" 세계 최고의 부자 나라 노르웨이에서 그들의 자녀가 더 행복할 것이라고 생각하기 때문이다. 또한 본인들이 이민자로서 당하는 서러움을, 이미 노르웨이에서 성장한 자녀들이 당하지 않을 것이라고 내다보기 때문이기도 하다. 유럽연합 안에서의 이동의 자유 조항도 있고, 출산율이 1.8명에 불과해 이민으로밖에는 인구 감소를 예방할 수 없는 노르웨이의 인구학적 사정도 있어서, 이들의 '노르웨이 정주' 희망은 현실적으로 보통 실현이 가능하다. 그들이 정주하면 그들의 자녀들은 착취로부터 벗어나고, 그 대신 새로운 이민자들이 초과 착취를 당하게 된다. 그러나 노르웨이에서는 신자유주의 시대의 대량화된 이민이 정주로 이어질 수 있어도, 동아시아 각국에서의 이민 정책은 이것보다 훨씬 억제적이다.

## 5. 동아시아 이민 정책의 모델들, 싱가포르와 일본

이민 노동력에의 의존 정도에 있어서 동아시아 각국은 나라마다 크게 다르다. 유럽의 경우 서유럽과 북유럽은 이민자들이 비교적 많고 동유럽은 이민자들이 비교적 적다는 등식을 세울 수 있다. 즉 부국(富國)일수록 이민자가 많고 스스로 이민자를 대량 배출시키는 주변 지역일수록 이민 인구가 적다는 것이다. 동남아시아까지 포함한 광의의 동아시아는 사정이 훨씬 더 복합하다. 대개 세계 자본에 열려 있는 비교적 소규모의 중국계 국가/경제구역들은 이민 노동력에 많이 의존한다. 가장 대표적으로 그 주도 집단이 주로 화교(華僑)인 싱가포르에서는 "외국인 노동자"로 분류되는 인구의 비율이 2018년 38%에 달했다.[12] 이 정도라면 유럽에서 외국인 거주자들이 가장 많은 스위스(약 25%)보다 더 높은 수준이다. 대만 같은 경우에는 주로 동남아시아 출신으로 구성된, 전체 인구의 약 4%에 달하는 외국인 이주민 집단이 존재하며[13], 홍콩에서는 외국인(주로 필리핀, 인도네시아인) 가사도우미만 해도 전체 인구의 5% 정도나 된다[14]. 반대로 세계 자본주의 체제의 핵심부에

12) Official website of Singapore's Ministry of Manpower at http://www.mom.gov.sg/statistics-publications/others/statistics/Pages/ForeignWorkforceNumbers.aspx (2019년 8월 16일 접속).

13) Tymothy Rich, ≪How Taiwanese Think About Immigration≫ *The Diplomat*, January 16, 2019. Available at: https://thediplomat.com/2019/01/how-taiwanese-think-about-immigration/ (2019년 8월 16일 접속).

14) Bong Miquiabas, ≪After Another Nightmare Surfaces In Hong Kong's Domestic Worker Community, Will Anything Change?≫ *Forbes*, March 31,

속하는 경제대국임에도 불구하고 일본의 정책 결정권자들은 여태까지 외국인 노동력에 대한 의존도를 의도적으로 줄여왔다. 일본의 경우 외국계 인구는 전체 인구의 2%밖에 되지 않아 산업화된 세계에서 거의 '최저'에 가깝다. 이는 폴란드나 헝가리 등 1인당 국민 소득이 비교적 낮고 스스로 이민자를 많이 발생시키는 동유럽 국가들의 수준이다. 더군다나 이 2%는 재일조선인과 재일대만인 등 식민지 시대부터 대대로 일본에 거주해온 특별영주권자(약 30만 명)까지 포함되어 있어서 꼭 신자유주의 시대의 노동 이민의 결과'만'을 반영하는 것도 아니다.[15] 굳이 신자유주의 시대 이민의 흐름만 놓고 본다면, 일본은 세계 자본주의 체제 핵심부 국가 중에서 이 흐름을 가장 강경하게 억제해왔다고 말할 수 있다. 체류 외국인들이 전체 인구의 4.6%를 차지하는 대한민국[16]의 이민 정책은 싱가포르와 일본의 '중간'에 해당된다고 할 수 있다. 싱가포르처럼 외부 저임금·저(低)권리 인력 유입에 "완전하게" 의존하는 것도 아니지만, 예컨대 외부 인력의 유입을 되도록이면 최소화시키는 일본에 비해서는 훨씬 더 광범위한 외부자의 입국 및 거주를 허용하고 있다.

사실 외부 인구의 비율에서 차이가 크게 나지만 그 기조에 있어서 현재 한국의 이민 정책은 싱가포르와 충분히 비교 가능하다. 특히 한

---

2015. Available at: https://www.forbes.com/sites/bongmiquiabas/2015/03/31/after-another-nightmare-surfaces-in-hong-kongs-domestic-worker-community-will-anything-change/#607053687ee0 (2019년 8월 16일 접속).

15) Yutaka Okada, 《Japan's foreign population hitting a record high. The government announces the acceptance of more foreign workers》 *Mizuho Economic Outlook & Analysis*, July 25, 2018. Available at: https://www.mizuho-ri.co.jp/publication/research/pdf/eo/MEA180913.pdf (2019년 8월 16일 접속).

16) 《체류 외국인 현황》, - e나라지표, 2019년 7월 26일. http://www.index.go.kr/potal/main/EachDtlPageDetail.do?idx_cd=2756(2019년 8월 16일 접속).

국에서 2004년부터 시행된 외국인 고용허가제 등은 싱가포르 사례를 어느 정도 참조하여 만든 제도로 보인다.[17] 싱가포르 이민 통제 시스템의 골자는 철저한 미/저숙련 노동력과 고학력 노동력 사이의 차별화, 그리고 전자의 경우에 한해서 정주의 가능성을 차단시키는 것이다. 싱가포르에서 저임금 미/저숙련 노무자들은 단기간(1-2년) 고용허가(work permit)만을 받으며 그 기간 동안에는 직장 이동 등이 통제된다. 일정 수준 이하 저소득자의 경우에는 가족의 방문 체류 일수까지 최소한으로 인정된다. 단기 고용 허가 취득자와 싱가포르 국민 내지 영주권자 사이의 혼인은 인정되지 않으며 임신한 여성 노동자들은 바로 강제송환 대상에 오른다. 단기 고용 허가를 갖고 있는 외국인 노무자가 영주권자가 되는 길은 거의 완벽하게 차단돼 있다. 반대로 '외국 인재'(고학력 인력 및 관리자, 투자자 등)의 경우에는 고용 허가가 아닌 취업 허가(employment pass)를 받고 직장 이동 및 가족 동반의 자유를 누리며 비교적 쉽게 영주권 신청을 할 수 있다. 크게 봐서 한국의 고용 허가는 싱가포르의 고용 허가와 그 성격이 비슷하며 단지 기간이 더 길다(원칙상 3년까지다). 한국에서 '외국 인재' 통합 비자는 없지만, 대체로 교수(E-1), 연구(E-3), 전문 직업(E-5) 같은 한국의 비자 종류들은 싱가포르의 외국 인재 취업 허가와 성격이 다소 유사하다. 싱가포르와 마찬가지로 한국에서도 고용허가제로 들어온 단순 노무자들은 가족 동반 내지 영주권 신청을 할 수 없지만, 교수, 연구자, 전문 직업 종사자(의사, 항공기 조종사 등) 등은 가족 동반이 가능하며 체류 5년 경과 후 영주권 신청도 할 수 있다. 한 마디로 싱가포르 못지

---

17) Yoonyoung Cho, Anastasiya Denisova, Soonhwa Yi and Upasana Khadka. *Lessons from Korea's Employment Permit System*. Washington: World Bank Group, 2018, pp. 30-31. Available: http://documents.worldbank.org/curated/en/684731537420880821/pdf/130020-P156586-Korea-report-F-singles-web.pdf (2019년 8월 16일 접속).

않게 한국도 다수 외국인 노동자들의 정주를 "예방"하면서 소수 전문가들의 정주를 허용해 준다. 그렇게 해서 초과 이윤 창출에 필요한 저임금 노동력, 그리고 고급 기술 인력 공급이라는 이중 과제를 동시에 해결하려는 것이다. 희소가치가 높은 고급 기술 인력들을 되도록 정주하게끔 하는 것이 총자본의 입장에서 "합리적으로" 보이지만, 노동자에게는 정주가 저임금을 벗어날 수 있는 경로가 될 수 있는 만큼 그 정주를 막는 전략이다.

## 6. 일본과 한국: '단일민족론'과 해외 동포의 역(逆)이민

한국이나 일본에서 주로 단기 고용 허가 내지 '산업연수생' 도입 등 '단기성' 위주의 인력 유입 제도에 의존해온 데는 또 하나의 배경이 있다. 바로 "이질(異質) 인구"의 사회 통합 가능성을 매우 낮게 보는 두 나라 통치 계층의 고정된 시각이다. 위에서 이야기한 유럽의 경우 동유럽 등지로부터의 유럽 내부 이민자나 난민 등 외부 이민자의 궁극적인 정주를 허용하는 것은 유럽 안에서도 중도 우파 내지 중도 좌파의 이민 정책이다. 1945년 이후 유럽을 정치적으로 이끌어온 중도 좌·우파는 기본적으로 종족적 소속이 아닌 '시민적' 소속을 믿는다. 즉, 그 종족적 기원과 무관하게 이민자들은 각종의 사회 통합책(예컨대 그들과 그 자녀들에게 해당되는 무상 교육의 혜택 등)에 의해서 결국 "우리"의 일부분이 되어 "우리" 사회의 인구학적 문제, 즉 인구 자연 재생산 수준(가임기 여성 당 2.2명의 출산율) 이하의 출산율 문제까지 해결해줄 수 있다고 믿는다. 그래서 속인주의로 악명이 높던 독일에서도 1999년 국적법이 개정되어, 일정 조건이 충족될 경우 독일 영토에서 태어난 외국인 자녀에게 태생적 독일 국적을 부여하는 속지주의가 적용되었다[18]. 이와 같은 '이질 인구의 사회 통합 가능성'에 대한 중도·주류의 확신에 대해 최근 정치적으로 그 존재감을 크게 드러내는 유럽의 극우파는 가시적으로 반발한다. 극우파의 입장에서는 "비유럽인"(사실 "비백인", 즉 "유색인종")에 대한 사회 통합은 애당초 불가능하고, 같은 유럽인이라 하더라도 "본국 출신" 이외의 경우에는 철저하게 그 유입이 제한돼야 한다. 극우파가 의식, 무의식적으로 이민 정책의 규준으로 삼고 있는 것은 유럽 역사상 이민 정책이 가장 억압적이었던 전간기(1918-1939) 시대의 철두철미한 국경 통제이다. 특히 혈통을 소속의 주된 기준으로 삼는 기본 의식은, 전간기 유럽 파시즘의 전통을 이어받았다고 보는 것이 타당할 것이다. 사실 상당수 극우 정당(스웨덴의 "스웨덴 민주주의자당"이나 오스트리아의 "자유당" 등)들은 바로 '진짜' 나치 내지 신나치 정파들을 직접적으로 계승한다.

그런데 유럽에서 '극우파'로 분류되는, "이질 인구"의 사회 통합 가능성에 대한 부정적인 시각은, 전후의 일본이나 한국에서는 거의 주류에 가깝다. 냉전 속에서 일본에서 재집권에 성공한 전전(戰前) 지배자들과 그 계승자들, 그리고 남한에서 사실상 집권한 일제 강점기 조선인 관료들은 파시즘이 유행한 시대인 전간기 독일 류의 '단일민족 국가'와 같은 지배 담론에 대해서 그다지 위화감이 없었다. 조선과 대만 등 여러 식민지를 지배한 전전의 일본제국은 당연히 '단일민족 국가'는 아니었지만, 제국을 법적으로 계승한 일본이나 사실상 일제 강점기의 엘리트들을 거의 그대로 이어받은 대한민국은 제국의 붕괴를 '단일민족 국가'를 만들 수 있는 좋은 기회로 활용했다. 그 맥락에서 일본에서는 재일조선인과 재일대만인, 아이누인 등이 비가시화된 '국민적'

18) 독일 국적법 전문 열람은 여기에서 가능하다: http://web.archive.org/web/20170516130924/www.auswaertiges-amt.de/DE/EinreiseUndAufenthalt/Staatsangehoerigkeitsrecht_node.html (2019년 8월 16일 접속).

배제의 대상에 올랐으며, 한국에서는 재한 화교들이 한국 국적 획득과 관련해 접근부터 차단당하고 경제적 기회를 박탈당했다. '단일민족론'에 입각한 한·일의 정책들은 신자유주의와 대량 이주 시대의 도래와 함께 공식적으로 폐기됐지만, 사실상 많은 차원에서는 지금도 실질적으로 계승되고 있다. 즉 외부 계통의 인구 중에서 비교적 '동질성'이 높거나 동화가 쉬운 것으로 판단되는 인구는 사회통합책의 대상에 오르며, 동화가 쉽지 않은 것으로 보이는 그룹들은 정주의 기회부터 차단당하는 것이다.

이미 1980년대에 일본은 국내의 "3K"(きつい '기쓰이' 어렵고, 汚い '기타나이' 더럽고, 危険 '기겐' 위험하다) 직종에 주로 남미 거주의 '일계'(日系) 디아스포라를 적극적으로 끌어들이려고 했다. '일계'가 아니더라도 그 당시 아시아의 최고 부국(富國)으로 알려져 있었던 호경기 시대의 일본에서 저임금 직종이라 하더라도 직장을 가지고 싶어 하는 사람들은 아시아나 아프리카, 중남미 곳곳에서 많았겠지만, 일본 국가와 자본은 '일계' 디아스포라의 역이민부터 큰 기대를 걸었다. '일계'라면 일본 사회의 규율, 그리고 각종 규칙과 불문율에 보다 쉽게 복종하고, 전체적으로 더 수월하게 통합되리라고 믿었던 것이다. 브라질에서 대대로, 2대 내지 3대로 살다가 일본에 역이민한 '일계'만 해도 1990년대 초반에 30만 명에 달했다[19]. 그들이 일면 '동포'로 일컬어지고 여타의 외국인들과 다른 '동포' 비자를 받았지만, 또 일면으로는 - 보다 쉬운 통합 대상임에도 불구하고 - 여전히 기본적으로는 '외부자'였다. 불황이 닥쳤을 때 일본 당국이 그들에게 '출국 장려금'을 주어가면서 그들을 내보내는 등 그들은 '진짜' 일본인들의 일자리 보호를

19) Takeyuki Tsuda, *Strangers in the Ethnic Homeland: Japanese Brazilian Return Migration in Transnational Perspective.* NY: Columbia University Press, 2003.

위해 ‘완충지대’를 이루어야 했다. ‘핏줄’이 같아 사회적 규율의 수준이 매우 높은 사회에 보다 잘 적응되리라는 믿음에 근거한 저임금 지대 거주 해외 동포 활용이라는 아이디어를, 한국 관료들이 일본으로부터 배워서 대략 1990년대 초반부터 한국에도 적용하기 시작했다. 때마침 소련이 1991년에 몰락하고 한국과 중국이 1992년에 수교를 하면서 구소련과 중국에 거주하는 동포들이 남미 ‘일계’와 같은 격으로 잠재적 이용 대상에 오른 것이다.

## 7. 대한민국: 역이민 동포 사이의 위계질서

현재 한국에서 거주하는 외국인들은 원칙상 ‘동포’와 ‘비(非)동포’로 크게 구분된다. 이 두 범주의 외국인은 법적 신분부터 원칙적으로 다르다. ‘동포’ 범주라면 1948년 대한민국 건국 이후에 자본주의 ‘우방’으로 이민 간 한국계 동포, 즉 본인이나 부모, 조부모가 대한민국 여권을 보유했던 동포와, 1948년 이전에 중국이나 러시아로 이민 간 사람과 그 후손인 비(非)한국계 동포로 사실상 구분된다. 대한민국 국적의 (조)부모를 가지거나 본인이 대한민국 여권을 가진 한국계 동포는 북미와 서구 등 고임금 지대 거주자들이 대부분인데 그들은 F-4라는 동포 비자를 받아 ‘단순 노무 행위’ 이외의 고수익 전문직에 비교적 자유롭게 종사할 수 있다. 비록 체류 자격을 주기적으로 연장해야 하지만, 그들이 대한민국과 ‘관계’를 보유해온 이상 그리고 고임금 국가 시민권자인 이상 비교적 쉽게 한국의 주류 사회에 통합된다. 현재 국내에는 F-4 비자를 보유한 444,880명이 장단기 체류하는데[20] 그들은 주

20) 《체류 외국인 현황》, – e나라지표, 2019년 7월 26일.
http://www.index.go.kr/potal/main/EachDtlPageDetail.do?idx_cd=2756

로 미국과 캐나다, 서구 국가 등의 시민권 보유자들이다. 그리고 그들의 상당수는 투자 등 금융 내지는 영어 교수나 통번역 등과 관련된 비교적 수익이 높은 직종에 종사한다. 미국 시민권자들이 (조)부모 세대의 "아메리칸 드림"을 버리고 다시 한국으로 역이민하는 이유는 크게 봐서는 두 가지다. 한편으로는 이미 세계 자본주의 체제의 준(準)핵심부에 편입된 한국의 전문직 수입 수준이 뉴욕이나 LA에 비하여 결코 크게 뒤지지 않으며, 또 한편으로는 영어 구사력이 최고의 문화자본을 이루는 한국에서 한국어까지 어느 정도 이해하는 한국계 영어 원어민들이 '토박이 한국인'에 비해 취직 경쟁에서 충분히 더 많은 이점을 보유할 수 있기 때문이다[21]. 물론 그들의 한국살이가 꼭 단순하지만은 않다. 그들의 주된 경쟁 무기인 '영어 실력'이 질시의 대상이 될 수도 있고, 또 그들에게는 인치(人治) 내지 '관계' 위주의 한국의 '정실' 문화가 충분히 '비합리적'이며 이질적으로 느껴질 수도 있다. 하지만 그들은 일단 한국 사회 피라미드에서 적어도 '중간 수준' 이상에 속한다.

한국계 동포에게 한국으로의 역이민은 어쩌면 경제적으로 그리고 '상징자본' 차원에서 '신분 상승'에 해당될 수 있다. 미국에서 취직난에 봉착한 이들이 한국에서 비교적 쉽게 취직을 하며 국내 '영어 원어민'의 특권적 대열에 합류한다. 미국에서는 '영어 원어민'이라는 것이 특권이 아니지만 한국에선 특권이다. 그런데 비한국계 동포의 한국으로의 역이민은 경제적으로 신분 상승에 해당된다 해도 '상징자본'의 차원에서는 보통 피(被)차별 신분의 고통, '자존심 포기'의 고통을 수반한다. 비한국계 동포, 즉 그 조상들이 대한민국 건국(1948년) 이전

---

(2019년 8월 20일 접속).

21) Erica Pearson, ≪Seoul searching: Korean Americans head to Korea for jobs≫ *New York Daily News*, August 5, 2012. Available at: https://www.nydailynews.com/news/world/seoul-searching-article-1.1129253 (2019년 8월 20일 접속).

에 중국이나 러시아 영토로 이주하여 대한민국 국적을 대대로 보유하지 못한 재중, 구소련 출신 동포들(속칭 '조선족'과 '고려인')은 체류 자격부터 다르다. 그들은 방문취업(H-2) 비자를 받아 작물 재배업, 축산업, 연근해 어업, 양식 어업과 제조업 내지 건설업부터 가구 내 고용 활동(가사도우미)까지, 36가지의 단순 노무에만 종사할 수 있다. 물론 250,381명[22]에 이르는 방문취업 비자 소지자가 국내에서 저임금, 고강도 육체노동에 종사하는 재중 동포나 구소련 출신 동포들에 국한되지는 않는다. 결혼이민(F6)이나 유학생 비자 등으로 들어와서 사실상 각종 고된 노동에 종사하는 경우도 허다하며, 드물기는 하지만 어려운 절차를 뚫어 영주권이나 대한민국 국적까지 취득하는 경우도 있다. 다양한 방식으로 역이민해서 들어온 재중, 구소련 출신 동포들은 이미 대한민국에서 작지만 꽤나 가시적인 소수자로 그 존재감을 수시로 드러낸다. 예컨대 작년(2018년) 전체 외국인 취업자 중 코리안계 중국인의 비율은 42.7%(37만8천 명)에 이르렀다[23]. 결혼이주자와 귀화자, 유학생, 미성년 가족 구성원 등까지 합한 국내 체류 재중 동포의 숫자는 708,812명(2018년 말 현재)이다[24]. 전체적으로 국내 체류 중국 국적자는 1,070,566명, 즉 전체 외국인의 45.2%를 차지하지만[25], 그 중

---

22) 《체류 외국인 현황》, - e나라지표, 2019년 7월 26일.
http://www.index.go.kr/potal/main/EachDtlPageDetail.do?idx_cd=2756
(2019년 8월 20일 접속).

23) 육동형, 《2018년 이민자 체류실태 및 고용조사 결과》 통계청 정책뉴스. 2018년 12월 19일.
http://kostat.go.kr/portal/korea/kor_nw/3/index.board?bmode=read&aSeq=372139&pageNo=&rowNum=10&amSeq=&sTarget=&sTxt= (2019년 8월 20일 접속).

24) 김천, 《올해 한국 입국한 조선족, 작년보다 308% 증가했다》 인사이트, 2018년 9월 15일.(2019년 8월 20일 접속). https://www.insight.co.kr/news/178748

25) 《체류 외국인 현황》, - e나라지표, 2019년 7월 26일.
http://www.index.go.kr/potal/main/EachDtlPageDetail.do?idx_cd=2756
(2019년 8월 20일 접속).

에서 재중 동포들이 7할 정도를 차지하는 셈이다. 안산과 광주 등 여러 곳의 공사장이나 영세 공장에서 구소련 출신 동포들(국내에 약 5만 명 정도 거주)의 러시아어 대화를 엿들을 수 있고, 서울의 웬만한 식당에서는 '연변 아줌마'의 연변 사투리를 들을 수 있다. 한국 전체 인구에서 약 1.3%를 차지하는 비한국계 동포들은 비록 숫자상으로 소수집단에 불과하지만, 한국인의 평온한 일상을 뒷받침해주는 저임금 노동의 피라미드에서 그들이 맡고 있는 역할은 결코 작지 않다.

나는 최근 수년 동안 국내에 거주하는 수많은 재중 동포나 구소련 출신 동포와 대화를 나눌 기회를 가졌다. 일단 그들에게 한국으로의 역이민이 경제적인 '필연'에 가까웠다는 것이 나의 전체적인 인상이었다. 한국에서의 '벌이'는 중국이나 우즈베키스탄에서 빈민에서 중산층으로 적어도 중하층으로의 계급적 이동 내지 중하층에서 중산층으로의 이동에 결정적인 역할을 할 수 있다. 집이 없는 사람에게 한국에서의 몇 년 '벌이'는 집 마련에 큰 도움이 될 수 있으며, 고용 노동 종사자에게는 중소 상인 등으로 진출하는 발판이 될 수 있었다. 그러나 고국에서의 사회 신분 상향 이동의 전제조건은 바로 한국 체류 시의 신분 하향 이동이다. 적어도 재중 동포들은 의사소통이 가능하기 때문에 국내에서의 사회적 '적응'은 - 다른 이민자 집단에 비해 - 쉽다고 할 수 있지만 '적응'이 꼭 '통합'을 의미하지 않을 수도 있다. 재중 동포들이 한국에서 일하며 지내는 것에 대해 '참을 만하다'고 느낄 수 있지만, 멸시와 차별 속에서 보통 한국에 대해 (제2의) 고향과 같은 느낌을 받지는 못한다. 차별당해 온 경험은 대부분에게 공통점이었으며, 대다수는 차별을 당하는 과정에서 역으로 중국에 대한 보다 강력한 정치적 소속 의식을 느끼게 되었다고 한다. 2011년에 발표된 한 논문에 의하면 논문의 저자가 실시한 여론조사에 응답한 한국 거주 재중 동포의 51.9%가 "남한에서 차별과 소외, 무관심을 경험했다"고 밝히며 91%

가 "중국은 우리 조국"이라고 못박았다고 한다.[26] 그러니까 '핏줄이 같은 동포'는 일시적으로 한국에서 보다 쉽게 '적응'할 수 있다손 치더라도 그들이 사회적 '통합'을 이루지 못할 뿐만 아니라 반대로 한국이라는 '국민' 집단으로부터의 차별화를 경험하는 것이다.

## 8. 한국에서의 여성 결혼 이주자: 동화에의 압력과 통합의 허상(虛像)

동질성이 높다고 판단되는 '동포' 외에 한국에서는 동화가 쉬울 것이라고 여겨지는 여성 결혼 이민자들을 잠재적인 통합 대상으로 여기며 그들의 무기한 체류, 즉 영주 내지 귀화 등을 쉽게 허용한다. 2019년 7월 현재 한국에서 결혼 이주민 여성의 총수는 132,391명으로 알려져 있으며[27], 그 외 수만 명이 이미 귀화 신청이 받아들여져 법적인 '한국인'이 됐다. 그리고 그들의 자녀들은 이미 21만 명에 이른다.[28] 특히 한국에서 출생했으며 대부분의 경우에 국내에서 한국인으로 살 수밖에 없는 이런 '다문화 가정' 자녀들의 사회 통합은 최근 하나의 중요한 사회적 과제로 인식되곤 했다. 문제는 이 경우에 '통합'은 사실상 '동화'의 정치적으로 올바른(?) 동의어에 불과하다는 것이다. 외국인 결혼 이주민 여성들에게 한국어 구사력과 한국식 서열적 예법("시부

---

26) 김동호, 《조선족 91% '중국이 조국'…한국 차별 더해》 연합뉴스, 2011년 10월 12일. https://www.yna.co.kr/view/AKR20111012057100004 (2019년 8월 20일 접속).

27) 《결혼 이주민 현황》, - e 나라지표, 2019년 7월 26일. http://www.index.go.kr/potal/main/EachDtlPageDetail.do?idx_cd=2819 (2019년 8월 20일 접속).

28) 구병수, 《국내 외국인주민수 186만명…전북 인구 제쳤다》 노컷뉴스, 2018년 11월 1일, https://www.nocutnews.co.kr/news/5054360 (2019년 8월 20일 접속).

모에게 큰 절 올리기"), 한국 요리("김장 담그기")를 배워서 '동화'될 것을 요구하는 일이 다반사이며, '다문화'와 같은 단어가 무색할 만큼 그들 본래의 문화는 고려의 대상에 들어가지 않는다. 그들이 그들의 자녀들과 그들의 모국어로 말하면 이는 '한국어 구사력 완비'에의 장애로, 즉 '문제'로 인식될 정도이다. 그런데 이와 같은 철저한 동화가 요구돼도 차별 방지가 그만큼 철저하게 이루어지는 것은 전혀 아니다. 최근 인천에서 일어난 한 이주민 여성의 다문화 자녀에 대한 급우들의 잔인한 살인 사건("인천 추락사 사건")[29]은, 다문화 자녀들이 동화 압력을 받으면서 어느 정도로 끔찍한 차별적 환경 속에서 자라야 하는지 잘 보여준다. 내가 한국에서 만난 대부분의 다문화 가정들은 평균에 비해 다소 가난한 만큼, 그 자녀들에 대한 차별은 인종적 및 경제적 측면을 동시에 가지고 있다. 대부분의 다문화 가정 자녀들이 한국 사회에서 무난히 살아나갈 수 있을 만큼 한국어를 익히긴 하지만, 포괄적인 차별 속에서 그들이 사회에 '통합'된다기보다는 하나의 게토를 이룬다고 봐야 할 것이다.

게토 속에서 산다는 것은 남성 외국인 노동자도 마찬가지이지만, 여성 결혼 이주자들과 달리 그들의 게토는 그 본질상 '임시적'이다. 고용허가제로 들어온 218,581명의 외국인 노동자[30]가 차별과 매우 잦은 구타, 폭언 등을 당하는 것은 이들 다문화 인구와 크게 다르지 않지만, 그들은 '동화'가 아닌 최장 3년간의 고도의 착취와 출국 조치 대상이다. '동질성'이 낮은 것으로 보이며 동화가 어려울 것으로 보이는, 혈통

29) 지홍구, ≪"사망 가능성 알았다" 인천 중학생 추락사 사건 10대에 중형 선고≫ 매일경제, 2019년 5월 14일, https://www.mk.co.kr/news/society/view/2019/05/315657/(2019년 8월 20일 접속).

30) ≪고용허가제 고용동향≫ – e 나라지표, 2019년7월26일. http://www.index.go.kr/potal/main/EachDtlPageDetail.do?idx_cd=1501 (2019년 8월 20일 접속).

적으로도 '이질적인' 남성 외국인 노동자들에게 대한민국은 오로지 최장 3년 동안 본국보다 약간 더 높은 노임을 받으며 노동 착취를 당할 권리(?)만을 부여한다. 결혼 이주자들은 한국의 인구학적 문제까지 해결해 줄 것을 사회적으로 요청받지만, '핏줄이 다른' 남성 육체노동자들은 오로지 초과이윤을 낼 수 있는 저임금 노동력으로만 간주된다.

## 9. 결론을 대신하여: 저임금 착취와 위계 피라미드를 넘어서

신자유주의 시대, 지구화된 세계 어디에서나 이민의 파도가 수반된다. 이민 온 저임금 노동력이 총자본의 초과이윤을 보장해주는가 하면 이민자들의 유입은 부유한 사회들의 인구 재생산 및 증가까지 보장해준다. 그러나 전(全) 사회를 위계질서적으로 파편화시키는 신자유주의는, 이민자라는 계속 늘어나는 인구 그룹도 파편화시키면서 서열화시킨다. 싱가포르에서처럼 정주까지 할 수 있는 고학력 이민자의 신분과 단기적으로 노동력을 제공하고 떠나야 하는 단순 노무 기능 보유자의 신분이 법적으로 차별화되고, 미국에서처럼 미등록 이민자와 '합법 이민자'가 전혀 다른 법적 대우를 받는다. 일본 같은 경우에는, '핏줄이 다른' 아시아, 아프리카 출신의 이민 노동자들에게는 되도록이면 정주의 가능성을 차단시키면서 '일계' 역이민자들에게는 다소 특별한, '우리'와 '바깥' 사이에 걸쳐 있는 신분을 부여해왔다. 대한민국은 대체로 싱가포르와 일본의 이민 관리 전략을 선택적으로 수용해왔다. 싱가포르처럼 단순 노무자들을 '고용허가제'로 묶어 그들의 정주 가능성을 원천 차단시키는가 하면 일본처럼 역이민 '동포'들에게 장기 체류의 기회를 부여해준다. 또 일본과 마찬가지로 결혼 이주 여성에게는 '사회 통합'이라는 미명 하에 사실상의 동화를 요구한다. 일본과 다른 점이라면 한국은 구미권 내지 남미에 거주하는 '대한민국 계통'의 동포에게는 다소 특권적 신분을 부여해주는가 하면 이민 시기가 대한민국 건국 이전인 구소련 내지 중국 거주 동포들에게는 주로 단순 노무직 취직만을 허용해준다. 결국 체류의 장기성과 수입의 고하를 기준으로 해서 한국 사회에서의 이주민 서열화 현황을 정리하자면 (주로) 구미권 출신의 투자자나 고학력자, 그리고 구미권의 동포 - 결혼 이주자 여성 - 재중 및 구소련 출신의 동포 - 고용허가제 노동자 순이 될 것이다. 전체 인구의 4.6%를 차지하는 대한민국의 이민 사회는, 이처럼 복잡한 위계질서를 이룬다.

이민 여성들이 없었다면 아이 울음소리가 들릴 리 없는 농촌에서 "필리핀 댁", "베트남 댁"들 덕분에 인구 재생산이라도 가능해지고, "연변 아줌마"들의 저임금 고난도 2교대 노동으로 서울의 식당가 경제가 돌아간다. 재중, 구소련 동포들이 없다면 아마도 상당수의 전국 공사장은 일을 멈추어야 할 것이다. 전체 인구의 4.6%라면 소수에 불과하지만 이 소수의 경제적, 사회적 존재감은 이미 무시할 수 없으며 앞으로 더욱 더 커질 것이다. 그런데 이민자들이 한국 사회에 기여하는 만큼 그들이 한국 사회로부터 광의의 '보상'을 정당하게 받는가? 전혀 그렇지 않다. 영세공장들과 농업을 살리고 있는 218,581명의 고용허가제 외국인 노동자들은 아예 한국 사회에 통합될 가능성 자체가 법적으로 봉쇄돼 있으며, 결혼 이주 여성은 '통합' 미명하에 동화 압력만 받는다. 고용허가제 노동자든 결혼 이주자든 재중 내지 구소련 출신 동포든 지속적 차별과 멸시에 노출돼 있다. 한국 사회에서 인격권, 즉 인간적 존엄을 어느 정도 지키면서 살 수 있는 신분의 외부자들은 아마도 구미권 동포와 부유하거나 고학력인 구미인에 불과할 것이다. 그들의 위계적 신분은, 극도의 위계질서적 성격을 과시하는 한국 사회에서 일단 '평균 이상'으로 책정돼 있기 때문이다. 그들 외에 대부분의 이주민들은 한국 사회에서의 통합 상태에 대해 보통 상시적인 불만족을 느끼며 산다.

다수의 이민자들이 정주의 가능성을 보지 못하고, 정주의 가능성이 있는 그룹(결혼 이민자 등)이라 해도 각종의 갑질과 상시적 차별 때문에 편안한 날을 보내지 못하는 이민 사회의 구조는 과연 장기적으로 지속 가능하며 바람직한가? 인구 감소가 곧 시작될 고령화 사회에서 이민에 의한 인구 보충이 각종 법적 신분 제한, 이민자들의 철저한 위계화, 그리고 동화 압력과 차별 속에서 과연 원활히 진행될 수 있을까? 이민이 장기적으로 고령화가 빠르게 진행되는 한국 사회의 미래라면 현재 이민 정책은 그 미래를 그르치고 있다고 말해도 과언이 아니다. 적어도 유럽연합 안에서 연합 내 이민자나 난민, 가정 재결합 이민자들에게 정주를 가능케 하듯이, 한국도 되도록이면 보다 많은 이주자들에게 정주의 가능성을 허용하면서 동화가 아닌 통합 정책의 방향으로 진행하는 것만이 미래 지향적이라 본다. 진정한 의미의 다문화 사회를 만들려면 이민자들의 본래 문화도 존중받아야 되며, 이민자들의 신분 보장도 현지인만큼 튼튼해야 한다. 평등과 다른 문화, 전통, 언어에 대한 존중이야말로 바람직한 이민 사회를 만드는 데 결정적인 역할을 할 것이다.

# 생명평화의 눈으로 바라보는 이주와 이주민

성상희 (생명평화아시아 이사)

## 1. 들어가며

한국에서 1990년대 이주노동자의 유입으로 시작된 이주 현상은 매년 꾸준한 이주민 증가를 가져와 2019년 7월 31일 현재 국내에 체류하고 있는 외국인은 2,415,714명이며, 그 중에서 한국계를 포함한 중국인이 1,092,622명으로 약 45%를 차지하고 있다.[1] 이주민은 1991년 산업연수생 제도의 시행으로 한국에 들어오기 시작한 이주노동자들과 그 보다 조금 늦은 시점부터 본격적으로 증가하기 시작한 결혼이주여성들에 의하여 그 존재가 우리사회에 본격적으로 인식되기 시작하였다. 그러나 이주와 이주민은 1990년대 이후의 현상만은 아니며, 이주민이 이주노동자나 결혼이주여성의 형태로만 존재하는 것도 아니다. 역사적으로는 한반도에 통합된 정치권력이 존재하지 않았던 삼국시대부터 다른 나라에서 온 이주자들이 있었고, 현대사가 시작된 대한민국 정부 수립 이후, 1990년대 이주노동자들이 본격적으로 들어오기

1) 출입국, 외국인정책 통계월보 2019년 7월호.
https://blog.naver.com/seoulcraftco/221623637268 참조

전에 이미 주한미군과 그 가족들, 상사 주재원 등의 형태로 한국에 들어와 생활하는 외국인들이 존재하였다.

한국은 결혼이주에 대해서는 결혼이주여성의 한국사회통합이라는 관점에서 적극적 장려와 지원을 하고 있음에 비하여 노동이주에 대해서는 3년이라는 기한 설정과 가족동반 금지라는 정책을 중심으로 노동력 활용 목적 범위 내에서 통제 정책을 강력하게 시행하고 있다. 세계화와 이주민에 대한 인권 보장의 흐름이 강화됨에 따라 극도로 통제된 노동이주 정책에서 일정한 변화가 올 것이 예상되고, 결국 유럽과 같은 보다 자유로운 이민 정책을 수용하지 않을 수 없을 것으로 전망된다.

지금까지 한국의 이주와 이주민에 대한 연구들은 이주정책의 흐름을 살피고, 각 집단별 이주민의 생활현실을 분석하여 제도개선의 방향을 찾는 것에 초점이 맞추어져 있다고 볼 수 있다. 이러한 연구는 이주노동운동과 결혼이주여성을 중심으로 한 이주민 인권운동의 진전과 함께 그 성과가 축적되어 왔다. 그 글들의 분석틀은 다양하지만, 대체로 이주민의 한국사회로의 통합, 노동력의 원활한 활용, 이주노동자의 노동권을 비롯한 이주민의 보편적 인권옹호 등을 그 내용으로 하고 있다.

이 글은 조금 다른 시각에서 생명평화사상이라는 틀을 가지고 이주현상과 이주민의 존재를 살피고자 한다. 생명평화사상은 아직 철학이나 사회과학의 정립된 이론 혹은 사상이라 할 수 없으며 형성 중에 있는 사고체계이다. 간략히 정리하자면 생명평화사상은 모든 살아 있는 존재를 존중하고 귀하게 여기며, 사람과 사람 그리고 사람과 다른 생명체를 비롯한 만물이 상호의존관계에 놓여 있다는 것을 인식하고, 뭇 생명이 폭력과 지배를 넘어서 함께 살아가는 것을 바람직한 세상의 모습이라 여기며 이를 삶의 가치로 간직하는 생각의 틀이다.

이주 문제는 개인과 집단으로서 사람이 삶의 터전으로 삼아 왔던 국가 등 자신의 공동체에서 다른 지역의 공동체로 옮겨 사는 과정에서 그 앞의 주민(선주민)과 옮겨간 사람들(이주민)이 협력과 갈등 속에 함께 살아가면서 발생하는 복잡한 삶의 문제이다. 이 글의 목적은 생명평화의 시각에서 이주문제를 어떻게 바라볼 것인지를 살피는 것이다. 이 글은 형성과정에 있는 사고체계인 생명평화사상이 무엇인가를 먼저 살피고, 다음으로 생명평화사상으로 이주, 이주민의 삶, 이주민 운동을 어떻게 바라볼 것인지에 관해 탐색하는 것을 내용으로 한다.

## 2. 생명평화사상의 흐름

생명평화사상은 아직 보편화된 철학 혹은 사회과학 이론이라 할 수 없는 형성 중의 사고체계이다. 물론 그 이름을 붙이지 않았지만 세계사상사의 흐름을 볼 때 생명평화사상은 적어도 중국의 제자백가 시대와 인도에서 붓다의 가르침[2)]이 나타난 때부터 서서히 형성되어 온 사상 흐름이라 할 수 있다. 사상의 흐름이라고 표현하는 것은 그것이 크리스트교나 불교와 같은 대중화된 종교, 혹은 마르크스주의나 생태주의와 같이 스스로의 사고체계를 명백하게 표현하는 이름을 가진 신조가 아니라, 불교와 기독교, 도교, 혹은 다른 어떤 신조나 이론경향에서 주요한 내용을 파악하여 추출해 낼 때 비로소 그것을 "생명평화"라는 이름으로 묶어낼 수 있기 때문이다. 즉 "생명평화주의" 혹은 "생명평화론"이라고 이름을 붙일 만큼 정립된 독자적 사고체계가 이론 측면

---

2) 지금부터 이를 불교라고 한다.

에서 혹은 실천운동의 영역에서 아직 존재하지 않는다고 할 수 있다. 다만 현 시대 한국의 사회운동에서 "생명평화"라는 단어가 자기 모습을 갖추어 나가면서 그 핵심취지가 무엇인지, 그 생각의 바탕이 무엇인지 서서히 드러나고 있는 상황이므로 "생명평화"는 단순히 사회운동의 일정한 경향을 의미하는 것이 아니라 전일적 체계를 갖춘 하나의 이론, 즉 사상[3]에 근접해 가는 초보적 수준에 이르렀다고 본다. 그래서 이 글에서 "생명평화사상" 혹은 "생명평화론"이라는 표현을 시론적으로 사용하기로 한다.

한국에서 생명평화사상은 유불선 삼교로부터 배우고 새로운 길을 열었다고 스스로를 알린 동학에서 시작하여, 동학사상을 이어받은 한살림 운동과 그 사상적 기초를 천명한 한살림선언에서 그 주요한 내용을 찾아 볼 수 있다. 나아가 "생명평화"라는 용어를 명확하게, 그리고 일상적으로 사용한 최초의 흐름은 지리산 실상사를 중심으로 형성된 "생명평화결사" 운동이라 할 수 있다.

아래에서는 생명평화의 사상을 세계 문명의 큰 흐름을 형성하고 있는 유럽중심의 서부문명권과 동아시아 중심의 동부문명권으로 나누어 살펴볼 것이다. 서부문명권과 동부문명권으로 나누는 취지는 다음과 같다.

유럽과 북아메리카를 중심으로 형성된 유럽문명은 세계문명에서 중요한 한 축을 형성하고 있으며, 크리스트교를 의미하는 헤브라이즘과 근대 합리주의의 기초를 이룬 헬레니즘[4]을 그 정신적 기반으로 하고 있는 것으로 알려져 있다. 유럽인들은 이를 토대로 하여 동양과 서

---

3) 국어사전에서 "어떠한 사물에 대하여 가지고 있는 구체적인 사고나 생각"이라고 정의되어 있다. 한국민족문화대백과에는 "인간들이 생활하면서 지니게 되는 세계관을 총칭해서 부르는 역동적인 개념"이라고 규정하고 있다.

4) 크리스트교 성서는 헬라어로 처음 쓰였으며, 그 점에서도 헬레니즘과 헤브라이즘은 뗄 수 없는 관계일 것이다.

양을 나누어 이집트 문명과 메소포타미아 문명 및 그 문명의 후예들을 일컬어 동쪽이라는 의미에서 오리엔트라 부르고, 그에 대응하여 자신들이 사는 곳을 옥시덴트라 불렀으며, 동아시아 한자 문화권에서는 이를 동양, 서양으로 번역하여 사용하였다. 자연스럽게 메소포타미아를 포함하여 동쪽 지역들이 모두 오리엔트에 포함되게 된 것이다.

그런데 글쓴이는 문명의 내용을 기준으로 나누자면 유럽을 떼어서 서양이라 하고 그 동쪽 지역을 동양이라 부를 것이 아니라 유일신을 신봉하는가를 기준으로 해서 인도를 포함하여 그 동쪽은 동부문화권, 구 메소포타미아 문명지역에서 시작하여 그 서쪽 지역, 즉 유럽과 서남아시아[5] 지역을 서부문화권이라 보는 것이 적절하다고 본다. 크리스트교와 이슬람은 개념이 같은 유일신을 신봉하며 구약성경을 공통의 경전으로 삼고 있다. 그들의 생활 습관이나 외모도 중국 등 동아시아 지역 사람들보다 훨씬 가깝다.[6] 그에 반하여 인도에서 시작하여 중국, 한국, 일본에서 끝나는 중부 및 동부 아시아 지역은 유일신을 섬기지 않고 신으로부터 자유롭거나 혹은 다양한 신을 섬겨서 절대자로서 유일신에게 의존하지 않는 사상과 문화를 가지고 있다. 다신교 내지 무신론이 지배하는 문명의 흐름인 것이다.

---

5) 흔히 중동(Middle East)라고 부르는데, 이는 유럽인들이 자기 위치에서 붙인 이름으로 지리학적으로도 맞지 않고 유럽이 세계의 중심이라는 생각에서 나오는 용어로서 세계인이 공통으로 쓸 수 없는 말이다. 사물의 실체를 정확히 드러내는 말을 쓰고, 인위적인 가공을 하거나 차별을 내포한 말을 버리는 것이 생명평화론에 어울리는 말살이(언어생활)라 할 수 있다.

6) 인도 대륙의 주민들은 인종적으로는 인도유럽어족으로서 유럽인들과 언어 및 외모가 유사하지만 유일신을 신봉하는 흐름에서 벗어나 있는 인도, 스리랑카 등은 유럽문명과 같은 범주에 들어가는 것이 적절하지 않다. 이에 비하여 파키스탄과 방글라데시 사람들 대부분은 이슬람을 신봉하여 유럽문명에 가깝다. 다만 인도 안에도 1억 명이 넘는 무슬림들이 살고 있어서 인도를 일률적으로 동부문화권이라 분류하기 어려운 측면이 있고, 서남아시아에서 인도에 이르는 지역은 전형적인 유럽 문명과 아시아 문명 사이에 자리 잡아 그 중간 지대를 이루고 있다고 이해할 여지도 있다. 더 이상의 논의는 이 글의 범위를 벗어난다.

글쓴이는 이와 같은 시각에서 크리스트교를 믿는 유럽지역과 남북 아메리카 및 오스트레일리아, 이슬람을 믿는 서남아시아, 크리스트교와 이슬람이 공존하는 아프리카 대륙을 포괄하여 서부문명권으로 분류[7]하고, 그 동쪽의 나머지 아시아 지역을 동부문명권이라 부르는 것이 적절하다고 본다.

### (1) 서부문명권의 생명평화사상 전통

초기 크리스트교는 정복과 지배를 합리화하는 것으로 이해될만한 내용을 성경에 담고 있지만, 생명의 소중함을 알리고 특히 사람의 생명을 무엇보다 귀하게 여기는 가르침이었다. 십계명의 여섯 번째로 살인하지 말라는 내용이 나온다. 사람들 사이에서 이루어지는 일과 관련해서는 십계명의 항목 중 부모공경 다음으로 등장한다. 그러나 살인하지 말라는 계는 일반적인 도덕률로 당연히 도출되는 것이어서 살인금지의 계만 가지고 그 종교가 생명존중의 가르침을 가지고 있다고 보기는 어렵다.

크리스트교가 생명과 생태에 대하여 어떤 입장을 취하는가를 살펴본다. 이정배(2010)는 환경위기를 초래한 자본주의가 본래 기독교의 산물이고 그 속에는 인간을 창조의 면류관, 즉 신의 이미지로 인식하

7) 아메리카와 아프리카는 유럽에 의한 식민화 이전에는 국가를 형성하지 않고 작은 공동체를 유지하였으며, 자연과 신을 같은 존재로 인식하면서 유럽과 같은 유일신 신앙과는 거리를 두고 있었으므로 굳이 분류하자면 동부문화권에 속하였다고 할 수 있다. 아메리카 원주민들은 인종적으로도 아시아인에 유사하고, 베링해를 넘어서 아메리카 대륙으로 들어간 사람들이 그들의 조상이라고 알려져 있고, 종교생활도 일신교와 거리를 두고 있어서 굳이 분류하자면 동부문화권에 속하였다. (유럽인들의 잘못된 정보에 기초하여 만들어진 "인디언"이라는 단어는 유럽 중심의 폭력과 지배의 말이다.) 그러나 두 지역 모두 유럽에 의한 정복과 식민화로 인하여 유럽의 종교와 언어가 지배하게 되면서 서부문명권에 강제로 편입되었다고 할 수 있다.

는 인간중심주의가 깔려 있으므로 크리스트교는 반생태적이라는 비판을 받는다고 전제한다. 이어서 그는 "땅을 정복하고 다스려라." 등의 성경 문구는 당시 이스라엘인들이 사막 환경에서 살아가면서 의존할 수밖에 없었던 생존을 위한 언사였다는 점을 이해하면 성서가 반생태주의 입장을 취한 것이라 볼 수는 없다고 한다. 나아가 성경은 생존에 있어서 일정한 원칙과 규칙을 제시하고 있으며, 이는 신과 자연, 인간 사이의 상호관계성으로 나타나는데, 이것이 우리 겨레의 표현에 의하면 천지인 삼재(天地人 三才) 사이의 상관성이라 볼 수 있다고 평가를 하고 성서에서 풍요로운 생태적 진리를 발견할 수 있다고 본다.[8)]

다수의 신학자들은 창세기에서 인간은 만물의 창조자인 신의 생기를 받은 존재로 다른 생물들과는 구별되지만 동시에 인간이 땅을 채우고 정복하고 다른 생물을 다스리는 권한을 남용하면 징벌을 당한다는 뜻을 밝히고 있어서 모든 생명에 대한 존중, 즉 생태친화적 입장을 갖고 있다고 평가한다. 크리스트교가 인간중심주의에 근거해 있다는 것을 부정할 수는 없지만, 인간이 탐욕을 부려 그에게 주어진 권한을 남용하면 신의 처벌에 해당하는 큰 재앙을 받을 수 있다고 보는 관점은 현대 자본주의 사회의 현실에서 적절한 견제 역할을 하는 도덕률이 될 수 있고, 그 점에서 크리스트교는 생태주의와 가깝게 자리할 수 있다고 생각된다.

크리스트교가 정신세계 뿐 아니라 세속의 삶까지도 압도적으로 규정하였던 중세 봉건 시대를 지나 인문주의의 부흥기인 르네상스 시대를 거쳐 뉴턴의 중력의 법칙을 대표로 하는 자연과학이 발전하고 데카르트의 이론에 뿌리를 둔 분석적 합리주의 철학이 유럽의 정신세계를

8) 이정배(2010, 55-57)

지배하게 된 근대에 이르러 초기 크리스트교의 생명존중 사상은 그 빛을 잃었다. 산업혁명과 함께 범 유럽 사회를, 나아가 제국주의 시대를 거치면서 전 세계를 지배하게 된 자본주의는 근대 이후 정신세계를 지배하게 된 기계론적 세계관과 결합하여 물질 중심의 생활을 이끌었고, 세계인들은 생명존중의 세계관으로부터 멀어져 갔다. 유럽을 중심으로 한 기계론적 세계관과 물질 위주의 삶에 근본적 문제제기를 하는 흐름은 1960년대 68혁명을 거치면서 1970년대 이후 녹색운동과 녹색정치의 흐름으로 나타나게 된다.

다음으로 생명평화사상의 한 축을 이루는 평화의 개념에 대해 살펴보자. 서부문명권에서는 전쟁의 일시적 중단을 의미하는 휴전의 개념으로 사용된 그리이스어 '에이네레(einere)', 전쟁을 막기 위한 정치적 지배와 무력에 의한 평정상태의 유지를 의미하는 로마의 '팍스(Pax)'와 같은 용어 사용에서 나타나는 바와 같이 전쟁의 반대로서 소극적 의미의 평화를 가리키는 것이 전통이었다. 영어의 피스(peace), 독일어의 프리덴(Frieden)도 그 전통에 근거해 있다고 볼 수 있다. 반면 히브리어 샬롬(shalom)과 아랍어 살람(salaam) 개념은 평화적 관계를 형성함에 있어서 중요한 사랑을 의미하였다.[9] 동부문명권에 속하는 고대 인도의 "산티(santi)", 불교의 "메타(metta)"도 모두 사랑을 그 내용으로 하고 있다[10]. 헤브라이즘과 헬레니즘을 근간으로 하는 서부지역에서는 평화가 '전쟁 없음'이라는 소극적 개념에 머물러 있다가 20세기 후반에 노르웨이의 요한 갈퉁이 "평화학"이라는 학문을 열면서 비로소 "적극적 평화[11]"의 개념을 이해하게 되었다고 볼 수 있다.

---

9) 최종석(2017, 110)

10) 최종석(2017, 111)

11) 평화학의 창시자로 평가받는 요한 갈퉁에 의하면, 소극적 평화는 테러, 전쟁, 범죄, 폭행 같은 직접적이고 물리적인 폭력이 사라진 상태를 의미함에 반하여 적극적 평화는 사회제도에 내재된 억압을 의미하는 구조적 폭력과 사상, 종

### (2) 동부문명권의 생명평화사상 전통

동부지역 문명권의 주요 종교와 사상은 크게 불교, 유교, 노장사상, 힌두교로 나눌 수 있다. 여기에서는 생명평화사상의 주요한 뿌리를 이루고 있는 불교와 노장사상에 대하여 살펴본다.

먼저 불교에 대하여 살펴보자. 붓다의 핵심 가르침은 연기론이다. 연기론은 불교가 세상을 바라보는 눈이라 할 수 있다. 우주의 모든 것은 서로 연관되어 있어서 네가 있어 내가 있고, 네가 없으면 나도 없으며, 모든 것은 조건이 형성되면 일어나고 조건이 변하면 소멸하는 것으로 본다.[12] 만물이 고정된 실체가 아니라 끊임없이 변하는 것이라는 무상(無常), 변하는 세상에서 이를 막거나 받아들이는 것 모두가 괴로운 일이어서 세상은 괴로움으로 가득 차 있다는 고(苦), 만물의 존재는 관계에 의하여 규정되는 것이므로 "나"라고 하는 고정된 실체가 없다는 무아(無我)로 구성되는 삼법인[13]은 세상 모든 존재의 성질을 나

---

교, 전통 등의 형태로 가해지는 폭력을 뜻하는 문화적 폭력이 사라진 상태로 이해된다. 갈퉁은 직접적 폭력은 언어에 의한 폭력과 신체에 대한 폭력으로 나눠지며, 구조적 폭력은 정치적 억압과 경제적 착취로 구별되고, 문화적 폭력은 그 내용을 기준으로 종교, 법과 사상, 언어, 예술, 과학 등으로 구별된다고 본다. 갈퉁은 이러한 폭력의 분류를 기초로 하여 소극적, 적극적 평화를 정의한다. 소극적 평화는 직접적 폭력의 부재임에 비하여, 적극적 평화는 억압을 자유로, 착취를 평등으로 대체하며, 강요를 대화로, 분리를 통합으로, 소외를 참여로 대체하는 것을 의미한다고 본다. 이상의 내용은 요한 갈퉁(2000) 83-87쪽을 참조하였다.

갈퉁에 앞서서 마하트마로 추앙받는 간디와 흑인 민권운동가 마틴 루터 킹도 평화는 정의가 기초가 되어야 달성될 수 있다는 입장을 취하였다. 반면, 동아시아에서는 화(和)의 글자 구성에서 나타나듯이 고대부터 평화는 정의에 기초한 것이며 단순히 전쟁 없음을 의미하는 것이 아님을 직관으로 이해하고 있었다고 평가할 수 있다.

12) 대한불교조계종 포교원(2017)이 펴낸 "불교입문"에 의하면, 세상의 모든 존재는 자기 혼자만의 능력으로 생겨나지 않으며, 그것이 있게끔 하는 조건이 있어서 그에 기대어 발생하며, 조건과 일어남이라는 내용을 바탕으로 생로병사 과정에서 느끼는 괴로움과 불안의 원인을 밝히는 이치가 연기법이라고 해설한다. (104-105)

타내는 불교의 주요이론이다. 붓다는 깨달은 이를 뜻하고, 붓다가 깨달은 진리는 고집멸도라는 사성제(四聖諦)[14], 즉 네 가지 거룩한 진리라고 이해된다. 사성제의 가르침에서 사람은 깨달음으로 가는 여덟 가지 거룩한 길(팔정도)[15]을 걸어갈 것을 권유받는다. 팔정도의 실천에서 승과 속을 구별하지 않고 모든 불자가 지켜야 하는 기본 계율로서 오계가 나오며, 그 중 살생을 하지 말라는 계율이 으뜸이다.

현대 자본주의의 현실에서는 붓다의 가르침을 따르는 사람들이 불살생 계율에 대한 보다 강한 문제의식을 가질 필요가 있다. 공장식 사육으로 이루어지는 "가축의 생산[16]"과 그 고기를 과도하게 먹는 것은 대량 살육행위에 함께 하는 것이 된다. 핵무기를 만들고 배치하고 운용하는 일에 관여하는 것, 전쟁에 참가하여 전투행위를 하거나 그것을 돕는 것과 그 준비행위, 대규모로 다리를 놓고 산길을 내고 굴을 뚫어 고속도로를 만드는 일 등 일상생활에서 늘 이루어지거나 국가의 구성원으로서 의무이행을 위하여 행하는 일들이 크고 작은 살생으로 연결

---

13) 삼법인은 한자어로 제행무상(諸行無常), 일체개고(一切皆苦), 제법무아(諸法無我)로 표현된다.

14) 고(苦), 집(集), 멸(滅), 도(道)에서 고는 생로병사의 괴로움을 뜻하고, 집은 생각이 모여서 괴로움의 덩어리로 된다는 것이며(괴로움의 원인), 멸은 괴로움의 덩어리가 모이는 과정인 집이 소멸하면 괴로움에서 벗어나 열반에 이르게 되는 것을 뜻하고(괴로움의 소멸), 도는 여덟 가지 거룩한 길을 걸어감으로써 괴로움을 사라지게 할 수 있다는 것(괴로움을 없애기 위한 실천)을 뜻한다. 사성제에 대한 설명은 이중표(2017, 182-229), 이일야(2015, 54-63) 참조

15) 팔정도는 정견(正見), 정사유(正思惟), 정어(正語), 정업(正業), 정명(正命), 정념(正念), 정정진(正精進), 정정(正定)으로 구성된다.

16) 현대 한국사회에서 집짐승을 기르는 것은 개나 고양이 같은 '특별한 반려동물'을 제외하고는 벌이를 위한 산업의 형태로 진행되고 있고, 그 이름도 "축산업"이라 하고 있다. 우리 겨레의 전통은 가축을 산업의 대상이 아니라 "집에서 기르는 짐승"이라 하여 기른다는 개념을 가지고 있었고, 결국 인간의 음식이 되는 고기를 얻는 것으로 그 짐승들의 생애는 마감되지만 "기른다"는 개념이 있어서 모든 집짐승은 기본적으로 "반려동물"이었다고 평가할 수 있다. 집짐승은 공장에서 물품을 만들 듯이 생산하는 것이 아니라 자식처럼 기르는 것이며, 들짐승은 본래의 모습대로 생태계에서 주어진 운명에 맞게 자유롭게 살아가는 것이라는 생각이 생명평화의 "동물관"이 될 것이다.

되고 결국 불살생계를 범하게 되는 것이다.

현대 불교에서는 이러한 시대변화에 따른 삶의 방식 변화로 발생하는 살생의 위험을 인식하고 불살생의 계를 보다 면밀하게 정립하고 사람들의 실생활에 적용하는 것이 필요할 것이다. 만물이 연관되어 있고, 인간은 그 속에서 인연이 되어 살아가는 존재일 뿐이며, 강과 산과 들에 있는 동식물들과 함께 살아가야 하고, 그들이 살아가는 공간 혹은 삶을 위한 재료가 되는 흙과 물 또한 그 자체의 가치를 지니는 귀한 존재로 인식하는 것이 불교의 교리에 부합한다. 그렇다면 불교는 생태주의의 가치를 그 본래의 내용으로 하고 있다고 보아야 할 것이다.

다음으로 세계 동부지역의 정신세계에 작지 않은 영향을 미친 도가사상을 살펴본다. 도가사상은 노자와 장자에 의하여 그 원형이 만들어지며, 81개의 장, 5천여 글자로 구성된 "노자"라는 책으로 대표된다. 노장사상의 핵심은 "노자" 25장에 나타나 있다.[17] 노자 25장은 천지보다 먼저 생기고 천하의 모체가 되는 것이 있는데 이를 무어라 이름지을 수는 없지만 구태여 이름을 붙인다면 "길(道 도)"이라 할 수 있으며, 무엇이든 포괄할 수 있다는 의미에서 "큰 것(大 대)"이라 한다고 제시한다. 그 큰 것에 해당하는 네 가지가 길, 하늘, 땅, 사람(道天地人)이니 사람도 그 하나를 차지한다. 그리고 그 네 가지의 관계를 "사람은 땅을 본받고, 땅은 하늘을 본받고, 하늘은 도를 본받고, 도는 자연을 본받는다."고 결론을 내린다.[18] 네 가지 큰 것 중에 사람을 포함하고 있다는 점에서, 또 하늘의 개념을 가지고 있다는 점에서 크리스트교의 생각과 통하는 측면이 있다. 그러나 "하늘은 도를 본받는다"고 하여서 하늘을 궁극적 존재로 보지 않고 있어 하늘을 만물의 창조자로

17) 이 부분은 최태웅(2012, 154-157)을 참조하였다.
18) 노자 25장의 내용 중 인법지 지법천 천법도 도법자연(人法地 地法天 天法道 道法自然)을 번역한 표현이다.

바라보는 크리스트교의 유일신 개념이나 인격적 신의 개념과 거리를 두고 있다.

노장사상을 대표하는 표현이 '무위자연'인데, 상식적인 의미의 자연은 인간에 의하여 변형되지 않은 본연 그대로의 사물 및 현상을 가리키지만, "노자"의 자연은 만물이 각기 스스로 존재하며 변화하는 과정 전체를 의미한다.19) 노자가 말하는 자연은 도의 본체로서 자신 외에 그 어느 것도 본받을 필요가 없는 절대적인 것으로 이해된다. '원래 그러한 것'이 자연이라고 지칭되는 것이다. 최오목(2009)은 노자에게서 '도'는 우주만물의 존재근원이자 최고의 가치근거이며, '자연'은 우주의 근원과 근거가 되는 도가 본래 가지고 있는 최고의 가치 또는 원칙이라 할 수 있다고 해석한다.20) "도는 자연을 본받는다"는 말의 의미는 도에 다가감에 있어서 인간은 인욕에서 벗어난 무위를 통하여 자연의 경지에 도달할 수 있다는 것이며, 이는 결국 인간의 입장에서는 '무위(無爲)'이고 도의 입장에서 보면 '자연(自然)'이라고 해석된다.21)

도가사상에는 전쟁과 평화에 대한 분명한 인식, 즉 평화관이 있다. "노자" 31장은 무기는 상서롭지 못한 연장이며, 사람을 해치므로 무기를 미워해야 한다고 말하고 있다.22) 더 나아가 전쟁터는 장례식장과 같은 것이므로 전쟁에 승리하더라도 기뻐하지 말고 슬퍼해야 하며, 요컨대 승전축하식을 장례식으로 이해해야 한다고 말한다.23) 이 장에 대하여 최태응은 인간사회는 자연의 질서에 역행하여 전쟁도구를 만들어 약육강식의 전쟁을 연출하는데, 자연의 법칙을 본받아 도덕법칙

19) 최오목(2009, 23)
20) 최오목(2009, 24)
21) 최오목(2009, 26) 노자에는 '무위자연'이라는 표현이 나오지 않는데, 이와 같은 해석을 통하여 노자사상의 핵심을 무위자연으로 이해할 수 있을 것이다.
22) 최태응(2012, 178) 부가병자 불상지기 물혹오지 (夫佳兵者 不祥之器 物或惡之)
23) 최태응(2012, 178) 살인지중 이애비읍지 승이상례처지(殺人之衆 以哀悲泣之 勝以喪禮處之)

으로 삼는 성인은 이를 미워하고 싫어한다고 해석한다.[24] 승전축하식을 장례식으로 생각해야 한다는 표현은 노장사상이 전쟁 반대를 중요한 가치로 삼고 있다는 것을 보여준다. "노자" 80장에는 "비록 군대를 가지고 있더라도 전쟁터에 나가지 않게 한다.[25]"고 하여 전쟁 반대 의지를 밝히고 있다.

도가는 '무위'와 '자연'을 그 사고의 바탕으로 하고 있으므로 인위적으로 형성되는 국가권력에 대해서 부정적이다. 노자는 국가의 존재 자체를 현실로 인정하는 것을 전제로 이야기하고 있지만, 그 바탕에는 국가가 인민의 삶에 간섭하는 것을 최대한 억제해야 한다는 생각이 깔려 있다. "노자"의 마지막 장 바로 앞 8장에는 "백성들을 다시 유사 이전의 시대로 돌아가게 한다.[26]"는 내용을 제시하여 국가의 역할을 최소화한다는 생각을 밝히고 있다.[27]

다음으로 평화에 대한 동부문명권의 생각을 살펴보자. 한국어의 평화에 해당하는 말로서 중국에서 화평(和平[28])이 사용된다. 근대에 이르러 서양의 학문을 받아들이면서 일본인이 영어의 peace와 독일어의 Frieden을 '평화(平和)'로 번역하면서 한국과 일본에서 평화라는 말이 일상어 겸 학술용어가 된 것으로 이해된다. 동북아시아의 평화 개념은 중국문자의 분석적 이해방법[29]에 따르면 곡식(禾)을 먹는 것(口)을 고

---

24) 최태웅(2012, 179)
25) 수유갑병 무소진지(雖有甲兵 無所陳之)
26) 사민부결승이용지(使民復結繩而用之) 직역하면 "백성들로 하여금 노끈을 매듭지어 글자 대신 쓰던 시대로 돌아가게 한다."가 될 것이다. 노끈 매듭으로 글자를 대신하던 것을 결승문자(結繩文字)라 한다.
27) "노자" 29장. 천하신기 불가위야 위자패지 집자실지(天下神器 不可爲也 爲者敗之 執者失之) 천하는 신령스러운 물건이니 인위로 다스려서는 안 된다. 인위로 다스리는 자는 이를 망가뜨리게 될 것이며, 틀어쥐려는 사람은 그것을 잃게 될 것이다. 이 부분 번역은 이강수(2013, 17)를 참조하였다.
28) 현대 중국어에서 '허핑'이라 발음된다.
29) 이를 파자(破字)라 한다.

르게 하는 것(平), 즉 분배정의를 핵심으로 하는 것인데, 이는 곧 정의를 기반으로 하였을 때 평화가 온전히 이루어질 수 있다는 것을 동아시아인들이 잘 인식하고 있었던 것으로 이해할 수 있다. 중국어로 '허핑(和平)'은 좁은 의미로는 전쟁 없는 상태를 말하고 넓은 의미로는 "사람들이 서로 사이좋게 지내고, 개인과 사회, 자연의 모든 사물이 평형과 조화를 이룬 상태"를 의미한다고 한다.[30] 최종석(2017)은 '타자에 대한 책임'을 위해 전제되는 '자기 부정의 길'은 크리스트교의 '자기비움(kenosis)', 불교의 무아(anātman) 개념이며, 이 두 개념은 현대사회에서 평화의 기반이 되는 사회윤리적 연대를 각성하게 하는 토대가 될 수 있다고 이해한다.[31] 결국 아시아와 유럽 어느 쪽에서도 평화는 사랑, 이타의 마음과 행동, 정의와 같이 가야하며 그 중 어느 하나라도 결여되면 평화가 이루어질 수 없는 것으로 이해하였다고 볼 수 있다.

### (3) 한국의 생명평화사상

#### ① 생명평화의 관점에서 본 한국 전통사상의 흐름

대한민국과 조선민주주의인민공화국이라는 두 분단국가를 이루고 있는 겨레를 한반도 남쪽에서는 "한민족"이라 부르며, 북쪽에서는 "조선민족"이라 부른다. 한국 역사에서 고대국가가 형성되기 전부터 내려 온 전통의 정신문화에 더하여 유교, 불교, 도교 등의 사상이 한민족의 삶에 중요한 영향을 미치면서 그것들이 융합되어 한국의 전통사상을 이루게 된다. 그리고 그 내용에는 살생을 금하거나 최대한 피한다

30) 최종석(2017, 111)
31) 최종석(2017, 112)

고 하는 생명존중사상이 한 축을 이루고 있다.

삼국시대부터 불교, 도교, 유학의 종교와 사상이 중국에서 혹은 중국을 통하여 전해진 후, 삼국통일 이후부터는 사상가들의 저술활동 자료가 일부 전해져 내려와 한국 전통사상의 약간을 살펴볼 수 있다.

고대 불교사상의 중심은 원효와 의상이었다. 그 중 생명평화사상과 관련하여 주목할 사람은 원효이다. 원효의 사상은 "화쟁(和諍)"으로 대표되는데 화쟁론은 직접적으로는 불교의 교리 해석과 관련하여 "상대를 밀어내고 섬멸하려는 배타적 견해의 다툼들"의 해악을 극복하려는 노력이다.[32] 원효의 대표 저작인 "금강상매경론"에는 귀한 것과 천한 것을 이야기하면서 "그 둘은 융합하였으나 하나는 아니"라는 구절과 "하나가 아닌데도 둘을 융합"하였다는 구절이 나온다. 원효와 동시대에 쌍벽을 이룬 불교 사상가 의상은 "하나가 일체이고 일체가 하나"라는 주장을 함에 반하여, 원효는 하나가 아닌 둘의 존재를 인정하고 그들의 융합을 이야기한다. 이 부분에 대하여 홍승기(2013)는 둘이면서 하나이고 또 하나이면서 둘이 되는 것으로 조화 속에 갈등, 갈등 속에 조화가 있음이라고 해석한다. 나아가 원효가 현실 사회를 바라봄에 있어서 귀족과 백성 사이의 불평등을 시정하고 갈등을 넘어설 것을 주장한 것이라 해석한다. 일상생활과 부처의 세계에 대해서 역시 둘이 아니고 하나이면서 또한 하나가 아니고 둘이라고 하여, 그 둘은 함께 있으므로 하나이지만, 사람이 일상의 삶에 매몰되어 버리면 부처의 세계로 나아갈 수 없으니 둘이라고 해석한다.[33]

"화쟁"은 원효의 글에서는 주로 불교의 경전해석과 관련해서 다루어졌지만 인간의 삶에서 부딪히는 모든 대립과 갈등 해결의 기본 원리와 방법으로 이해될 수 있을 것이다.[34] 현대 한국 불교에서는 조계종

---

32) 박태원 (2017, 24)
33) 홍승기(2013, 23-24)

이 사회문제 해결을 위한 방법으로서 “화쟁위원회”를 구성하여 원효의 화쟁사상에 기초한 현실 사회문제 해결의 방향을 찾기 시작한다.[35] 그 화쟁위원회의 초대 위원장을 맡은 사람이 아래에서 보는 생명평화결사의 지도자 도법스님이라는 것은 화쟁사상이 평화주의, 생명평화의 흐름과 바로 연결되어 있음을 보여준다.

### ② 동학사상

동학은 조선의 국운이 기울고 서양과 일본의 제국주의가 조선반도에 개입하기 시작할 무렵인 1860년[36] 수운 최제우가 그 뜻을 밝히고 이어서 최시형, 손병희가 그 뜻을 이어받아 내려온 종교로서 한국 근대사의 중요한 사상 흐름이었다. 또한 종교집단으로서 동학은 초보적이기는 하지만 민주주의를 지향하는 혁명운동이라 할 수 있는 1894년 동학농민혁명[37]의 주요한 주체였다.

---

34) 박태원은 원효의 화쟁사상이 연기적 사유에 의해 각 주장의 부분적 타당성을 변별하여 수용하기가 더욱 완전해지기 위한 조건을 제시하고 있는데, 그 하나가 마음열기이며, 다른 하나는 언어 환각에서 풀려나 언어 사용하기로 제시한다. 그러면서 원효의 화쟁사상은 세간의 쟁론 상황 일반에 보편적으로 유효한 통찰을 철학적, 종교적 호소력까지 갖추어 제시하는 것이라고 평가한다. 박태원(2017, 43-44)

35) 조계종 화쟁위원회는 2010년 창립되어 봉은사 문제 등 불교 내부의 분쟁을 다루기도 하였고, 중요한 사회현안으로 4대강 사업, 한진중공업과 쌍용자동차 등 노동문제, 밀양 송전탑 사건의 유족 장례, 세월호 사건의 시민대화마당 등을 다룬 바 있다. 현대불교 2019. 2. 20.

36) 1860년은 육십갑자를 기준으로 경신년에 해당하여 최제우의 깨달음은 ‘경신득도’라 불려진다. 그로부터 정확히 60년 후 1920년 대한민국 임시정부가 수립되고, 청산리 전투 패배에 대한 앙갚음으로 일본 제국주의자들에 의한 만주지역 조선인 대학살 ‘경신참변’이 일어나고, 1980년에는 광주에서 민중항쟁과 대학살 사건이 일어난다.

37) 1894년에 일어난 거대한 민중의 항쟁을 일제시대 관변 학자들은 “동학란”이라 불렀고, 그 역사적 의미를 높이 평가한 학자들은 “동학혁명”, “갑오농민전쟁”, “동학농민혁명”, “갑오농민혁명” 등의 이름으로 불렀다. 북한에서는 공식적으로 “갑오농민전쟁”이라 불렀고, 남한에서도 1980년대 이후 진보성

동학의 교리는 한울을 중심으로 형성된다. 우리 겨레의 전통에서 하늘을 의미하는 "한울[38](天)"을 중심 개념으로 하여 한울을 모시고(侍天), 한울을 기르고(養天), 한울을 체현(體天)하는 것을 내용으로 하는 한울 사상이 동학 교리의 핵심이다. 한울은 하늘을 인격화한 것이지만 실제의 의미는 생성되는 우주의 질서, 즉 '무궁한 생명의 질서'를 의미하는 것이라고 평가된다.[39] 사람은 누구나 자기 안에 한울을 모시고 있고, 그 한울이 자기 안에서 살아 움직이도록 길러야 하며, 그렇게 함으로써 마침내 한울이 실현되는 것으로 보는 것이다. 초월적 존재인 하늘(天)을 인간의 내면으로 끌어들인 것인데, 이는 원래 유교의 천명론에서 찾을 수 있다. "맹자"에 나오는 "진심지성지천(盡心知性知天)"은 "자기 마음을 극진히 하는 자는 그 본성을 알게 되고 본성을 알면 하늘을 알게 된다."고 풀이되는데, 이는 하늘을 인간의 내면으로 끌어오는 것으로서 동학의 시천 사상과 맥을 같이 한다. 다만 유교의 천명론과는 달리 동학의 시천 사상은 사람은 누구나 태어나면서부터 하늘을 모시고 있다고 봄으로써 천부의 권리를 강조하여 인간에 대한 존중을 중시하고, 그럼으로써 평등사상을 내포하고 있으며, 그 점에서 근대성을 갖추고 있다고 이해된다.[40] 전호근(2015)은 이러한 시천 사상에는 사회개혁에 대한 민중의 희망과 평등의식이 반영되어 있다고 본

---

향 학계와 사회운동 집단은 주로 "갑오농민전쟁"이라는 이름을 붙였다. 글쓴이는 항쟁 주체의 중심이 농민이고 중심 이념이 사람을 하늘과 같이 본다는 점에서 인본주의와 평등을 중요한 가치로 담았던 동학사상이었던 점을 고려하여 "동학농민혁명"이라고 붙이는 것이 적당하다는 생각과, 항쟁에 참여한 사람들이 동학교도들만 있었던 것은 아니고 한국 최초의 민주주의 혁명운동이라는 점을 중시하여 "갑오농민혁명"이라고 붙이는 것이 적절하다는 두 가지 생각을 함께 갖고 있다. 이 글에서는 "동학농민혁명"이라는 이름을 쓰기로 한다.

38) 그 시대에는 'ᄒᆞ늘'이라 불렀다.

39) 모심과살림연구소(2010, 108)

40) 전호근(2015, 667)

다. 시천 사상은 최제우의 계승자 해월 최시형에 이르러 "사람이 곧 하늘(人是天 인시천)"이니 "사람을 섬기기를 하늘과 같이 하라."는 사인여천(事人如天)의 가르침으로 발전하였으며, 3대 교주인 의암 손병희에 이르러 "사람이 곧 하늘"이라는 뜻의 "인내천(人乃天)" 사상으로 자리매김하게 된다.41)

사람이 곧 하늘이라는 생각은 만민평등의 사상으로서 신분제 사회에서 동학의 혁명적 성격을 드러내는 것이었다. 동학은 이후 종교로서의 모습을 확연히 드러내는 천도교라는 이름으로 스스로를 바꾸었다. 일제 강점 이후 교세는 많이 약화되었지만 삼일운동의 중심세력으로 참여하였고, 오늘날까지 주요한 민족종교로서 역할을 하고 있다. 동학사상은 이후 "한살림" 운동으로 이어지게 된다.

### ③ 한살림의 운동과 사상

한살림은 현존하는 한국의 주요한 소비자 협동조합이다. 한살림운동의 뿌리는 지학순 주교가 중심이 되어 1965년부터 시작된 강원도 원주의 지역사회 개발 운동에서 시작한다. 농민권익 실현을 위하여 1966년 설립된 가톨릭농민회의 활동도 한살림 탄생의 주요한 기반이 되었다. 가톨릭농민회가 1990년 제20차 대의원대회에서 '생명과 해방의 공동체를 건설하자.'라는 선언문을 발표하고 생명운동과 공동체 운동으로 전환하면서 한살림의 문제의식에 큰 영향을 끼쳤다. 1985년 원주소비자협동조합 설립, 1986년 '한살림농산' 간판을 단 쌀가게 창업, 1988년 한살림 공동체 소비자 협동조합(한살림소협) 창립, 1986년

41) 최제우는 1864년에 사형을 당하고, 최시형도 1898년에 사형을 당하며, 손병희는 삼일운동으로 징역 3년을 선고받고 복역 중 병보석으로 석방되었으나 1922년에 지병으로 사망하였다.

‘한살림연구회 준비모임’ 결성 등의 과정을 거쳐, 1989년 10월 29일 ‘한살림모임’ 창립총회가 개최되어 ‘한살림선언’이 채택되었다. 한살림선언으로 생명운동을 한국에 알린 한살림모임은 1994년 한살림이 사단법인 체계로 개편되면서 한살림에 통합된다. 이후 한살림에는 “모심과 살림”이라는 계간지를 발행하는 모심과살림연구소가 결성되어 한살림 사상을 가다듬고 알리는 역할을 하고 있다.[42]

아래에서는 한살림선언문을 중심으로 한살림운동을 받치고 있는 사상의 내용을 간략히 살펴본다. 한살림선언은 부제목을 “생명의 지평을 바라보면서”라고 달아서 한살림운동이 생명사상에 기초한 것임을 알리고 있다. 선언은 산업문명의 위기, 기계론적 모형의 이데올로기, 전일적 생명의 창조적 진화, 인간 안에 모셔진 우주생명, 한살림이라는 제목의 5개 장으로 구성되어 있다.[43]

제1장 “산업문명의 위기”에서는 자연의 지배자로 자처해 왔던 인간이 자연지배의 도구로 사용해 오던 기계와 기술에 사로잡혀 하나의 부품으로 전락했고, 현대의 인간은 삶의 주체가 아니라 기계의 지배에 조종당하는 대상일 뿐이라며 인간의 주체성 상실을 직설적으로 표현하고 있다. 제2장 “기계론적 모형의 이데올로기”에서는 데카르트의 합리주의 철학, 뉴턴의 고전 물리학, 존 로크의 사회사상으로 대표되는 서구 합리주의 사회사상은 인간과 물질을 단절된 원자적 존재로 파악하고 자연과 사회, 우주를 기계론적 모형으로 설명하고 있다고 평가하면서, 그것들이 인간을 사회와 자연으로부터 격리시켜 인간이 이웃과 뭇 생명들과 협동하며 살아가는 방법을 망각케 하였다고 진단한다. 제3장 “전일적 생명의 창조적 진화”에서는 현재의 기계문명의 붕괴는 예고되

---

42) 이상의 내용은 모심과살림연구소(2016)을 참조하여 정리하였다.
43) 아래의 내용은 모심과살림연구소(2010)에 게재된 한살림선언 전문과 그 뒤의 해설을 참고로 하였다.

어 있으나 그 붕괴는 기계문명의 낡은 틀이지 인류 자신은 아니며, 이는 인간이 창조적으로 진화하는 생명이기 때문이라는 점을 밝히고 있다. 제4장 "인간 안에 모셔진 우주생명"에서는 우리 겨레가 우주의 근원적 생명을 '한'이라는 단어로 표현해 왔음을 확인하고, '한' 사상을 이어받아 서세동점의 구한말 시대에 인내천 사상으로 모습을 드러낸 동학사상의 요지를 밝히면서 인간은 스스로의 의식 속에 무궁히 진화하는 우주, 즉 한울을 지니고 있으며 그것이 시천(侍天)이라고 밝히고, 이어서 한울을 기르고(養天), 한울을 체현(體天)해야 함을 주장한다. 제5장 "한살림"에서는 한살림의 철학과 가치를 밝히고 있는데, 한살림은 생명에 대한 우주적 각성, 자연에 대한 생태적 각성, 사회에 대한 공동체적 각성이며, 새로운 인식, 가치, 양식을 지향하는 생활문화활동, 생명의 질서를 실현하는 사회실천활동, 자기실현을 위한 생활수양활동, 새로운 세상을 창조하는 생명의 통일활동이라고 성격을 규정한다.

결론부에서 한살림선언은 예수와 붓다에 의하여 점화된 사랑과 자비의 등불이 2천년 이상 인류를 인도해 왔으나 산업문명 시대에 그 불빛이 희미하게 되었으며, 어둠이 짙어지고 있는 오늘날 사랑과 자비가 생명의 등잔 위에 큰 불꽃으로 다시 점화되어야 할 것이라고 밝힌다. 이어서 "새로운 세계를 바라보고 이를 준비하고 있는 각성되고 해방된 인간의 정신은 '자기 안에 있는 우주 안에 자기가 있음'을 깨닫고 있다."고 하면서 '우주 속의 인간', '인간 속의 우주'라는 이미지를 가진 새로운 이념이 나와야 할 때이며, 그 새로운 생명의 이념과 활동인 한살림을 펼친다고 결론을 맺고 있다.

이처럼 한살림선언은 근대사회가 의지해 온 기계론적 사고와 그에 기반한 사회적 실천이 한계에 이르렀음을 지적하고, 근대 합리주의 이데올로기가 놓치고 있었던 유기체로서 생명의 존재를 깨닫고 존중하며, 인간은 자기 안에 모셔진 우주생명 즉 한울을 잘 모시고 가꾸어 우주생명을 체현해야 한다고 제시하고 있다. 그러한 문제의식에 기초하여 생산자와 소비자의 협동조합운동으로서 한살림 운동이 시작되었고, 2019년 현재 30년 넘게 실천을 해 오고 있다. 그래서 한살림은 한국에서 생명평화사상을 가장 정밀하게 제시하고 실천해 온 집단이라 할 수 있다.

### ④ 생명평화결사의 사상과 운동

생명평화결사는 2001년, 해방 전후 좌우익의 대립으로 희생당한 영혼들의 해원상생을 위한 범종교계 100일 기도와 위령제를 계기로 탄생하였다. 기도와 위령제의 문제의식을 공유하고 지리산 도보순례 과정을 거치면서 2002년 5월 '지리산생명연대'가 창립되었고, 이후 생명과 평화의 길에 대한 세미나, 강연회, 기도 등 대중행사를 거쳐 2003년 11월 15일 "지리산 천일기도 회향천도재 및 지리산생명평화결사 창립식"이 치러졌다. 지리산생명평화결사는 생명탁발순례, 생명평화학교, 생명평화대회 등의 대중적 활동을 전국 주요 도시에서 활발하게 진행하고 있다.[44)]

생명평화결사의 가치와 지향을 잘 보여주는 서약문은 다음과 같이 시작된다.

> "세상의 평화를 원한다면, 내가 먼저 평화가 되어야 함을 압니다. 내 마음의 평화와 세상의 평화가 둘이 아님은, 세상이 곧 나의 반영인 까닭입니다. 평화는 모심과 살림이며, 섬김과 나눔의 다른 이름이요, 함께 어울림이며, 깊이 사귐입니다. 그러므로 생명평화는 사람과 사람과의 관계를 넘어

---

44) 생명평화결사의 창립과정에 대한 이상의 내용은 생명평화결사 누리집 http://www.lifepeace.org 의 단체소개 부분을 참조하였다.

모든 생명, 모든 존재 사이의 대립과 갈등, 억압과 차별을 씻어내고, 모든 생명, 모든 존재가 다정하게 어울려 사는 길이며, 저마다 생명의 기운을 가득 채워 스스로를 아름답게 빛나게 하는 것입니다."[45]

생명평화결사는 지리산 실상사를 주된 거점으로 하여 형성되고 자라나면서 불교가 중요한 사상적 배경이 되었지만, 생명과 평화의 가치를 알리면서 "모심과 살림"이라는 동학의 가치를, 그리고 "섬김과 나눔"이라는 크리스트교의 가치를 제시하여 종교 간의 벽을 허무는 모습을 보이고 있다. 이는 생명평화결사가 출발 과정에서 범 종교계가 함께 모여 해원상생을 위한 지리산 기도와 위령제를 하는 것으로 시작하였다는 사실과 맥이 닿아 있다.

서약문은 이어서 생명평화의 삶을 살아가기 위한 각 사람의 실천지침을 제시하고 있다. 1)모든 생명을 존중하는 것, 2)모든 생명을 우애로써 감싸는 것, 3)대화와 경청의 자세[46], 4)나눔 실천과 청빈한 삶, 5)생명의 터전을 보존하는 것, 6)한반도 평화를 지키고 실현함, 7)지속적인 학습이 그것이다.

생명평화결사는 불교를 비롯한 주요 종교의 근본 가르침에 공통되는 생명존중을 제1의 가치로 하여 생명과 평화의 길이 무엇인가를 서약문 등의 문서를 통하여, 그리고 탁발순례 등의 실천을 통하여 보여주고 있다. 생명평화결사가 제시한 일곱 가지 실천지침은 한국 녹색당이 강령에서 채택한 일곱 가지 가치[47]와 비슷하다. 한국의 생명평화

---

45) http://www.lifepeace.org/001/sub02.html 생명평화결사 누리집

46) "나의 견해만이 옳다는 생각이 폭력의 시작임을 항상 마음에 새기겠습니다. 차이와 다양성의 관계를 축복으로 알고, 표현의 자유와 문화적 다양성을 옹호하겠습니다." 라는 서약은 생명과 평화의 길을 찾는 사회운동에서 범하기 쉬운 내부 갈등과 대립의 문제를 근원적으로 풀어가는 출발을 적극 제시하였다는 점에서 그동안의 다른 사회운동과는 구별되는 생명평화결사의 문제의식을 알려 준다.

운동이 세계 녹색당의 이념과 가치를 공유하고 있다는 것을 알 수 있다. 생명평화결사는 정밀한 강령을 제시하지는 않았으나 풍부한 실천을 통하여 한살림과 함께 한국 생명평화운동의 사상을 가장 두드러지게 드러내고 있다고 평가할 수 있다.

## 3. 생명평화사상과 국경 그리고 이주민

### (1) 이주와 이주민을 바라보는 생명평화론의 관점

생명평화론의 바탕이 되는 생각을 정리해 보면 다음과 같다. 세상의 만물은 독립, 고정된 실체로 존재하는 것이 아니라 서로에게 각자의 존재를 의지한다. "나"는 세상과 떨어져 존재하는 것이 아니라 "너"가 있기 때문에 내가 있을 수 있다. 사람은 우주와 지구의 모든 존재, 뭇 생명과 더불어 하나의 생태계를 이루어 살아가는 존재이다. 상대의 존재를 전면적으로 없애버리는 살생은 동물이 살아가면서 피할 수 없는 일이지만, 자신이 살아가기 위해 필요한 범위에서 최소한에 그쳐야 한다.[48] 어느 공동체 안의 구성원끼리 혹은 각 공동체 사이에 공평한 나눔을 본질로 하는 것이 정의이며, 정의를 바탕으로 하여 싸우지 않고 살아가는 상태가 "평화"이고, 평화는 다른 존재에게 고통을 주는 행위

---

47) 한국 녹색당 강령은 생태적 지혜, 사회정의, 직접참여 풀뿌리 민주주의, 비폭력 평화, 지속가능성, 다양성 옹호, 지구적 행동과 국제연대의 일곱 가지 가치를 들고 있다. http://www.kgreens.org. 참조

48) 불교의 다섯 가지 계율의 첫째가 "살생하지 말라."이다. 불살생계가 일체의 생명체를 죽이는 것을 금지하는 것은 아니다. 그것은 자연생태계의 존재 방식 자체에서 근원적으로 불가능하다. 고기를 먹되 어떤 경우에는 불살생계를 범한 것이고 어떤 경우에는 범하지 않은 것이라고 초기 불교의 경전들이 이야기하고 있다. 그래서 생명평화론에서도 생명을 해치는 일을 전적으로 금지하는 것이 아니라 생존을 위하여 필요최소한의 범위에 그쳐야 한다고 본다.

인 폭력 및 억압과 양립할 수 없다.

이러한 생명평화의 근본가치에 기초하여 이주와 이주민을 바라보는 관점을 정리해 보면 다음과 같다.

첫째, 국민국가로 나누어진 현재의 세계는 인류역사에 있어서 매우 짧은 시기에 등장한 것이고 영구히 유지될 체제가 아니다. 궁극적으로 국경은 철폐되어야 하고, 모든 국민국가가 사라지며 자유로운 시민의 공동체가 다양한 규모와 형태로 존재하면서 그 속에서 함께 살아가는 것이 생명평화의 길에 가장 어울리는 지구인의 삶이 될 것이다. 과도적 단계로서 지역, 국민국가, 대륙 수준의 지역 연합, 세계 대부분 나라의 연합체[49]가 적절히 자기 역할을 하면서 권력을 나누어 가지는 체제로 갈 필요가 있다. 유럽은 상대적으로 이 과도적 단계에 가깝게 다가가 있지만 아직도 국민국가가 시민의 삶에 개입하는 힘은 다른 단위에 비하여 압도적이다. 아시아는 지역연합의 문턱에도 가지 못한 상황이다.

둘째, 우리는 모두 '국민'이기 이전에 '인간'이다. 서로의 필요에 의하여 이주가 이루어지는 시대 상황에서 선주민들은 이주민을 공동체의 일원으로, 함께 살아가는 이웃으로 맞이하고 대해야 한다. 크리스트교는 나그네를 "환대"하는 것을 큰 덕목이자 믿음가진 사람들의 도덕적 의무로 보고 있는데, 현 시대에는 그들을 따뜻이 대하는 것을 넘어서 같은 인간으로, 이웃으로, 공동체의 구성원으로 맞이하고 함께 살아가는 것이 필요하다. 같이 살아가는 이웃인 이주민이 멀리 있는

---

49) 현재의 국제연합(UN)은 세계 거의 모든 나라가 가입되어 있는 연합체이지만, 세계평화를 지키는데 가장 중요한 역할을 하는 안전보장이사회가 강대국 위주로 구성되어 있는 형평의 문제, 유엔을 무시한 유고슬라비아 폭격이나 이라크 침공, 그리고 유네스코 탈퇴와 주요한 유엔 조약 미가입 등으로 표현되는 세계초강대국 미국의 국제연합 경시 등으로 인하여 평화를 위한 세계 각국의 효과 있는 연합체 내지 협의체로서 역할을 제대로 하지 못하고 있다.

혈통에 의한 민족구성원보다 훨씬 더 소중하게 느껴질 때 사해동포주의(cosmopolitanism)[50]와 휴머니즘이 실현될 수 있다.

셋째, 현재의 국민국가 체제 하에서도 자본은 거의 제한 없이 자유롭게 이동한다. 자본의 이동이 자유로운 만큼 사람의 이동도 자유롭도록 보장하는 이주 정책이 국민국가와 지역연합체 수준에서 수립되어야 한다. 적어도 유럽연합 내부에서 이루어지는 만큼 각 대륙 안에서 시민이 자유롭게 이동할 수 있어야 하고, 더 나아가서 대륙을 넘어 세계 어느 나라에도 사람이 이동하고 정착할 수 있어야 한다.

넷째, 사람의 이동이 자유로워지면서 각 나라 공동체는 다양한 문화가 혼재하는 사회로 전환되어 갈 것이다. 각 나라가 민족정체성을 기본으로 하면서 외래의 다양한 문화를 흡수하여 통합을 이루는 흐름으로 갈지, 아니면 이주민이 선주민보다 많아지고 그 나라 고유의 문화를 넘어선 새로운 문화가 만들어질지는 그 사회의 선택에 달린 문제이며, 선험적으로 이를 규정할 필요는 없다.

아래에서는 이주 및 이주민의 삶과 관련하여 주요하게 등장하는 문제를 생명평화론의 관점에서 비판적으로 검토해 본다.

### (2) 이주민을 바라보는 한국인의 시선 - 인종주의를 넘어서 생명평화의 가치로

대한민국의 선주민들은 이주민에 대해 부러움과 무시라는 이중적 태도를 보인다.[51] 유럽과 북미에서 온 외국인들에게는 부러움을 동반

50) 영어단어를 그대로 가져와 코스모폴리타니즘(cosmopolitanism)이라 표현하기도 하고, 세계시민주의라 번역하기도 한다. 번역어로 세계시민주의가 의미 전달에는 가장 적절한 표현으로 생각되지만, 고전적 번역어로서 나름대로 의미를 잘 살린 사해동포주의라는 표현을 그대로 사용하는 것도 좋다고 생각하여 이 번역어를 사용하였다.

51) 박홍순(2013, 21)

한 따뜻한 시선을 보내지만, 아시아와 아프리카 출신의 유색인들에게는 무시하는 차가운 시선을 보낸다. 사람을 차별해서 바라보는 것, 특히 개인의 인격 혹은 능력과 무관하게 집단, 그 중에서도 인종과 민족을 기준으로 하여 차별적으로 생각하고 대우하는 것을 우리는 인종주의라 부를 수 있다. 아시아 출신이 대부분인 이주노동자와 결혼이주여성에 대한 한국 선주민의 시각이 인종주의에서 벗어나 있다고 자신 있게 말할 수 있는 사람은 드물 것이다. 이러한 관점은 사람을 포함하여 뭇 생명의 가치를 고르게 존중한다는 생명평화의 가치와 정면으로 부딪힌다.

인종주의적 시각은 성리학이 사상과 정치를 지배하기 시작한 조선왕조 이후 형성된 사대주의 사조와 밀접한 관련이 있다. 주자학을 국가운영의 근본원리로 적용하기 시작한 조선왕조는 사대교린을 외교의 기본으로 삼는, 나름대로 현실을 중시하는 정책을 채택하였다. 그런데, 성리학이 국가운영 뿐 아니라 신민(臣民)들의 일상생활까지 지배하기 시작한 임진왜란 이후 조선 후기에는 중화의 나라 명나라를 섬기는 사대주의가 유학의 본래 뜻을 뛰어넘어 국가의 기본 운영 방향을 흐트러뜨리는 폐해를 가져왔다. 극단적 중화주의자들은 심지어 새로 대륙의 지배자가 된 청나라를 멸시하고 사라진 명나라를 섬기는 데까지 나아갔다. 중화주의의 유산을 변형하여 승계하면서 그나마 남아있던 장점이라 할 사대부의 대의명분론에 기초한 도덕까지 팽개친 극단적인 사대주의가 일본제국주의에 굴복한 친일행위였으며, 이는 다시 해방 이후 새로운 강대국 아메리카합중국을 섬기는 숭미사대주의로 연결된다. 중화의 본국인 명나라 황제의 말을 제 나라 임금의 지시보다 더 소중하게 생각하는 사대주의 흐름은 스스로를 '소중화'로 인식하여 주변의 여러 민족들, 예를 들어 일본인, 만주족, 기타 중국 내부 혹은 주위의 소수 민족들을 '오랑캐'로 멸시하는 것을 일반화하였다.

오늘날의 숭미사대주의와 유색인을 멸시하는 인종주의 성향[52]은 조선시대 양반층의 중화 및 소중화 사상과 그 맥락을 같이 하고 있는 것이다.

한국인의 주류 인종관은 피부색에 근거한 서열을 중심으로 하고 있다. 백인, 황인, 흑인의 순서로 선호하고 대우해 준다는 것이다. 이러한 백인에 대한 선호 혹은 우대는 다양한 유색인종을 만나기 시작하는 개화기 무렵부터 형성되기 시작하는데, 당시 신문에 나타난 각 피부색별 인종에 대한 묘사에는 백인을 가장 높게 평가하는 시각이 잘 드러나 있다.[53]

그러나 한국인의 인종관이 단순히 피부색에 의해서만 사람에 대한 선호와 대우를 결정하지는 않는다. 한국 인종주의의 출발이 되는 인종관은 생물학적 인종개념이 아닌 사회적, 문화적 인종개념에 근거한 것이라는 견해에 다수 학자가 동의하고 있는 것으로 보인다.[54] 러시아나 중앙아시아 출신의 백인 이주노동자들도 한국에 일부 존재하는데, 그들은 남미의 유럽계 백인 이주노동자들과 함께 미국이나 유럽 출신 이주민들과는 다르게 평가되고 대우받는다. 또한 흑인이라도 아프리카 출신과 미국 출신에 대해서 평가를 달리하며, 한국인들은 후자에 대해 훨씬 더 우호적인 반응을 보인다고 한다. 같은 흑인이라도 미국이라는 나라의 국력이 인종 위계에 중요한 고려요소임을 보여주는 것

---

52) 이 이중적인 사고와 감정은 일본인이 개화기 이후 형성한 "탈아입구(脫亞入歐)"의 시각과 매우 비슷하다. 탈아입구론은 지독한 인종주의의 출발이 되고 일본 제국주의가 그러하였듯이 주변국에 대한 무력 침공 개시에 의한 전쟁의 가능성을 열어 두고 있다.

53) "구라파 사람들은 가죽이 희고 털이 명주실같이 곱고 얼굴이 분명하게 생겼으며...... 백인종은 오늘 세계 인종 중에 제일 영민하고 부지런하고 담대한 고로 온 천하 각국에 모두 퍼져서 하등인종을 이긴다."(제국신문 1900. 5. 26. 현대 한국어로 문법과 문장을 수정함), 한건수(2004, 456)에서 재인용.

54) 함한희(1995), "한국의 외국인노동자 유입에 따른 인종과 계급문제", 한국문화인류학 28, 한건수(2004, 457)에서 재인용

이다.[55] 한건수(2004)는 결론적으로 한국사회에서 인종 개념은 "생물학적 특징에 근거한 인종분류에 해당 국가나 사회의 경제력이나 국력을 고려한 사회문화적 인종 서열의 도식이 다시 적용되어 형성된 차별적 이미지"라고 분석한다.[56]

이러한 지배적 분위기와 달리 인종주의의 문제점을 인식하고 아시아, 아프리카 출신 이주민들을 이 땅에 함께 살아가는 공동체의 일원으로 인식하고 그들의 문화적 정체성을 존중하자는 생각이 다문화주의의 기초라 할 수 있다. 지금도 이들을 따뜻하게 대하는 사람들이 적지 않는데 앞으로 왜곡되지 않은 다문화주의 흐름이 점차 확산되면서 지독한 인종주의에도 변화가 있을 것으로 기대된다. 뭇 생명의 가치를 고르게 보는 생명평화사상은 인종주의에 대한 가장 강력한 반격의 무기가 될 것이다.

### (3) 이주와 관련된 용어의 사용 - 우리는 생명평화의 가치에 어울리는 말을 쓰고 있는가

어떤 대상에 대한 이름을 무엇으로 부르는가는 그 대상에 대한 접근 태도를 상당부분 반영한다. 그래서 이주 혹은 이주민과 관련한 대상의 명칭을 어떻게 쓸 것인가를 살펴보는 것은 생명평화론이 이주문제에 어떻게 접근하고 어떤 태도를 취할 것인가와 연동되어 있다. 만물에게 그 본성에 맞는 이름을 붙여야 하고, 어울리지 않거나 본질을 왜곡하는 이름을 붙이는 것은 생명평화의 가치에 어긋난다고 보아야 할 것이다. 있는 그대로를 인정하는 것이 또한 생명평화의 가치에 부합하는 것이다.

---

55) 한건수(2004, 457)
56) 한건수(2004, 457)

첫째, 행정청이나 기업에서 흔히 "외국인 근로자"라 부르는 임노동 목적으로 입국한 사람들의 명칭을 어떻게 할 것인가의 문제가 있다. 우선 근로자라는 표현은 일제 강점기 한국에 자본주의가 도입되면서 사용되던 "노동자"라는 표현이 분단과 남북 이념대결이라는 특수한 역사적 상황에서 "근로자"라는 표현으로 변형되어 사용되기 시작하였고, 헌법 제정과정에서도 이를 반영하여 "근로자"라는 표현이 사용되었으며 이후 남한 사회에서 굳어져 왔다. 그러나 본래 "임금을 목적으로 타인에게 종속되어 노동을 하는 사람"을 부르는 정확한 호칭은 "노동자"이고 한자를 사용하는 아시아권에서 모두 같은 표현을 사용하고 있다. 따라서 사후에 일정한 정치적 목적에서 인위적으로 만들어진 표현인 "근로자"라는 용어를 쓰는 것보다는 원칙으로 돌아가 "노동자"라는 용어를 쓰는 것이 적절하다. 사물의 본질을 왜곡하는 이름을 붙이는 것은 생명평화의 가치에 어긋난다는 점에서도 근로자가 아니라 노동자로 표기하는 것이 타당하다.

또한 "외국인"이라는 표현보다는 이민의 개념을 기초로 명칭을 붙이는 것이 적절[57]하다고 본다. 탈북민의 경우 한국 국적을 가지지만 선주민과 구별되는 이주민의 성격을 가지고 있고, 결혼 이주자 중 한국 국적을 취득한 사람은 외국인은 아니지만 이주민의 성격을 벗어나지 않는다고 보아야 할 것이다. 그렇다면 종합적으로 "이주노동자"라고 표기하는 것이 가장 적절할 것이다. 세계적으로 통용되는 영문표기

57) 북한에서 망명을 한 탈북자들의 경우 우리 헌법이 대한민국의 영토를 한반도와 그 부속도서로 하고 있고, 북한 주민도 대한민국 국민이라는 원칙적 입장을 유지하고 있으므로 외국인이라 보기 어렵지만, 그들도 대한민국 공동체와 다른 사회에 살다가 한국으로 온 사람들로서 이주민에 해당한다고 보아야 하며, 다수의 학자들도 이와 같은 견해를 가지고 있는 것으로 보인다. 다만 그들은 같은 민족으로서 살아온 세월에 비하여 분단되어 떨어져 존재한 기간이 그리 오래지 않았으므로 일반적인 외국인이 한국에 입국하여 생활하면서 형성하는 "이주민" 정체성과는 명백히 다른 점이 있다고 보아야 할 것이다.

"migrant worker"에 해당하는 한국어 공식 단어는 외국인 근로자가 아니라 "이주노동자"가 되는 것이다. 그렇게 써야 이 땅에서 일하는 수십만 이주노동자에게 제대로 된 이름을 붙여주는 것이고, 그들의 노동과 노동조합 활동, 문화생활 등 노동 외부에서의 활동과 일상적 삶에서 자긍심을 줄 수 있을 것이다.

국제노동기구도 초기에는 "이주노동자"라는 표현을 쓰지 않고 "외국인 노동자"라는 표현을 썼다. 1919년에 채택된 국제노동기구의 권고 "외국인 노동자 대우의 상호성에 관한 권고", 1925년에 채택된 "노동자 재해보상에 관한 내외국 노동자 대우의 균등성에 관한 협약"과 같은 권고와 조약들의 공식 문서를 보면 모두 "외국인 노동자"라는 표현을 쓰고 있다. 한국에서도 이주노동자들의 진출 초기인 1990년대에는 외국인 노동자라는 표현을 사용하였다.

둘째, "다문화가정", "다문화정책", "다문화축제" 등 다양하게 사용되는 "다문화"라는 용어 사용의 적정성에 대하여 살펴본다. 다문화라는 용어는 본래 어느 공동체에서 일방의 문화가 우월한 지위에서 다른 문화를 지배하는 것을 거부하고 주요한 문화끼리[58], 혹은 주류와 소수의 문화가 공존하는 것을 의미하는 것으로 사용되었는데,[59] 한국에

58) 다문화주의를 실현한 첫 나라로 평가되는 캐나다의 경우가 이에 해당한다.

59) 다문화 개념을 처음 사용한 캐나다는 하나의 국가에 영어사용자들이 중심이 되는 주류문화와 프랑스어 사용자들이 중심이 된 비주류문화가 지역을 달리하여 병존하였고, 그 두 문화가 서로의 존재를 인정하는 공존을 위하여 다문화의 개념을 만들었다. 캐나다에서 다문화주의는 주류와 비주류의 구분은 있지만 서로의 존재를 인정하는 독립적인 문화의 공존을 의미한다는 점에서, 한 국가의 지배적인 민족문화를 의미하는 주류문화가 있고, 외부에서 들어오거나 국내에 본래 존재하고 있었다 하더라도 그 규모가 현저히 작은 인종문화집단(ethnic group)이 그 나라 문화의 하위파트너를 이루는 한국과 같은 다문화주의와는 그 출발이 다르다고 할 수 있다. 캐나다는 카탈루냐인들이 스페인 주류 민족과 거주지역을 달리하여 공동체를 이루고 살아가는 스페인과 비슷한 상황이라 볼 수 있으나, 캐나다의 경우 다문화주의에 입각한 다문화정책을 적극적으로 펼쳐 인종문화집단 간의 갈등을 미리 예방하는 길을 택하였다고 할 수 있다.

서는 '다문화'가 '순수한 한민족'이라는 개념과 대칭되는 것으로 일반적으로 받아들여지고 있다.

이용승(2017)은 다문화주의는 통합의 이념이고, 다문화정책은 이를 구현하기 위한 수단인데, 한국에서는 '다문화(multicultural)'가 접두어로 사용되면서 특정한 부류 내지는 인간 집단을 호명하는 용어로 사용되고 있다고 평가한다.[60] '다문화'라는 말은 '한국문화'와 '다문화'를 나누고, '한국인'과 '다문화인' 사이에 경계를 설정[61]하는 것으로 사용되고 있다고 지적한다. 이주민의 개념에는 귀화한 국민으로서, 국적을 달리한 상태에서 혼인생활을 유지하는 가족으로서, 장기간 안정적으로 체류할 자격이 주어진 외국인으로서, 단기간 노동을 하고 본국으로 돌아가야 하는 이주노동자로서, 체류허가를 얻지 못한 비합법 체류자로서, 혹은 혈통으로 한민족과 연결되어 있지만 외국인이 된 재외동포로서 한국 땅에서 살아가는 다양한 사람들이 포괄된다. 다문화 개념은 다양한 이주민들이 그들의 고유문화를 일정하게 유지한 채 한국문화에 적응하여 살아가면서 형성되는 이주민 문화와, 이것을 한국 문화의 한 부분으로 받아들이고 스스로의 정체성을 만들어 나가는 기존의 한국 문화를 통합하여 파악하는 것으로 이해할 수 있다. 결국 다문화는 한국 고유의 문화와 이주민의 문화가 공존하면서 서로 영향을 주고받으며 통합된 모습을 드러내는 넓은 의미의 한국문화 총체를 의미[62]한다고 보아야 할 것이다. 그래서 한국인 가정과 다문화가정을 나누는

---

60) 이용승(2017, 10)

61) 염운옥, "다문화 담론 비판", 사람과 글 인문(민족문화연구회 웹진 민연), 이용승(2017, 20)에서 재인용.

62) 다만 여기에서 한국문화의 총체라는 표현은 전통한국문화가 소수문화를 포섭하고 통제하는 관점에서 바라볼 것이 아니라 지리적으로, 정치적으로 "대한민국"을 이루고 있는 공간에서 펼쳐지는 문화의 총체라고 이해하여야 할 것이다. 이런 이해를 통하여 동화주의 내지 동화주의에 가까운 문화통합의 위험으로부터 거리를 유지할 수 있을 것이다.

통념을 이론의 영역에서는 물론 일상 삶의 영역에서 제거하는 단계가 되어야 비로소 한국이 '다문화사회'라는 이름을 얻을 수 있을 것이다. 이용승은 이런 관점에서 '다문화가정'이 아니라 '국제결혼가정'이라는 표현을 제안하고 있다. 국제결혼가정[63] 혹은 '문화간 결혼 가족(inter-culture family)'이라는 표현이 적절하다고 본다.

물론 다문화사회가 정착되려면 일정 수 이상 이주민의 존재가 필요한데, 아직은 단기체류 외국인을 포함한 이주민의 수가 전체 인구의 5% 미만에 머무르고 있고, 대다수 선주민 한국인들이 이주민의 존재를 인식하고 소수자로서 그들의 존재를 인정하고 있다고 보기 어려운 점에서 본격적인 다문화사회라 보기에 부족한 것으로 보인다.[64] 그러나 결혼이주여성, 이주노동자 집단을 빼면 남한의 사회와 경제가 작동하는데 상당한 어려움이 있을 것이라는 점에서 이미 다문화사회의 기초는 형성되었다고 보아야 할 것이다.

### (4) 한국 이민정책의 이중성과 다문화주의의 편협성

한국 이주민 중 부러움을 동반한 따뜻한 시선을 받고 있는 흰 살갗의 사람들을 제외하고, 이주민의 고단한 삶을 살고 있는 사람들 중 주요한 집단은 단기 체류를 하는 이주노동자와 장기체류하면서 국적 취득까지 가능한 결혼이주여성이다.

---

63) "international marriage family"라는 영어 표현은 없지만, 우리말로 "국제결혼가정"이라는 표현은 보편적이고 중립적인 표현으로서 (한국에서 특별히) 인종주의적 시각이 덧씌워져 있다는 비판을 받고 있는 다문화가정이라는 용어보다는 적절하다고 본다.

64) 이용승(2017, 10)은 "인구구성에서 이주민이 차지하는 비율이 4%를 상회하기 때문에 객관적 기준으로 한국은 아직 다문화국가라 할 수는 없다."고 본다. 더구나 그 중 3년 내지 5년의 노동 이후 본국으로 돌아가야 하는 '단기순환 이주 노동자(guest worker)'가 다수를 차지하고 있다는 점에서 더욱 그러하다고 보고 있다.

김태환은 한국 이민정책의 주요한 문제점으로 정책의 이중성을 들고 있다.[65] 김태환에 의하면 한국의 이민정책은 대표적인 이주민 그룹인 이주노동자와 결혼이주여성에 대하여 상충되는 방식으로 작동되고 있다. 따라서 이민정책의 이중성이 실현되고 있으며 이는 내부적으로 두 정책이 충돌된다는 것을 의미한다.

김태환은 한국 이민정책의 이중성을 분석하면서 단순히 정책 운영 구조나 시스템의 문제로만 볼 것이 아니라 한국사회의 불평등 구조에 주목해야 한다고 주장한다. 한국 이민정책의 중심구조에는 한국사회의 가부장적 혈연주의, 단일문화의 자긍심으로 표현되는 인종편견의 의식구조, 노동과 자본의 계급의식, 취약한 시민사회의 인권 기반 등이 뿌리 깊게 자리 잡고 있다고 본다. 김태환은 한국 이민정책은 이주노동자들에게는 경제적 필요에 의한 관리와 통제 중심의 정책을, 결혼이주여성에게는 포용과 동화의 정책을 실행하여 온 것으로 평가한다. 그리고 이민자들 중 가장 큰 인구 구성비를 보이는 이주노동자에 대하여 정책적 배려나 사회적 형평성 제고를 위한 관용 정책보다는 배제지향의 정책이 작동되고 있다고 비판적으로 분석하며, 장기적 해결방향으로서 이민정책의 목표가 결과의 평등까지 달성하는 것이 될 것을 제안하고 있다.[66]

김태환은 한국정부 이주노동정책의 기본틀을 경제적 수요에 부응하는 이주노동 공급체계의 효율화와 이주노동자 유입에 따른 비용 최소화, 국가와 기업의 경제적 편익을 확대하기 위한 제도적 통제와 관리라고 규정하고 있다.[67] 반면 결혼이주여성[68]에 대한 정부 정책의 기본틀은 그들을 한국사회의 가족으로 인정하고 그들이 한국사회에

65) 김태환(2015, 78-79)
66) 김태환(2015, 87-88)
67) 김태환(2015, 141)
68) 김태환은 "여성결혼이민자"라는 표현을 사용한다.

어려움 없이 적응할 수 있도록 사회복지 혜택 등을 부여하는 것으로 이해한다.[69] 적절한 현실 분석이라고 판단된다.

결혼이주여성에 대한 적극적 포용 정책은 이민정책에 있어서 동화주의 모델로 평가될 수 있다. 이러한 적극적 동화주의 모델이 작동될 수 있는 것은 첫째, 국제결혼 정책이 농촌총각 등 결혼이 늦어진 미혼남성의 고민을 해결하고 농촌 공동화와 고령화 현상을 막자는 취지에 따른 것이고, 둘째, 저출산 고령화 사회로 접어든 한국에서 국제결혼에 의한 자녀 출산이 늘어나면 그것이 인구감소와 고령화 경향에 대한 주요한 제어장치가 된다는 점에 근거한다.[70] 2005년 이후 여성가족부가 입안하여 입법을 하게 된 '다문화가족지원법'과 '결혼중개업의관리에관한법률'은 적극적 동화주의 정책의 법률적 기초를 제공하고 있다.

결혼이주여성에 대한 적극적 동화정책이 그 여성이 인간으로서의 존엄을 지키고 한국사회에서 대등한 주체로서 살아갈 수 있도록 도와주는 역할을 하고 있는가를 살펴본다.

우선, 결혼이민자 특히 아시아권 출신의 결혼이주여성의 경우 한국 국적을 취득하여 국민으로서 합법적 신분으로 살아가는 것을 주된 목표로 한다. 현행 국적법은 간이귀화라는 제도를 두고 있는데, 결혼이주자의 경우 "혼인한 후 3년이 지나고 혼인한 상태로 대한민국에 1년 이상 계속하여 거주하고 있거나 혼인한 상태로 국내에서 2년 이상 계속하여 거주하고 있는 사람" 혹은 그 요건을 갖추지 못하였지만 "자신에게 책임이 없는 사유로 정상적인 혼인 생활을 할 수 없었던 사람" 또는 "배우자와의 혼인에 따라 출생한 미성년 자녀의 양육을 책임지고 있는 경우"로서 법무부 장관의 인가를 받는 경우에 국적 취득이 가능하도록 하고 있다.(국적법 제6조)[71] 이혼을 한 경우에는 본인의 귀책

69) 김태환(2015, 177)
70) 김태환(2015, 178)

사유가 없어야 한다는 취지로 행정 실무가 운용되어 결혼 이주여성이 국적 취득을 위하여 배우자 측의 부당한 대우를 참고 견딜 수밖에 없는 것이 현실이었고, 그 개선이 이주민운동과 여성운동의 주요한 과제의 하나였다. 입국과 함께 결혼하여 2년이 경과하기 전에 이혼을 하는 여성은 대한민국 국적 취득이 어려웠던 것이다. 최근 대법원은 결혼이주민이 이혼한 경우에 체류 자격 부여에 있어서 이혼의 귀책사유에 대한 입증책임이 이주민 본인이 아니라 행정청에게 있다고 하는 너무나 당연한, 그러나 매우 중요한 판결을 선고하였다.[72] 행정이 선도적으

---

71) 배우자가 대한민국의 국민인 외국인으로서 다음 각 호의 어느 하나에 해당하는 사람은 제5조제1호 및 제1호의2의 요건을 갖추지 아니하여도 귀화허가를 받을 수 있다. [개정 2017.12.19] [시행일 2018.12.20.]

1. 그 배우자와 혼인한 상태로 대한민국에 2년 이상 계속하여 주소가 있는 사람
2. 그 배우자와 혼인한 후 3년이 지나고 혼인한 상태로 대한민국에 1년 이상 계속하여 주소가 있는 사람
3. 제1호나 제2호의 기간을 채우지 못하였으나, 그 배우자와 혼인한 상태로 대한민국에 주소를 두고 있던 중 그 배우자의 사망이나 실종 또는 그 밖에 자신에게 책임이 없는 사유로 정상적인 혼인 생활을 할 수 없었던 사람으로서 제1호나 제2호의 잔여기간을 채웠고 법무부장관이 상당(相當)하다고 인정하는 사람
4. 제1호나 제2호의 요건을 충족하지 못하였으나, 그 배우자와의 혼인에 따라 출생한 미성년의 자(子)를 양육하고 있거나 양육하여야 할 사람으로서 제1호나 제2호의 기간을 채웠고 법무부장관이 상당하다고 인정하는 사람

72) 대법원 2019. 7. 4. 선고 2018두66869 판결
2019년 7월 4일 대법원은 결혼이주여성이 이혼을 하게 되어 행정청이 '혼인파탄의 주된 귀책사유가 국민인 배우자에게 있지 않다.'고 판단하고 체류를 거부하는 처분을 한 경우, 그 처분사유에 대한 입증책임이 행정청에 있다는 취지, 즉 이혼의 주된 책임이 결혼이주여성에게 있다는 점을 행정청이 증명해야 한다는 내용의 판결을 선고하였다. 이 판결에서 대법원은 대한민국 국민과 혼인하여 국내 체류 중 배우자의 귀책사유로 정상적인 혼인관계를 유지할 수 없게 된 외국인에 대해 인도주의적 측면에서 국내에서 계속 체류할 수 있도록 허용하기 위한 것이 결혼이민(F-6 다.목) 체류자격의 입법취지라고 밝혔다. 국가인권위원회는 그 직후 "대법원의 판결은 그동안 자신에게 책임이 없는 사유로 이혼을 할 수 밖에 없었던 결혼이주여성들이 국내 체류를 유지하기 위해서는 전적으로 한국인 남편에게 이혼의 책임이 있다는 것을 입증해야 하는 어려움을 해소하는 계기가 될 것"이라고 판결을 환영하는 성명서에서 밝혔다. (한겨레 2019. 7. 10. 출처 http://www.hani.co.kr/arti/society/society_general/901195.html)

로 이주민의 인권을 위한 조치를 취하는 것이 아니라 관료주의적인 통제 정책을 시행하는 것에 대해 사법부가 바로잡은 것인데, 이는 이 나라의 이주민 정책이 인도주의에 바탕을 둔 적극적 보호정책이 아니라 국가의 필요에 의한 소극적 보호와 통제정책이라는 것을 다시 한번 확인해 준 것이라 할 수 있다. 적어도 현대에 와서 인류 보편의 가치로 확립되었다고 할 수 있는 인도주의의 요구까지 받아 안지 못하는 것이 정책의 흐름이라면 그보다 더 깊고 넓은 생명평화론의 요구에 부응하는 정책을 내어놓기에는 많은 난관이 있다고 볼 수 있다.

한국에서는 주로 결혼이주여성과 한국인 남성에 의하여 구성되는 가족을 다문화가정이라 부르고, 다문화주의는 결혼이주여성과 그 자녀를 포함한 다문화가정을 한국사회가 포용하는 것을 주된 내용으로 하고 있다. 그들에 대한 지원정책이 또한 다문화정책의 주요한 내용을 구성해 왔다. 그런데 다문화가정은 결혼이주여성에 의하여 형성되는 것만이 아니라 외국인 남성과 한국 여성이 결혼하여 이루어지는 경우도 적지 않고, 드물기는 하지만 서로 문화와 국적을 달리하는 외국인 부부가 한국에 사는 경우도 있다. 또한 다문화주의가 다문화가정을 사회가 포용하는 것만을 의미하는 것도 아니다. 다문화주의가 국제결혼[73]을 통하여 이루어진 가정의 구성원들, 그리고 이주노동자 등 다양한 이유로 한국에서 생활하는 이주자들이 각자 자기 출신 국가 혹은 공동체의 언어와 문화를 유지하면서 한국에서 생활할 수 있고, 한국의 주류사회는 그들의 문화와 교류하면서 공존하는 것이 다문화주의의 본래 모습일 것이다.

---

73) 서로 다른 국가 내지 국가에 준하는 공동체에 소속된 사람 사이의 혼인을 통상 "국제결혼"이라 불러왔는데, 요즘은 학계에서 다문화주의의 흐름을 반영하여 "문화 간 결혼"(inter-culture marriage)이라 부르는 경향이 나타나고 있다. 일상용어로는 국제결혼이라는 표현이 많이 사용되고 있고, 학문 용어로는 국제결혼, 문화 간 결혼이라는 용어를 모두 사용할 수 있다고 본다.

그런 점에서 결혼이주여성의 가정에 대하여 출신국 문화의 유지라는 측면은 도외시하고 한국문화로의 동화만을 추구하고, 반면에 이주노동자의 경우 3년의 기한을 설정한 고용허가제의 틀 속에서 가족동반 입국이나 체류 중 가족 초청을 허용하지 않고 있는 한국의 이주민 정책은 제대로 된 다문화주의 정책이라 할 수 없다. 글쓴이는 이를 편협한 다문화주의, 왜곡된 다문화정책으로 부르고자 한다.

이중적인 한국의 이주민 정책은 한국사회의 다문화주의에 대한 부정적 인식에 일정하게 기초한 것이기도 하고, 거꾸로 그러한 인식을 확대강화하기도 한다.

### (5) 이주민의 지위에 관한 국제기준과 한국의 현실 – 이주노동자권리협약을 중심으로

1919년 국제노동기구(ILO)가 채택한 "외국인 노동자 대우의 상호성에 관한 권고", 1925년 채택한 "노동자 재해보상에 관한 내외국 노동자 대우의 균등성에 관한 협약"은 국제노동기구가 이루어 낸 이주노동자 인권 보장의 주요한 성과들이다. 위 권고와 협약에서 시작하여 꾸준히 형성되어 온 이주노동자 인권 보장의 흐름이 1975년 "불법이주 및 이주노동자의 기회와 대우의 균등 촉진을 위한 협약"을 거쳐 1980년 유엔회원국과 관련 국제기구(국제노동기구, 유엔 인권위원회 등)들로 구성된 실무그룹의 설치와 이주노동자권리에 관한 협약 작성을 위한 연구작업을 시작하는 것으로 이어졌고, 마침내 1990년 12월 18일 유엔총회에서 "모든 이주노동자와 그 가족의 권리 보호에 관한 국제협약"(이주노동자권리협약)이 채택되었다.

이주노동자권리협약은 경제 개발의 단계가 다른 여러 국가의 의견을 조율하여 만들어 낸 것으로 "국경 없는 노동", "전면적 이동의 자유"

를 이상으로 하는 생명평화론의 이주노동관에는 미치지 못하는 내용이다. 기본적으로 협약의 당사국들이 이주자를 선별하여 입국을 허락내지 거부할 수 있는 재량을 인정하는 것에서 출발한다. 그렇지만, 적어도 합법적으로 신고되고 등록된 이주노동자의 경우 가족과 결합할 수 있고, 지속적인 체류를 할 수 있는 길을 연 것은 "국경 없는 노동"에 한발 다가간 것이고, 그 점에서 노동력 수입국인 선진자본주의 국가들의 경우 이주노동자권리협약을 흔쾌히 수용하지 않았다. 이주노동자권리협약은 유엔총회에서 1990년 만장일치로 채택되었으나, 비준을 하는 국가가 적어서 2003년에 비로소 발효요건인 20개국 비준을 달성하여 국제법상 다자간 조약으로서 효력이 발생하였다. 2017년 현재 51개국이 비준을 한 상태이다. 그러나 선진 자본주의 국가는 단 하나도 비준을 하지 않고 있다.

이주노동자권리협약은 제3부에서 "모든 이주노동자와 그 가족의 인권"이라는 제목으로 이주노동자와 그 가족의 권리장전을 제시하고 있는데, 대표적으로 중요한 조항들을 보면, 강제적 또는 의무적 노동을 하도록 요구받지 아니할 권리(11조), 집단적 추방을 당하지 아니할 권리(22조), 보수 및 기타 근로조건에 있어서 취업국 국민과 평등한 대우의 원칙(25조), 이주노동자 자녀가 평등한 교육을 받을 권리(30조) 등이 있다. 제4부에서는 정규적 상태의 이주노동자와 그 가족의 권리를 제시하고 있다. 거주 이전의 자유(39조), 결사의 자유 및 노동조합 결성의 자유(40조), 이주노동자 가족 결합의 보호를 위한 체약국의 적절한 조치 의무(44조), 해고로부터 보호와 실업수당 등(54조) 등이 주요한 항목이다.

이주노동자권리협약은 적법하지 않은 체류자까지 포함하여 전체 이주노동자의 권리를 보호하기 위한 조약이며, 특히 비합법체류 이주노동자의 인권 보호에도 주목해야 한다는 입장을 밝히고 있는 점에서 국제인권조약으로서 그 의미가 크다고 할 수 있다.

한국은 아직 이주노동자권리협약을 비준하지 않고 있다. 한국의 이주노동자 인권보장 현황을 이주노동자권리협약을 기준으로 살펴본다.

첫째, 거주 이전의 자유를 실질적으로 보장하지 않고 있다. 이주노동자에게 있어서 거주 이전의 자유는 직업과 직장 선택의 자유, 특히 직장 이동의 자유와 뗄 수 없는 관계인데, 기본적으로 "외국인근로자의 고용 등에 관한 법률"은 극히 제한된 사유 외에는 이주노동자의 사업장 이동의 자유를 주지 않고 있다.[74] 그래서 한국의 이주노동운동에서 가장 큰 과제는 사업자의 외국인 고용을 보장하고 통제한다는 목적에서 마련된 고용허가제를 폐지하고 자유로운 사업장 이동의 보장을 핵심 내용으로 하는 노동허가제를 얻어내는 일이다.[75]

둘째, 이주노동자의 가족결합을 허용하지 않고 있다. "외국인 근로자"는 자신의 가족을 한국으로 초청할 수 없고 가족과 떨어져 홀로 살아야 한다.[76] 인도주의 측면에서 심각한 문제가 있는 제도이다. 가족결합을 허용하는가는 이주자의 지위에 대한 중요한 시금석일 것인데, 한국은 아직 이주노동자에게 일체의 가족결합을 허용하지 않고 있다.

셋째, 근로조건에 있어서 취업국 국민과 평등한 대우의 원칙은 법률

---

74) 외국인근로자고용허가법에 의하면 외국인근로자가 사업장을 이동할 수 있는 경우는 1)사용자가 근로계약을 해지하거나 계약기간이 만료된 경우, 2)휴업 및 폐업, 그리고 정부에 의한 고용허가 취소나 고용제한 등으로 사용자가 고용을 할 수 없게 되는 경우, 3)상해 등으로 외국인근로자가 해당 사업 또는 사업장에서 계속 근무가 어려운 경우, 이상 세 가지로 제한되어 있다.(제25조)

75) 2019년 8월 18일 오후 서울시 중구 파이낸스센터 앞에서 '강제노동 15년, 사업장 이동자유·노동허가제 쟁취 이주노동자대회'가 열렸다. 결의대회는 이주노조와 민주노총·이주공동행동·경기이주공대위가 함께 주최했다. 서울·경기 일대에서 일하는 이주노동자 약 200명이 휴일을 이용해 집회에 참석했다. 결의대회는 8월 17일로 15년째를 맞은 고용허가제(EPS)의 문제점을 알리고 노동허가제를 도입하라는 것이었다.(매일노동뉴스, 2019. 8. 19.)

76) 반면에 주로 서구 국가에서 초청받아 오는 사무직 노동자의 경우 가족을 초청하는데 제한이 거의 없다.

상 보장되어 있다고 볼 수 있다.[77] 최저임금제의 적용을 받고 산업재해보상보험 등 재해 관련 보장을 받고 있다. 그러나 취업현장에서 이주노동자들은 상대적으로 힘들고 임금이 낮은 직종과 사업체에 종사하는 경우가 대부분이고, 같은 사업장 내에서도 선주민 노동자에 비하여 불리한 처우를 받고 있는 것이 보통이다. 이 부분에 대한 근원적인 개선은 "동일노동 동일임금" 원칙을 입법으로 명문화하고 법원 재판운용을 통하여 구체화시키는 방법에 더하여 이주노동자에게 큰 비용 없이 한국어를 배울 수 있는 여건을 만들어 장기적으로 숙련노동자로 자리 잡을 수 있도록 배려하는 것[78]으로 실현될 수 있을 것이다.

넷째, 결사의 자유 및 노동조합 결성의 자유라는 점에서는 실질적인 진전이 있었다. 2005년 수도권 지역 이주노동자들로 이루어진 서울경기인천 이주노동자 노동조합(MTU)이 설립신고를 하였으나 노동부가 이를 반려하였고, 이에 대하여 이주노조는 서울행정법원에 설립신고 반려처분 취소를 구하는 행정소송을 제기하였다. 1심 법원은 출입국관리법 상 미등록 체류자들에게 노동3권이 보장되지 아니하며 따라서 미등록 체류자를 중심으로 한 노동조합의 설립신고 반려 처분은 정당하다는 판결을 하였다. 그러나 항소심 법원은 미등록 노동자라 하여 노동 3권이 부정되는 것은 아니라는 취지로 원심판결을 파기하고 원고 승소 판결을 하였으며, 2015년 6월 25일 대법원 전원합의체가 원고 승소를 확정하는 판결을 선고하여 이주노조는 10년 만에 적법한 지위를 얻게 되었다.[79] "서울경기인천 이주노동자 노동조합" 외에도 이주

---

77) 외국인근로자의 고용 등에 관한 법률 제22조(차별 금지)는 "사용자는 외국인 근로자라는 이유로 부당하게 차별하여 처우하여서는 아니 된다."고 규정한다.

78) 이주노동자를 단기 근무 후 귀국하는 관리 통제의 대상으로 보고 있기 때문에 이들에게 한국어 교육을 하는 것이 필요하다는 생각에서 나오는 정책은 전혀 없다고 할 수 있다.

79) 이 대법원 판결은 2005년 6월 이주노동자들이 소송을 제기한 지 10년, 2007년 2월 항소심 판결 뒤 8년 4개월 만에 나온 판결이다. 사실관계에 대한 새로

노동자들을 중심으로 결성되고 운영되는 노동조합들이 각 지역별로 다수 존재하고 있다.[80] 그래서 이주노동자 협약 제40조는 국내법으로 수용되고 있는 상태라 평가할 수 있다.

### (6) 소결

이상의 내용을 요약하면, 첫째, 한국에서는 아직 인종주의 시각으로 이주민을 차별적으로 바라보고 대우하고 있으며, 둘째, 행정청이나 기업실무에서 사용하는 '외국인 근로자'라는 표현은 차별과 배제를 담고 있으며 동시에 반공주의 시각에 머물러 있는 용어이고, '다문화'라는 용어도 왜곡된 시각에서 사용하고 있는 경향이어서 전반적으로 생명평화의 가치에 부합하지 않는 용어를 사용하고 있다고 평가되며, 셋째, 한국의 이민정책은 이주노동자에게는 경제적 필요에 의한 관리와 통제 중심의 정책을, 결혼이주여성에게는 포용과 동화의 정책을 실행함으로써 정책의 상충을 가져오고 있고, 이는 생명평화의 가치에 반하는 것이며, 넷째, 이주노동자권리협약이라는 국제기준에 비추어 볼 때 한국은 이주노동자의 직업선택과 거주 이전의 자유, 가족결합의 자유를 부정하고 있는 등 현저히 부족한 인권상황을 유지하고 있다.

생명평화론은 우주의 뭇 생명체를 포함하여 만물이 자신의 존재가치를 가지고 있다고 파악하고, 생명을 해치거나 생명의 존재 토대인

---

운 조사 없이 법적 판단만 하는 대법원 판결이 나오는 데에 8년의 세월이 걸렸다는 것은 사법부의 여러 가지 사정이 있었을 것이지만, 이주노동자 노조의 적법성을 확인해 주는 판결의 선고가 그만큼 어려웠다는 것을 보여주며 또한 한국의 사법부가 인권옹호라는 본래의 중요한 임무에 철저하지 못한 모습을 보였다는 것을 나타낸다.

80) 대구의 지역별 노조인 "성서공단 노동조합"은 조합원 대다수가 이주노동자들로 이루어져 있어서 이주노동자 노조라 할 수 있다.

생태계를 파괴하는 짓을 삼갈 것을 윤리의 주체인 인간 스스로가 내면화하는 것을 핵심 내용으로 한다. 생명평화론의 입장에서 근대 국민국가는 인위적으로 만들어진 것으로 자연의 본성에 맞지 않으며, 더 큰 악과 불행을 막기 위한 공동체의 필요에 의하여 발생하고 유지되는 필요악의 성격을 지닌다. 생명평화론에 가장 큰 영향을 준 사상이라 할 수 있는 불교의 가르침을 깊이 파고 들어가면 궁극적으로 국가의 존재는 부정될 수밖에 없다.[81] 그렇다면 본래 국가와 국경은 절대시될 수 없고, 따라서 같은 국가의 구성원이 아니라는 이유로 삶에서 차별을 받아야 할 이유가 없다. 우리가 정치라는 도구를 이용하여 대한민국이라는 국가를 만들었다는 이유로 "잘 살고 있는데 당신들이 왜 들어오느냐."라고 막아서는 안 될 것이다. 과거 산업연수생 제도나 현재 시행 중인 고용허가제를 통해 이주노동자를 받아들이는 것은 한국 경제의 필요에 의한 것이며, 그들이 들어오는 것은 한국에서 일을 함으로써 경제적으로 이득을 볼 수 있는 가능성이 있기 때문이다. 서로의 필요에 의해 이주노동이 이루어지지만, 국가와 자본은 이주노동을 받아들이되 통제하려고 한다. 생명평화론은 돈이 국경을 넘어 자유롭게 움직이는 현실에 대응하여 사람도 자유롭게 움직일 수 있도록 하자는 쪽으로 길을 터야 한다. 돈의 가치보다 사람의 가치를 존중하고, 사람만이 아니라 뭇 생명의 가치를 존중하는 생명평화론은 많은 사람들에게 전면적으로 혹은 부분적으로 수용되고 있다. 나아가 무한경쟁으로 피폐해진 삶을 살아가고 있고, 살아가야 할 많은 지구사람들에게 시간이

81) 석가모니 붓다는 깨달음 이후 45년간 법을 전하는 행동(전법)을 하면서 현실에 존재하는 불합리한 지배인 국가권력에 대항하는 흐름을 만들지 않고 국가권력과는 거리를 두고 법(다르마)을 전파하는 것에 주력하였다. 그래서 불경에 국가권력에 대하여 직접 언급하는 내용은 거의 없다. 그러나 불살생을 첫째 계율로 하는 붓다의 가르침에 따르면 인간이 집단의 이익을 위하여 군대를 만들고 싸움을 준비하는 것 자체가 불살생 계율에 위배된다고 볼 수 있다.

갈수록 생명평화의 길은 더 깊고 넓은 호소력을 가지게 될 것이다.

현실은 정확히 그 반대지점에 놓여 있지만, 국경을 넘어 사람이 자유롭게 움직이는 것을 보장하고 그에 수반하여 돈도 넘나들도록 하는 것이 생명과 평화의 길이다. 산업연수생 제도가 폐지되고 이주노동자의 노동자성을 인정하는 고용허가제가 실시된 것은 이주노동자의 인권 보장 측면에서 한 단계 나아간 것이라 평가된다. 그러나 3년 혹은 최대 5년 이하의 단기 체류만을 허용하는 고용허가제는 이주노동자를 한국 기업의 필요에 따라 사용하되 한국에서 다문화의 주체로 정착하는 것을 거부하는 것으로서 생명평화의 길을 거부하는 것이다. 적어도 이주노동자권리협약이 보장하고 있고 유럽연합 주요 국가들의 실무에서 이루어지는 것과 같이 일정 기간 체류 후 영주권 취득, 국적 취득의 길을 열어 주어야 할 것이다. 이것이 우리 사회의 품격을 높이는 것이고, 이는 곧 생명과 평화의 길로 나아가는 큰 문을 여는 것이다.

## 4. 마치며 - 이주운동과 생명평화운동의 만남

한국은 특별한 경우를 제외하고는 이민의 문을 걸어 잠그고 있다. 외국인 누구나 조건을 갖추면 시도해 볼 수 있는 이민의 제도적 절차가 존재하지 않는다. 단지 결혼이주여성, 혹은 일정한 재산을 한국에 투자한 경우에 인정되는 투자이민 등 매우 제한된 국적 취득 제도만 존재한다. 그런 점에서 한국은 이민국가라 할 수 없고, 따라서 다문화 국가라 할 수도 없다.

그러나 자본이 주도한 세계화 경향은 이주와 관련하여 한국도 예외의 영역에 놓아두지 않는다. 한국은 결혼을 통한 국적 취득 제도를 시행하여 국가 수립 이후 최초로 이주민 '집단'의 이민을 허용하고 있다.

통상 결혼이주민이라고 불리는 이들은 한국에서 '이주 1세대'라 할 수 있다. 이들은 이미 약 30만 명에 육박하고 있으며,[82] 이들에게 국적을 부여하는 과정은 '국민 만들기'의 과정으로서 이는 다문화주의의 흐름이라기보다는 혈연주의에 기초한 동화정책이라 평가될 수 있다. 결혼이주여성은 우리 사회의 새로운 주체라기보다는 수혜의 대상 혹은 통제와 관리의 객체로 머물러 있으며,[83] 이주노동자는 3년이라는 체류기한에 묶이고 자유로운 취업과 노동이 불가능한 상태로 국가의 통제를 받아야 하는 점에서 통제와 배제의 대상으로 존재한다. 자본이 주도하는 세계화의 흐름이 그 통제장치를 허물기 전에 우리 공동체가 생명평화의 가치에 근거하여 그들을 공동체의 일원으로 받아들이기 위한 제도 개선을 선제적으로 하는 것이 이 사회를 따뜻한 공동체, 즉 다문화 공동체로 만들어 가는 지름길이 될 것이다.

한국의 이주노동자들은 오랫동안 자신의 노동조합을 가지지 못하고 있었다. 제법 긴 시간 법외노조라는 열악한 조건에서 활동하다가 이제 등록된 노동조합의 조합원으로 활동하고 있다. 초기에는 주로 종교 단체를 중심으로 한 이주노동자 지원활동의 도움을 받으면서 개별 이주노동자가 자신의 권익을 지키거나 다문화의 주체로서 한국에서 자기 삶을 꾸려나갈 수 있었다. 요즘은 조직률이 높지는 않지만 각 지역에서 이주노동자들로 구성된 노동조합을 어렵지 않게 볼 수 있다. 반면에 결혼이주민을 비롯하여 그 밖의 이주민들은 아직 그들의 권익을 옹호하기 위한 조직활동을 하지 못하고 있다. 지금까지 이주민운동은 종교적 신념에 기초하여 이주노동자 지원활동을 하는 종교단체에

---

82) 2019년 7월 말 기준 국민의 배우자인 외국인 163,104명, 혼인귀화자 132,244명을 합하면 30만 명에 근접한다. 출입국, 외국인정책 통계월보 2019년 7월호. https://blog.naver.com/seoulcraftco/221623637268

83) 이용승(2017, 26)은 기존의 다문화정책은 동화정책과 다름없는 내용을 방편으로 하여 이주민을 국가온정주의에 기초한 수혜의 객체로 간주하여 왔다고 비판한다.

의존하는 바가 컸고, 최근에는 이주노동조합이 이주노동자들의 노동 조건 개선이라는 노동조합 본래의 역할을 해 나가고 있다. 노동조합운동이 이주노동자와 이주노조를 지원하고 연대하는 흐름이 하나의 축이 되고, 종교인 등으로 구성된 이주민 인권 지원 단체의 활동이 또 하나의 축이 되어 있다.

더 나아가 생명평화 가치의 실현을 추구하는 생명평화운동도 이주노동자 운동, 그리고 결혼이주여성 등 특정한 이주민 집단 혹은 전체로서 이주민의 권익을 실현하고 제도개선을 하기 위한 운동과 만나고 있다.

이주노동자가 자유롭게 그리고 공평한 조건으로 한국 땅에서 일을 할 수 있고, 한국인과 외국인이 필요에 따라 서로의 국적을 취득하고 인연에 따라 결혼하고 평등한 가정생활을 할 수 있게 되며, 남과 북, 해외에 거주하는 모든 조선(한)민족의 구성원과 한반도에 살아가는 이주민들이 함께 어우러지는, 자유로운 개인들이 결합한 정의로운 공동체, 이것이 생명평화론이 바라보는 통일한국의 모습이라 할 수 있다.

멀리 있기는 하지만 실현 불가능한 목표는 아니며 꾸준히 노력해 나가면 닿을 곳이 눈에 보이게 될 것이다.

## 참고문헌

### 논문

박홍순(2017), 다문화사회와 신약성서, 강성열 외, 다문화사회 이야기마당, 꿈꾸는 터

이용승(2017), 한국의 이주현황 및 정책, 아시아 이주민 현황과 이주민정책의 문제점, 생명평화아시아 토론회 자료집

최오목(2009), 노자의 생명윤리사상 연구, 원광대학교 대학원 박사학위 논문

한건수(2004), 타자만들기 - 한국사회와 이주노동자의 재현, 한국의 소수자, 실태와 전망, 한울아카데미

## 단행본

갈퉁, 요한(2000), 평화적 수단에 의한 평화, 들녘
김태환(2015), 다문화사회와 한국이민정책의 이해, 집사재
대한불교조계종 포교원(2017), 불교입문
모심과살림연구소(2016), 스무살 한살림 세상을 껴안다, 도서출판 한살림
모심과살림연구소(2010), 죽임의 문명에서 살림의 문명으로, 도서출판 한살림
박태원(2017), 원효의 화쟁철학, 세창출판사
박흥순(2013), 지역교회 다문화를 품다, 꿈꾸는터
이강수(2013), 노장사상과 더불어 현대사회에서 살아가기, 세창출판사
이정배(2010), 생태영성과 기독교의 재주체화, 동연
최태웅(2012), 노자의 도덕경, 북팜
최종석(2017), 불교의 종교학적 이해, 민족사
홍승기(2013), 한국철학콘서트, 민음사

# ‘평화’에 비추어 본 ‘이주’와 ‘이주민’

**박홍순** (다문화평화교육연구소장)

## 1. 시작하는 글

익숙하고 편안한 장소를 떠나서 낯선 환경에서 살아가는 이주는 선주민과 이주민 모두에게 도전과 숙제를 제공한다. 이주는 이주민뿐만 아니라 선주민에게도 다양한 형태로 나타나기 때문에 모든 사람들이 경험하거나 경험할 가능성이 있다. 다문화사회에 직면하며 선주민은 이주민과 평화롭게 살 준비가 되었는지 질문하고, 이주민은 선주민과 더불어 주체적으로 함께 살 수 있는가를 묻는다. 따라서 이주는 “어떤 집단이 낯선 환경에서 다른 집단과 맞닥뜨리는 사태”[1]라 할 수 있다. 이주는 전 세계적 현상이며 이유와 원인은 다양하다. 경제적 이유, 정치적 이유, 사회적 이유, 종교적 이유, 환경적 이유로 사람들은 자발적 혹은 비자발적 선택으로 이주한다. 이렇게 이주하는 사람들을 노동이주자, 혼인이주자, 망명자, 난민, 환경 난민, 유학생으로 부른다.

11월에 개봉하는 영화 〈헤로니모(Jeronimo)〉는 해외에 흩어져 살

1) 조일준, 이주하는 인간 호모 미그란스 - 인류의 이주 역사와 국내 이주의 흐름, 서울: 푸른역사, 2016, 408.

고 있는 한국인에 관한 이야기로 우리 모두에게 진한 감동을 제공해 줄 것이다. 영화 〈헤로니모〉는 일제식민지 시대에 한국을 떠나 멕시코를 거쳐 쿠바에 정착하며 일생을 독립을 위해서 힘썼던 사람들에 관한 기록이다. "'대한독립, 쿠바혁명 그리고 꼬레아노. 낯선 땅에서 그들의 꿈을 만나다'라는 영화 소개는 대한독립을 염원했던 헤로니모 아버지 임천택과 피델 카스트로(Fidel Castro), 체 게바라(Che Guevara)와 함께 쿠바 혁명 주역이었던 헤로니모, 그들이 평생 품어 온 꼬레아노(Coreano)로서 정체성을 강조한다."[2] 이주가 아주 오래전부터 있었던 일이었으며 한국사회 깊숙이 영향을 끼쳤던 근대와 현대 역사와 맞물려 아직까지 도전과 숙제를 제공하고 있다. 이 영화는 일본에 살고 있는 재일조선인 존재에 관해서 질문하도록 이끈다.

> 재일조선인이라는 비국민에 대해서 말하자면, 재일조선인뿐만 아니라 조선인 전부가 식민지 시대에는 비국민이었습니다. 그런데 일본이 패전하면서 일본 땅에 남은 사람들이 재일조선인이 됐지요. 이 사람들이 일본 국적도 상실하고 계속 비국민으로 있다는 거지요. 법적으로 일본 국적이 아니어서 비국민이라는 것은 당연한 일이고, 외국인이라고 하면 그만이지만…… 비국민이라는 말에 내포된 뜻은 일제 강점기부터 계속해서 일본이라는 제국 식민 지배 하에서 차별받고 저항하고, 저항까진 하지 않더라도 일본 주류가 볼 때는 내심 믿을 수 없는 사람들이라는 거죠. … 그렇다면 재일조선인이 대한민국이 볼 때는 국민일까요, 비국민일까요? 어떻게 생각하세요?[3]

---

2) http://www.pointn.net/news/articleView.html?idxno=15519
3) 서경식·이용석, 국민국가 – 군대를 안가면 국민이 아닐까?, 전쟁없는세상 편, 저항하는 평화 – 전쟁, 국가, 권력에 저항하는 평화주의자들의 대담, 파주: 오월의봄, 2015, 219.

비자발적 선택으로써 이주는 이곳도 저곳도 선택할 수 없는 경계인과 다중정체성을 지닌 이주민으로 살아가도록 만들었다.[4] 미국에 살고 있는 한국계 미국인, 쿠바에 살고 있는 한국계 쿠바인, 일본에 거주하는 재일조선인을 포함한 재외동포가 전 세계에 흩어져 살아간다. 마찬가지로 한국사회에는 2019년 9월 말 현재 2,454,515명의 이주민이 살고 있다.[5] 2백만 명이 넘는 이주민이 다양한 모습으로 한국사회에 머물고 있다. 한국사회에 거주하는 이유와 목적이 다양하기 때문에 이주민을 이해하려면 다양한 관점으로 접근해야 할 뿐만 아니라 개별적 목소리를 듣고 판단해야 할 필요가 있다. 노동현장에서 비참하게 죽음을 맞이하는 노동이주자가 존재하고, 가정폭력으로 고통과 죽음을 당한 혼인이주자가 살아가는 현실, 이주민 자녀에 대한 편견과 차별이 학교와 사회에서 버젓이 일어나는 상황에서 무엇을 할 수 있는가? 이주민과 선주민이 평화롭게 공존하는 일이 가능한 것인가? 혈통이나 피부색으로 사람을 판단하고 평가하는 일을 멈출 수 있는가? 사람을 있는 모습 그대로 존중하는 사회와 공동체를 상상할 수 있는가?

이주민 혹은 낯선 사람을 대하는 방식을 살펴보면 한 사회와 한 나라의 인권과 평화감수성을 확인할 수 있다.[6] 이윤과 효율을 위해서 경쟁하는 사회는 사회적 약자나 경제적 소외계층과 함께 지지와 연대를 실천하기가 쉽지 않다. 지역사회와 공동체 구성원으로 편입하는 이주민에게 선주민이 누리고 있는 시간과 공간을 내어줄 뿐만 아니라 함께 살아갈 수 있는가를 묻는 것이다. 놀라운 것은 부정적 측면이든 긍정적 측면이든 사람은 서로 비추고, 서로 배운다는 점이다. 다시 말해서

4) 일본에 거주하는 재일조선인 가운데 상당수는 일본제국주의 식민지배와 한국전쟁으로 더 이상 조선인으로 살아갈 수 없으며, 다시 돌아갈 고향이나 조국이 없어졌다고 말한다. 그들이 일본에 비국민으로 거주할 수밖에 없었던 이유이다.
5) 출입국·외국인정책본부, 출입국·외국인정책본부 통계월보, 법무부, 2019.09, 14.
6) 파커 J. 파머, 비통한 자들을 위한 정치학, 33.

누군가를 '차별'하면 차별하는 주체도 영향을 받으며, 누군가를 '혐오' 하면 혐오하는 주체도 영향을 받고, 누군가에게 가해지는 '비인간성' 은 함께 살아가는 사람의 인간성에 영향을 끼친다. "차별"[7], "혐오"[8], "비인간성"[9]이 상호적으로 주체와 객체 모두에게 영향을 준다. 따라서 사람은 서로 비추고, 서로 배우는 존재이며, 지역사회와 공동체 또한 서로 비추고 서로 배우는 공동체라는 것을 인식할 수 있다.

이 글은 이주민과 선주민 사이에서 일어날 수 있는 다양한 갈등과 문제에 대한 진단이나 분석을 시도하는 글이 아니다. 오히려 다양한 이유와 목적으로 이주해서 살아가는 '이주민과 선주민이 어떻게 소통하고 공존할 수 있을까?'라는 질문에 대안 하나를 제시하려는 것이다. 이주가 전 세계적 현상이라는 것을 인정하며, 이주민이 마을, 지역사회와 공동체에 거주하고 함께 살아가는 상황을 '평화'라는 관점에서 바라보려는 시도이다. 이주민이 선주민과 더불어 공존하는 상황에서 '배제'와 '혐오'를 극복하고 '포용'과 '환대'를 실천하려면 어떻게 해야 할 것인가를 묻는 질문이기도 하다. 한 사회 문화와 인권 수준은 낯선 사람을 대하는 태도와 밀접하게 관계가 있기 때문이다.

선주민과 이주민이 다문화사회에서 함께 살아가려면 다양한 방법과 태도가 있겠지만 대안의 하나로 평화로운 공존에 주목하고자 한다. '평화'라는 용어는 다양하게 정의할 수 있지만, 이 글에서 '평화'는 사람과 사람이 서로 비추어 보는 것, 사람과 사람이 서로 배우는 것, 그리고 사람과 사람이 함께 사는 것이라고 정의하고자 한다. 이 글은 사람과 사람이 서로 비추고, 집단과 집단이 서로 비추고, 사회와 사회가

---

7) 윌리엄 피더스, 김희경 역, 푸른 눈, 갈색 눈 – 세상을 놀라게 한 차별 수업 이야기, 서울: 한겨레출판, 2012, 42-43. 미국 초등학교에서 있었던 차별 교육은 얼마나 쉽고 빠르게 서로를 미워하고 차별하고 배제할 수 있는지 보여준다.
8) 유서연, 공포의 철학 – 타자가 지옥이 된 시대를 살다, 파주: 동녘, 2017, 92.
9) 장 지글러, 이현웅 역, 유엔을 말하다, 서울: 갈라파고스, 2018, 352.

서로 비추는 '서로 비추기', 사람과 사람이 서로 배우고, 집단과 집단이 서로 배우고, 사회와 사회가 서로 배우는 '서로 배우기', 그리고 사람과 사람이 함께 살고, 집단과 집단이 함께 살고, 사회와 사회가 함께 사는 '함께 살기'로 구성한다.

## 2. '이주'와 '이주하는 사람들'

### (1) 이주와 이주민

이주(移駐, migration)는 다양한 이유와 목적으로 자발적 혹은 비자발적인 선택에 따라 전 존재를 옮기는 행동이다. 일부 국가나 일부 사람들이 아니라 지구 전체에서 일어나는 보편적인 현상이다. 따라서 이주를 다른 국가로 옮겨가는 것이라고 정의하는 대신에 다른 장소로 옮겨 살아가는 것으로 말하는 것이 적절하다. 조일준은 이주와 낯선 만남을 이렇게 기록한다.

> 이주가 빚어내는 낯선 만남, 거기에 감도는 어떤 기대와 긴장과 갈등은 한껏 조여진 현악기 줄처럼 팽팽하다. 그 낯선 만남이 호혜적이 될지 적대적이 될지 여부는 이주하는 사람(집단)의 규모와 이주하는 이유, 그리고 이주자들이 정착하려는 사회의 상황과 이주자에 대한 태도에 달렸다. 역사적으로 다른 집단과 마주치고 공존해온 경험이 풍부한 사회와 그렇지 않은 사회는 이주에 대한 시각과 포용력에서도 차이가 날 수밖에 없다.[10)]

---

10) 조일준, 이주하는 인간 호모 미그란스, 409.

이주를 통해서 이주민과 선주민이 다양한 상황에서 만난다. 낯선 만남은 기대와 긴장과 갈등을 모두 포괄해서 마을, 지역사회와 국가에 도전과 과제를 모두 제공한다. 평화롭게 공존하려는 시도가 도전이라고 말하는 까닭은 이주민의 존재가 선주민에게 다양성 가운데 공존에 대해서 깊이 질문하도록 이끌기 때문이다. 또한 평화롭게 함께 살기가 숙제라고 말하는 이유는 이주민과 선주민이 공존하며 함께 살려면 어떻게 해야 할 것인가를 질문해야 하기 때문에 숙제이다. 먼저 이주해서 정착하고 사는 사람들을 '선주민'이라고 부르고 그보다 상대적으로 늦게 이주해서 살아가는 사람들을 '이주민'이라고 부를 수 있다. 다른 지역이 아니라 다른 나라로부터 이주해서 사는 사람들 또한 이주자, 이민자, 혹은 이주민이라고 부를 수 있다. 이 글에서 '이주민'은 다른 나라에서 한국사회로 이주한 사람들을 부르는 용어로 사용할 것이다. 전 세계 국가로부터 온 이주민은 각자 서로 다른 이유와 목적으로 이주해 살아간다.

한국사회에서 이주라는 단어는 노동뿐만 아니라 혼인, 유학, 난민 등 다양한 유형과 방식이 존재하는 용어이다.[11)] 한국사회는 이주민 가운데 특히 '혼인이주민'에게 관심을 집중한다. 순혈주의와 동화주의 관점에서 벗어나지 못한 다문화 정책과 이주민 정책으로 인해서 한국 국적을 가진 사람들과 혼인한 사람들에게 유독 많은 복지와 혜택을 제공한다. '결혼이민자'로 부르는 '혼인이주민'은 혼인 후에 한국으로 이주해 사는 사람을 지칭하는 용어다. '이주자'가 아니라 '이민자'로 부르

11) 이주라는 현상은 한 국가에서 다른 국가로 이동하는 것뿐만 아니라 국가 내에서 한 지역에서 다른 지역으로 이주하는 현상도 포함한다. 이주자 혹은 이주민이라는 용어를 사용할 때 흔히 다른 나라에서 온 사람이라는 편견이 작동할 수 있는 여지에 주목해야 한다. 서울에 거주하던 사람이 광주로 이동하는 것도 '이주'라 할 수 있다. 따라서 이주자 혹은 이주민은 출신국가, 이주 목적과 형태와 상관없이 살던 곳을 떠나서 낯선 곳으로 떠나는 것으로 이해하는 것이 필요하다.

는 것은 혼인으로 영구히 이주한 사람들이라고 규정하려는 것처럼 보인다. 하지만 국적 취득을 하는 대신에 영주자격으로 체류하는 혼인이주민이 분명히 존재한다. 따라서 사회와 국가가 이주민 정체성을 결정하고 규정하는 대신에 한국사회에 이주해서 살아가는 사람들 스스로 각자 정체성을 정의할 수 있도록 자율적 선택 기회를 제공해야 한다.

### (2) '낯선 사람' 으로서 이주민

사람들은 이주민을 다양하게 호명한다. 타자, 이방인, 나그네, 객, 외국인, 이주민 등 다양하게 부른다. '낯선 사람'으로서 이주민은 선주민과 '낯선 만남'으로 다양한 반응을 불러일으키는 존재라 할 수 있다. 먼저 정착하고 정주해서 사는 사람들이 '낯선 사람'을 환대하는 대신에 불편한 존재로 인식하는 까닭은 다양하다. '낯선 사람'으로서 이주민을 불안과 두려움을 주는 존재로 인식하는 것이 주된 이유 가운데 하나다. 안전하고 익숙하고 편안한 존재로서 이웃과 친구와는 달리 '낯선 사람'을 만나면 기대보다는 두려움과 공포가 앞선다. 두려움과 불안은 '낯선 사람'을 제대로 알지 못하는 '무지'(無知, ignorance)에서 비롯한다. '낯선 사람'이라는 말에서 알 수 있듯이 그 존재에 대해서 제대로 알지 못하는 불확실성이 막연한 두려움과 불안을 만든다. 두려움과 공포는 결국 혐오와 차별을 양산한다.[12] 제대로 알지 못하는 '무지'는 '두려움'과 '공포'로 이끌고, '두려움'과 '공포'는 '혐오'를 낳는다.[13] 결국 '무지', 즉 제대로 알지 못하는 것이 문제다.[14]

---

12) 유서연, 공포의 철학, 94. 유서연은 '공포'와 '혐오'의 연관성을 말하며 "공포라는 정서는 혐오를 불러일으킬 수 있고, 혐오는 공포라는 그림자를 달고 다닌다"고 진단한다.

13) http://www.theguardian.com/film/2017/apr/21/michael-moore-bowling-for-columbine-tribeca-film-festival. 마이클 무어(Michael Moore)는 트럼프

'타자'나 변두리(주변)에 있는 사람들에게 환대를 베풀기를 두려워하는 몇 가지 이유들이 있다. 그들은 우리 집 문을 두드리는 낯선 자들, 다른 종교를 가진 사람들, 멕시코나 모잠비크에서 우리의 일거리를 빼앗는 노동자들, 혹은 우리의 도시를 파괴시키려고 기다리고 있는 테러리스트들일 것이다. 이런 두려움의 어떤 것들은 사실 근거가 있고 조심스러운 이야깃거리지만, 그러나 종종 우리의 두려움이 근거가 있다고 해도 그런 두려움들이 우리 자신들의 불안전함과 원한과 분노를 합친 것이라, 서로 다른 인종, 계급, 성별, 그리고 성적 성향의 사람들 사이에서 혐오로 발전된다.[15]

다른 나라에서 온 '낯선 사람'과 자발적 혹은 비자발적으로 만나게 되었을 때 첫 번째 드는 감정은 막연한 두려움과 불안일 수 있다. 막연한 두려움이 그 '낯선 사람'에 대해서 제대로 알지 못하는 '무지'에서 비롯된 것이라고 성찰하고 자각한다면, 두려움은 호기심과 반가움으로 바뀔 수 있다. '낯선 사람'에 대해서 알려고 시도하는 노력이 바로 '무지'에서 벗어나 '두려움'을 떨쳐버릴 수 있는 대안 가운데 하나다. '무지'를 교정하고 '두려움'과 '혐오'에서 벗어나는 일은 결국 서로 비추어 배우는 과정에서 가능하다. 자신에게 있는 편견과 고정관념을 성찰하고, 무지를 인정하는 일이 '낯선 사람'과 함께 살기 위한 필수적 과정이다. 다른 사람에 대해서 알려는 시도와 의지도 없고, 오로지 익숙하고 편안한 시간과 공간을 그대로 유지하려고 고집한다면, 결코 '낯선 사람'과 더불어 사는 것이 쉽지 않다. 선주민과 이주민 모두 스

대통령을 비판하며 무지와 공포와 혐오 관계를 언급한다.

14) http://www.thenation.com/article/clash-ignorance/ 에드워드 사이드(Edward W. Said)는 '무지의 충돌'이란 제목의 글에서 '문명의 충돌'이 아니라 '무지의 충돌'이라고 강조한다.

15) 레티 M. 러셀, 여금현 역, 공정한 환대 - 서로 다른 사람들이 사는 세계에서 낯선 이들을 받아들이시는 하나님의 환영, 서울: 대한기독교서회, 2012, 153.

스로 가지고 있는 편견과 고정관념을 인식하고, 그것을 넘어서려는 노력과 실천을 수행하려면 서로에게 '낯선 사람' 이야기를 경청하고 알아가는 시간과 공간을 확대해야 한다.[16] 공존과 평화는 결국 '이주민'과 '선주민'이 서로 비추고, 서로 배우는 과정을 통해서 실천할 수 있다. '낯선 사람'이 들려 주는 이야기를 서로 주고받을 때 '무지'가 '포용'으로 전환될 수 있다.

> 따라서 이 시대를 살아가는 나는 동일자이며 타자다. 나는 토착민인 동시에 이방인이다. 나는 선인 동시에 악을 배태한다. 나는 가해자인 동시에 희생자다. 그것은 내 안에 도사리고 있는 낯선 모습의 악을 인정하고 내 안의 속물성을 인정할 때 깨달을 수 있는 단계이다. 내 안에 존재하는 두려운 낯설음, 공포의 원천인 이질성이 있음을 인정할 때, 나는 다른 성, 다른 계급, 다른 인종, 다른 나라를 인정하고 존중할 수 있는 토대가 마련된다. 이 토대 위에서 우리는 다시 새로운 윤리, 그리고 내 안에서부터 나를 덮쳐오는 공포를 전도하여 새로운 미학을 창출할 수 있다.[17]

우리 모두 '낯선 사람'이며 '이주민'이다. 모든 사람은 '이주하는 사람', 즉 "호모 미그란스(Homo Migrans)"[18]로 살아갈 가능성이 있다. '낯선 사람'과 이주민이 될 가능성이 있다는 사실은 스스로를 반성하고 성찰하며, 형편과 처지를 바꾸어 생각하도록 이끈다. '이주민'과 '낯선 만남'을 갖기 전에 지녔던 시각과 태도가 바뀌는 경험을 할 수도 있다. '낯선 사람'을 있는 그대로 수용할 때 "자기 안에서 그리고 주변에서 발견되는 성가시면서도 생기가 넘치는 신비"[19]를 인식한다. 이

16) 파커 J. 파머, 비통한 자들을 위한 정치학, 37.
17) 유서연, 공포의 철학, 150.
18) 조일준, 이주하는 인간, 호모 미그란스, 10.
19) 파커 J. 파머, 비통한 자들을 위한 정치학, 237.

주민이 마을, 지역사회 그리고 공동체에 거주하며 더불어 살게 된 이후에 선주민과 이주민 모두는 낯설지만 역동적 도전과 만남을 경험하는 것이다.

'낯선 사람'으로서 이주민을 포용하고 배려하는가를 판단하는 잣대가 있다. 바로 '낯선 사람'을 바라보는 태도와 시선이다.[20] '낯선 사람'이 지닌 얼굴만으로 포용하고 받아들인다면 훌륭한 '환대'라 할 수 있다. 단지 '얼굴'만으로 사람을 환대할 수 있다면 충분히 만족스럽다. 왜냐하면 "'얼굴'은 그 사람의 이름, 성별, 국적, 인종, 성적 성향 등 다양한 사회적 표지들이나 범주들 '이전에' 또는 그 표지들 '너머에' 존재하는 가장 중요한 타자 인식의 장소"[21]이기 때문이다. 존재를 있는 그대로 표현하는 '얼굴'만으로 '낯선 사람'을 존중하지 못하는 까닭은 외모나 생김새를 포함한 다양한 편견과 차별이 작동하기 때문이다. 존재를 서로 비추고, 얼굴을 서로 비추고, 태도와 관점을 서로 비추어 보면 편견과 차별이 작동하는 원인과 이유를 자연스럽게 살펴볼 수 있다.

### (3) 이주민을 향한 이중시선

이주와 이주민은 이중시선 주제에서 다시 살펴볼 필요가 있다. 이주자 혹은 이주민으로 살아가는 사람들을 출신국가에 따라 다른 잣대로 바라보는 것이다. 미국, 유럽, 호주나 뉴질랜드에서 온 이주민과 아시아, 아프리카나 남미에서 온 이주민을 동일한 시선으로 바라보지 않는다. 미국이나 유럽에서 온 이주민 가운데 방송 활동을 하는 사람들이

---

20) 강남순, 코즈모폴리터니즘과 종교 – 21세기 영구적 평화를 찾아서, 서울: 새물결플러스, 2015, 187.
21) 강남순, 코즈모폴리터니즘과 종교, 187.

더러 있다. 하지만 이들을 다문화가족이라고 부르지 않고, 글로벌 가족이라고 부른다. 반면에 비서구 출신 이주민은 다문화가족이라고 부른다. 특히 동남아시아에서 혼인을 위해서 이주한 사람들과 그 가족을 그렇게 호명한다.[22] '다문화'라는 현상에 대한 제대로 된 이해도 없이 특정 국가나 인종을 규정하고 낙인하기 위해서 사용한다. '다문화'는 사람을 규정하고 호명하기 위한 용어나 단어가 아니라 언어, 문화, 관습, 전통이 다른 사람들이 함께 어우러져 살아가는 현상을 표현한 용어다. 따라서 다른 곳에서 이주해서 살아가는 사람들을 호명할 때 '다문화'라는 단어를 사용하는 것에 주의할 필요가 있다.

이주민을 바라보는 시선이 출신국가에 따라 다르다는 것은 많은 사람들이 편견을 갖고 있으며 다양한 이유로 차별하고 있다는 반증이다. 서구 국가에서 온 사람은 신뢰가 갈 뿐만 아니라 배울 것이 많다고 생각하는 반면에 비서구 국가에서 온 사람은 안전하지 않고 열등할 것이라는 편견과 차별을 은연중에 드러내는 태도를 엿볼 수 있다. 서구인은 부러운 시선으로 바라보지만, 비서구인은 깔보는 눈초리로 쳐다보는 것이다.[23] 바로 이것이 인권과 평화 감수성이 결여되어 있는 것을 보여주는 사례로 교육과 실천이 필요한 곳이다. 잘못된 교육과 학습을 받았다면 '탈학습 과정'(unlearning process)이 필요하고, 마음과 정신이 식민화 되었다면 탈식민화(postcolonialisation/decolonisation)가

---

22) 다문화가족과 글로벌 가족 등 글로벌 민감성 교육에 관해서는 다음 글을 참조하라. 오현선, 글로벌 민감성 교육, 박흥순 외 공저, 다문화사회 이야기마당 - 다문화교육 매뉴얼, 서울: 꿈꾸는터, 2017, 17-31.

23) 서구인에게 호의적인 반면, 비서구인에게 배타적이거나 무시하는 태도를 갖는 경향은 대학교 강의실에서 일어난다. 대학 강의실에서 "다문화사회 이해"라는 강의를 진행할 때 학생들에게 물었다. "한 학기 동안 유럽과 미국에 온 학생들과 동남아시아에서 온 학생들이 강의를 함께 듣게 될 것이다. 한 학기동안 어떤 학생과 사귀고 싶은가?" 놀랍게도 85% 이상 학생들은 서구에서 온 학생들과 사귀겠다고 답변했다. 박흥순, 다문화와 정체성, 다문화평화교육연구소 편, 시민과 함께하는 다문화이해교육 매뉴얼, 광주: 광주광역시청, 2018, 97.

필요하다.

프란츠 파농(Frantz Fanon)이 쓴 "검은 피부 하얀 가면"(Black Skin White Masks)[24]은 존재와 정체성을 인정받지 못하는 사람들이 마음과 정신이 식민화되는 과정을 보여준다. 파농은 "왜 식민지 원주민이 자신의 검은 피부를 받아들이지 못하고 하얀 가면을 쓰려고 하는지 그 원인을 분석하는 데 주력"[25]하며, 흑인 정체성을 탈식민화 관점에서 분석한다. 있는 모습 그대로 자신을 받아들이지 못하는 까닭은 정신이 식민화되었기 때문이고 그 결과 정신분열 현상이 나타난다는 것이다. 이주민과 선주민은 모두 "태어날 때부터 자유로우며 그 존엄과 권리에 있어서 동등하다"[26]라는 선언은 당연하다. 당연하게 모든 사람은 있는 모습 그대로 존중받고 살아갈 권리가 있다는 뜻이다. 따라서 흑인이 검은 피부를 가지고 있지만 백인과 같이 말하고 행동하는 거짓 인격 가면을 쓰려고 함으로써, 분열과 갈등을 일으켰다는 파농의 지적은 중요하다. 정체성이란 다른 사람이 규정해 주는 것이 아니라 스스로 정의하는 것이기 때문이다. 그렇지만 한국에서 살아가는 이주민은 끊임없이 동화와 통합의 대상으로 취급받으며 각자 지니고 있는 정체성을 바꾸도록 강요와 압박에 시달린다. 출신국가와 피부색, 외모와 성별로 사람을 판단하는 것이 얼마나 폭력적이고 위협적인가를 직시할 필요가 있다.

결국 이와 같은 현상이 한국사회에도 거의 동일하게 나타나는 것을

---

24) 프란츠 파농(Frantz Fanon)이 쓴 이 책은 1952년에 프랑스어 출간했고, 1967년에 첫 영어 번역본이 나왔다. 백인사회에서 유색인종이 경험하는 불평등과 의존과 관련한 감정들을 묘사한다. Frantz Fanon, Black Skin White Masks, London: Pluto Press, 1967.

25) 이경원, 검은 역사 하얀 이론 - 탈식민주의의 계보와 정체성, 파주: 한길사, 2011, 231.

26) 장 지글러, 유엔을 말하다, 18. 1948년 12월 10일에 태어난 세계인권선언문을 모든 유엔 회원국이 동의했다.

비판적으로 쓴 책이 바로 박노자 교수가 쓴 "하얀 가면의 제국"이다. 식민 지배를 당해서 언어를 빼앗기고, 식민 교육을 받음으로써 마음과 정신이 식민화된 다양한 현상 중에 하나가 바로 '서구중심주의'에 기울어진 태도와 관점이다. 박노자는 '포지티브 옥시덴탈리즘'(positive occidentalism)에 대해서 다음과 같이 주장한다.

> 요즘 한국을 휩쓸고 있는 '포지티브 옥시덴탈리즘', 즉 '서양'을 흠모·맹종의 대상으로 만든 '서구 신화'다. 서구 제국주의의 세계적 헤게모니는 '옥시덴탈리즘'의 담론이 비속된 비서구 지역의 인구들에게도 서구인 못지않게 체화된다는 것을 의미한다. 우리는 일상적으로 서양의 자유 분방함이나 서양의 평등주의, 서양적 가치나 시민정신을 이야기한다.[27]

이주민에 대해서 이중시선은 결국 언론, 방송, 교육, 그리고 사회적 학습이 제공한 결과라 할 수 있다. 이것이 "탈학습 과정"[28]이 필요한 지점이다. 다양한 채널과 방식으로 학습되고 왜곡된 시각과 관점을 벗겨내는 탈학습 과정은 결국 탈식민화 과정이기도 하다. 서구와 비서구로 구분하는 이분법적 도식에 근거한 이중시선은 서구를 과도하게 선망하고 긍정하는 반면에, 비서구를 폄하하고 무시하는 시각을 갖도록 이끌었다. 따라서 출신국가, 피부색, 성별, 신분과 상관없이 '낯선 사람'으로서 이주민을 있는 모습 그대로 환대할 수 있는 탈학습과 탈식민 과정이 필요하다.

---

27) 박노자, 하얀 가면의 제국, 서울: 한겨레출판, 2003, 297.
28) 오현선, 다문화이해교육을 시작하는 워크숍2, 다문화평화교육연구소 편, 시민과 함께하는 다문화이해교육 매뉴얼, 광주: 광주광역시청, 2018, 33.

## 3. 평화로 '서로비추기'

### (1) '서로비추기'

'서로비추기'는 사람과 사람, 공동체와 공동체, 국가와 국가가 비추어보는 것이다. 문화와 관습에 비추어 낯선 사람과 낯선 나라를 바라보며 성찰하고 지혜를 모으는 과정이다. 세계화와 신자유주의 세계질서에서, 이윤과 효율을 우선적으로 앞세우는 환경에 직면한다. 이 상황에서, 인권과 평화로 바라볼 수 있는 시간과 공간을 확보하려는 노력이다. 무한경쟁과 승자독식이 절대적 가치로 확산된 것처럼 보이는 현실 앞에서 인권과 평화를 외치는 것이 가능한지 묻는 것이다.

'서로비추기'는 '역지사지'(易地思之)라는 단어와 흡사하다. 상대편 처지나 다른 사람 형편과 바꾸어 생각하고 행동하는 것이다. 다른 사람이 처한 상황과 형편에서 생각하고 판단하는 일이 쉽지 않은 것은 분명하다.[29] 쉽지 않고 어려운 과정이지만 '지금 여기에'(here and now) 우선적으로 '서로비추기'를 시도해야 할 때이다. '서로비추기'는 다른 곳과 낯선 나라에서 살았던 사람들이 함께 살기 위해서 서로 위치를 바꾸어 생각해 보는 것이다. 이주민이 한국사회에 영향을 줄 정도로 이주하기 전에는 상상할 수 없는 다양한 낯선 상황을 우리는 지금 경험하고 있다. '지구화', '세계화', 혹은 '다문화화'라는 용어가 언급되기 전에는 거의 사용하지 않았던 단어와 개념이 사회 전면에 등장한다. 어느 곳을 방문하든 비슷비슷한 외모와 생김새를 가진 사람들과

---

29) 예수는 황금률을 말하고, 공자는 서(恕)를 가장 큰 덕목으로 여겼다. '대접을 받고자 하면 먼저 대접하라'는 황금률과 "자기가 바라지 않는 일은 남에게 행하지 말라"는 서(恕)는 서로 통한다. 이주민과 선주민이 함께 살아가야 하는 상황에서 다른 사람 처지와 형편을 바꾸어 생각해 보는 태도는 중요하다. 강신주, 철학이 필요한 시간, 파주: 사계절, 2011, 142.

마주했던 시간과 공간에 '다르고 낯선' 사람들이 함께 살아가며 여러모로 겹쳐진다. 서로 의사소통이 되지 않는 불편함에 직면하기도 하고, 익숙하고 편안했던 시간과 공간을 낯선 사람들과 나눌 필요가 생겨난다. 2백만 명이 넘는 이주민이 어느새 도시와 농촌과 마을 곳곳에 '연결된 존재'로 살아간다. '연결된 존재'는 서로 비추어, 서로 배우고, 서로 함께 살아가는 사람들이란 뜻이다.

'이주민'이 먼저 와 살고 있던 '선주민'과 '연결된 존재'로 살아가려면 '서로비추기' 과정이 필요하다. 차이와 다름을 발견하고, 다양성 속 일치와 함께 다양성 속 진화를 이루며 함께 살아갈 수 있는 가능성을 찾는 것이 바로 '서로비추기' 과정이다. 질문 하나에도, 눈길과 손길에도, 표정과 몸짓마다 존중하고 배려하는 시각과 태도가 나타날 것이다. 평화로 '서로비추기'는 환대, 연민 그리고 연대와 밀접하게 관련이 있다.[30)]

### (2) '환대'로 서로비추기

지금처럼 이동수단이 발달하지 않았던 고대 사회에서 낯선 곳으로 이동하고 여행하는 것은 안전과 안위가 보장되지 않는 상당히 위험한 일이었다. 친구인지 적인지 구분되지 않는 상황에서 '낯선 사람'과 마주치는 일은 목숨을 잃을 수도 있는 어려운 순간에 놓일 경우가 많았기 때문이다. 다시 말해서 고대 사회에서 나그네, 여행자와 같은 낯선 사람을 "위험한 존재"[31)]로 여길 가능성이 있었다는 뜻이다. 따라서 '낯선 사람'으로서 나그네 혹은 여행자는 미리 정주해 그곳에 살고 있

30) 강남순, 코즈모폴리터니즘과 종교, 199.
31) 배철현, 신의 위대한 질문 – 신이 원하는 것은 무엇인가, 파주: 21세기북스, 2015, 108.

는 선주민에게 '환대'를 받는 것이 목숨을 보존하고 또 다른 곳으로 이동할 수 있는 힘을 비축하는 방법이었다. 나그네와 여행자가 강도로 돌변해 모든 것을 빼앗거나 목숨을 빼앗아갈 가능성이 있는 상황에서 선주민에게 환대는 문자 그대로 "이방인에게 자리를 주는 행위, 타자를 도덕적 공동체로 초대하는 행위"[32]이다. 다시 말해서 환대는 선주민이 '낯선 사람'으로서 이주민에게 생명과 공동체를 공유하며 함께 살자고 제안하는 것이다. 고대 사회에서 환대가 중요했던 까닭은 상호성에 기초해서 '서로비추기'를 실천하는 것이기 때문이다. 다시 말해서 선주민 또한 낯선 곳으로 이동하고 여행할 가능성이 있을 때 자신 또한 낯선 곳에 살고 있는 사람들이 제공하는 '환대'를 받아야 할 필요성이 있기 때문이다. 이처럼 환대는 상호성에 근거한 '서로비추기'를 구체적으로 실천하는 행동이다. 고대 사회에서 환대는 나그네와 여행자에게 안전과 평화를 제공해 주는 행동인 것처럼, 현대사회에서도 환대는 낯선 곳으로 여행하거나 이주하는 '낯선 사람'에게 공존과 평화를 내어주는 덕목이다.

기독교 신앙공동체에게 있어서도 '환대'는 중요한 덕목이었다. 신약성서는 '환대'가 필요했던 나그네와 여행자와 같은 '낯선 사람'을 다양하게 소개한다. 위험을 감수하고 목숨을 걸고 여행을 해야 했던 나그네와 여행자로서 살아가야 했던 기독교 신앙공동체 구성원들은 선주민과 더불어 평화롭게 살기 위해서 지혜가 필요했을 것이다. '환대'로 서로 비추어 보는 과정은 낯선 곳에서 살아가는 신앙공동체에게 중요한 덕목이었다는 뜻이다. 낯선 사람을 진심으로 '환대'함으로써 자신들 공동체에 초대하는 실천이 또 다른 '환대'로 선순환 했던 경험은 고대 사회에 필수불가결한 요소였을 것이고, 지금 이 시대에도 중요한

---

32) 조일준, 이주하는 인간, 호모 미그란스, 378

가치이다.

'환대'라는 단어가 지닌 다양한 뜻과 정의가 있다. 지금, 여기에서(here and now) '환대'라는 단어에 주목하는 이유는 '낯선 사람'이라고 서술하는 나그네, 외국인, 이방인, 타자, 이주민과 함께 살아갈 준비가 되었는지 질문하고 있기 때문이다. '낯선 사람'과 함께 살아가야 하는가? 필연적으로 '낯선 사람'과 함께 살아가야 한다면, 어떤 지혜가 필요한가? 질문은 또 다른 질문으로 이어진다. '평화'로 '서로비추기'는 잠시 멈추어 서서 '낯선 사람' 목소리에 귀를 기울이라고 제안한다. 각자 자신들 목소리를 외치는 대신에 다른 사람이 말하는 것을 들어보라는 권유다. "피로사회"[33]에서 소외된 존재를 회복하려면 반성과 성찰이 '타자'가 살아가는 '시간'과 '공간'을 주목하라는 것이다. 소란스러운 처지와 환경에서 잠시 벗어나 '낯선 사람' 목소리를 듣는 것이 먼저 필요하다. 한병철은 '시간혁명'에 관해서 다음과 같이 말한다.

> 소란스런 피로사회는 듣지 못한다. 어쩌면 미래의 사회는 경청하고 귀 기울이는 자들의 사회라고 불릴지도 모르겠다. 지금 필요한 것은 전혀 다른 시간이 시작되게 하는 시간혁명이다. 타자의 시간을 다시 발견해야 한다. … 우리를 고립화하고 개별화하는 자기 시간과는 반대로 타자의 시간은 공동체를 만들어낸다. 그러므로 타자의 시간은 좋은 시간이다.[34]

성과주의에 매몰되어 스스로를 착취하는 사람들[35]에게 가던 길을 멈춰 서서 '낯선 사람' 목소리에 귀를 기울이라는 제안은 생뚱맞아 보일 수 있다. 하지만 '서로비추기'에 기대어 스스로를 돌아본 후 '낯선

---

33) 한병철, 김태환 역, 피로사회, 서울: 문학과지성사, 2012.
34) 한병철, 이재영 역, 타자의 추방, 서울: 문학과지성사, 2017, 119-120.
35) 한병철, 피로사회, 6.

사람'과 함께 살아가려고 한다면 먼저 목소리 듣는 것을 실천해야 한다. '타자', 즉 '낯선 사람'의 시간을 재발견하는 것이다. '자기 시간'이라는 경계를 넘어서 '낯선 사람의 시간'으로 확장하는 것이 더불어 살아가려는 지역사회와 공동체를 위한 새로운 출발일 수 있다. 타자의 시간을 다시 발견하려는 시도와 노력이 '환대'를 가능하도록 이끈다.

지역사회에서 이주민과 함께 살아가는 선주민은 '환대'가 갖는 진정한 의미를 해방시킬 필요가 있다. '환대'는 단순히 '낯선 사람'에게 물질적 도움과 심리적 안정을 제공하는 것에 머물지 않는다. 특히 '환대'를 실천하는 것은 '정의'를 세우고, '평화'를 만드는 일이다. 균형이 깨지고, 온갖 차별로 얼룩지고 고통을 당하는 지역사회와 공동체 정의를 실현하는 일이 바로 환대이며, 차이를 넘어서 서로를 연대하는 일이 바로 환대다.[36)]

### (3) '연민' 으로 서로비추기

'서로비추기'는 연민과 겹쳐진다. 누군가가 아프고 고통스러운 상황과 처지에 있을 때 함께 고통을 아파하며 연대할 수 있는가를 묻는 것이다. 따라서 다문화사회에서 '서로비추기'를 실천한다는 것은 '낯선 사람'을 포함한 모든 사람을 향한 연민과 연대를 실행하는 것이다. '낯선 사람'을 향한 연민의 시선은 결국 스스로를 더 철저하게 반성하고 성찰하는 일이다.

> 수치심은 도덕을 구성하는 기본 요소 중의 하나다. 수치심은 인간으로서의 자각과 불가분의 관계에 있다. 상처를 받거나 배가 고프거나 궁핍함

---

36) 레티 M. 러셀, 공정한 환대, 24.

으로 인한 모욕감 때문에 심신이 괴롭다면, 나는 고통을 느낀다. 나 아닌 다른 인간에게 가해진 고통을 바라볼 때도 나는 나의 의식 속에서 얼마간 그 사람의 고통을 함께 느끼며, 그로 말미암아 내 안에 연민의 감정이 생겨나고, 도와주고 싶은 연대감이 발동하며, 동시에 수치심을 느낀다. 이렇게 되면 내 안에서는 행동하라는 부추김이 일어나게 된다.[37)]

'서로비추기'는 사람들 속에 존재하는 내 모습을 살펴보는 것이며, 내 속에 비춰진 사람들의 모습을 살펴보는 과정이다. 지금, 여기에 함께 살고 있는 사람들이 상처와 고통을 당할 때 나와 공동체가 동일하게 고통을 느끼는 것이다. 그리고 그와 같은 함께 느끼는 고통은 연민과 연대감으로 확장한다. 지역사회에서 함께 살아가는 이주민이 당하는 상처와 고통을 바라볼 때 연민과 연대감을 가져야 할 이유 또한 여기에 있다.

이 글을 쓰고 있는 지금 이 순간에도 노동이주자 사망 소식이 전해진다. 부끄럽고 수치스럽다. 경북 영덕 오징어가공업체에서 일하던 태국과 베트남 국적 노동이주자 4명이 사망했다. 오랜 기간 동안 청소를 하지 않았던 밀폐된 탱크를 청소 하던 중에 유독 가스에 의해 사망한 사건이다.[38)] 위험하고(dangerous), 어렵고(difficult), 더러운(dirty) 노동 현장인 3D업종에서 일하는 노동이주자가 코리안 드림을 꿈꾸며 노동한 지 20년이 넘었지만 불행한 사건은 계속되었다. 불행한 사건이 있을 때마다 질문하고 또 묻는다. 노동이주자가 '노동력'이 아니라 '사람'이라고 인식하는지 여부를 다시 묻는다.[39)]

우리나라도 오래 전부터 일하기 위해서 해외에서 노동하는 사람들

37) 장 지글러, 양영란 역, 탐욕의 시대 - 누가 세계를 더 가난하게 만드는가?, 서울: 갈라파고스, 2008, 13.
38) https://www.nocutnews.co.kr/news/5212580.
39) 박홍순, 다문화사회와 이주민의 이해, 박홍순 외 공저, 다문화사회 이야기마당, 서울: 꿈꾸는터, 2017, 44.

이 있었다. 해외로 간 노동이주자 가운데 1960년대 독일로 떠난 광부와 간호사는 기억해야 할 사건 가운데 하나다. 1973년 석유파동 여파로 노동이주자로 갔던 사람들이 우리나라로 돌아가야 할 상황에 직면했다. 이때 독일 시민 1만 명이 연대서명으로 한국에서 온 노동이주자가 무기한 노동 체류할 수 있는 허가를 받았던 순간을 기억한다. 당시에 독일 언론은 스위스 소설가 막스 프리취(Max Frisch)가 쓴 "우리는 노동자를 요청했지만, 사람들이 왔다"[40]는 유명한 말을 인용하며 한국에서 간 노동이주자를 환영해 주었다. 이 사건은 한국에 머물고 있는 노동이주자를 다시 바라보도록 요청한다. 노동이주자는 당연히 '노동력'이 아니라 '사람'이라는 외침에 귀를 기울이라고 말이다.

다른 사람이 당하는 상처와 고통을 아파하고 연민하며 연대하는 것은 결국 불평등과 불의로 깨져버린 이 세계 질서에 저항하는 대안 가운데 하나다. 이와 같은 저항은 불평등과 불의로 균형을 잃은 세상을 치유하고 정의를 실현하는 환대를 실천하는 일이다.[41] 모든 사람을 향한 '연민'으로 환대하는 것이 바로 '서로비추기'이다.[42] 연민은 누군가가 당하는 아픔과 고통에 구체적으로 참여하는 것으로 "비를 함께 맞는 것"[43]이다. 혼자서 비를 맞는 것을 그냥 바라볼 수 없는 측은지심과 연민하는 마음이다. 따라서 연민으로 서로 비추어 만드는 평화는 "사회가 고통에 대한 반응, 리액션을 어떻게 하는가의 문제"[44]와 밀접하게 관계가 있다.

---

40) Ray C. Rist, Migration and Marginality: Guestworkers in Germany and France, Daedalus 108(Spring, 1979), 95.
41) 레티 M. 러셀, 공정한 환대, 47-48.
42) 강남순, 코즈모폴리터니즘과 종교, 160.
43) 신영복, 담론 신영복의 마지막 강의, 파주: 돌베개, 2015, 295-296.
44) 정희진·샤샤·이길준, 젠더 - '거부'와 '기피'를 넘어 '탈주'하라, 전쟁없는세상 편, 저항하는 평화 - 전쟁, 국가, 권력에 저항하는 평화주의자들의 대담, 파주: 오월의봄, 2015, 185.

## 4. '평화'로 '서로배우기'

### (1) '서로배우기'와 자율적 존재

'환대'는 '서로배우기'를 구체적으로 실천하는 대안 중 하나다. 일방통행(One Way)이 아니라 상호통행(Interactive Way)에 주목하기 때문이다. 다문화사회에 진입하며 상당수 선주민이 오해하는 것 가운데 하나는 이주민은 일방적으로 배워야 하는 수동적 존재라고 생각하는 것이다. 하지만 다문화사회에서 공존과 평화를 이야기하려면, 이주민과 선주민이 서로 배우는 존재라는 사실을 인식해야 한다. 지역사회에서 종종 이주민을 수동적 존재로 규정하려고 빈번하게 시도한다. 언어가 서툴고, 관습이 다르고, 문화가 낯설어 조심스럽게 적응하고 정착하려는 이주민을 편견을 갖고 바라보는 고정관념을 교정할 필요가 있는 것이다.

다문화사회에서 '환대'를 실천한다는 것은 결국 서로 처지와 관점을 바꾸어 보고, '낯선 사람'에게 최대한 배우려는 틀의 전환에서 시작한다.[45] '낯선 사람'에게 배울 것이 있다는 인식 전환이 전제되지 않으면, 공존이나 평화를 상상하는 것이 매우 어렵다. 일방적 "동화"[46]나 의도된 통합이 아니라 상호소통과 자발적 혼종(hybrid)이 대안이다. 그래서 다문화사회는 '다양성 속 일치'(unity in diversity)를 넘어서 "'다양성 속 연대'"[47]와 '다양성 속 조화'(harmony in diversity)를 실천하는 일이다.

'서로배우기'를 실천하려면 '낯선 사람'을 어떤 존재로 받아들이는

45) 레티 M. 러셀, 공정한 환대, 49.
46) 박흥순, 사도행전의 첫 이방 기독교인에 관한 연구, 신약논단 16(2009), 895.
47) Musa W. Dube, Toward A Post-Colonial Feminist Interpretation of the Bible, Semeia 78(1997), 26.

가가 관건이다. 선주민도 이주민에게 배울 것이 있다고 인정한다면 명실상부한 '서로배우기'가 가능하다. 선주민 또한 이주민에게 도전을 받을 수 있다고 인정해야 진정한 '서로배우기'를 실현할 수 있다. 이주민에게 배우고, 이주민에게 도전을 받은 경험이 있는지 구체적으로 묻고 싶다. 이처럼 대화하고 이야기를 나누려면 '낯선 사람' 목소리를 경청하고 귀 기울일 시간과 장소가 필요하다. '낯선 사람'이 "스스로 말할 수 있는 존재"[48]라는 깨달음은 대화와 '서로배우기'를 실현할 수 있는 단초를 제공한다. 따라서 '서로배우기'는 '낯선 사람'을 대상화하지 않고 동반자로 인식한다. 다시 말해서 '서로배우기'는 '낯선 사람'을 위한(for) 교육이 아니라 '낯선 사람'과 함께(with)하는 해방교육이다.[49] 모든 사람이 "책임 있는 주체"[50]이며 "자율적 개인"[51]이기 때문이다.

## (2) 서로배우기와 안전한 공간

'서로배우기'를 위해서 필요한 것은 또한 공간이다. '낯선 사람'이 마주치고 사귀고 섞일 수 있는 공적인 공간은 '서로배우기'를 위해서 가장 적합한 장소다.

> 낯선 사람들이 서로 얼굴을 마주보면서 자유롭게 섞일 수 있는 곳, 다른 사람들과의 관계가 "더욱 유쾌해지고 강인해지고 튼튼해질" 수 있고 그래

---

48) 허병섭, 스스로 말하게 하라 - 한국 민중교육론에 관한 성찰, 서울: 학이시습, 2009, 20. 허병섭은 지식인은 민중으로 하여금 스스로 말하게 역할을 하는 존재라고 지적한다. 민중이 스스로 말함으로써 제대로 된 자리매김이 가능하다. 마찬가지로 이주민과 '낯선 사람'이 스스로 말하게 역할을 수행하는 것이 지식인, 학자, 다문화 활동가 역할이다.
49) 파울루 프레이리, 남경태 역, 페다고지, 서울: 그린비, 2009, 57.
50) 파울루 프레이리, 페다고지, 42.
51) 클로드 M. 스틸, 정여진 역, 고정관념은 세상을 어떻게 위협하는가, 서울: 바이북스, 2017, 273.

> 서 "우리 사이에 사회적·정치적 연합의 유대"가 생겨나는 곳이면, 어디에서든 공적인 삶이 영위될 수 있다.[52]

모든 사람이 '서로비추기'와 '서로배우기'를 통해서 공적인 삶과 '환대'를 실천하는 삶을 살려면 안전하고 평화로운 공간이 필요하다. '낯선 사람'과 더불어 '서로배우기'를 실천하려는 지역사회는 이와 같은 공적이며 안전한 공간을 준비하고 있는지 질문해야 한다. 다문화사회는 '서로비추기'와 '서로배우기'를 거듭 반복함으로써 환대와 연대를 실천할 수 있다. '서로배우기'는 '낯선 사람' 삶 속으로 "경계를 넘어 들어가는 것"[53]을 통해서 구체적으로 실천한다.

'낯선 사람'에게 시간과 공간을 내어주고, 서로 시각과 관점이 스며들 수 있도록 실천하려면 '낯선 사람'과 함께 배울 것이 있다는 신뢰와 의지가 있어야 한다. 선주민은 이주민에게 배울 의지가 있는가? 이주민과 선주민이 '서로배우기'를 구체적으로 실행하려고 할 때 가능한 실험이다.

> 낯선 사람과 함께하면서 우리는 많은 것을 배울 수 있다. 많은 차이에도 불구하고 이 안에서 하나라는 것, 어떤 차이들은 삶을 풍부하게 하고 골치

---

52) 파커 J. 파머, 비통한 자들을 위한 정치학, 167. 파머는 공적인 공간을 예로 들면서 영국 펍 공간을 소개한다. "현대사회에서 public의 본래 의미를 가장 충실하게 반영한 단어는 '펍(pub)'이다. 물론 그 단어는 영국의 'public house'를 줄인 말이다. … 영국의 펍은 언제든 완벽한 공동체의 단면을 보여준다. 그것을 드나들다 보면 모든 사람을 만날 수 있다. 팔에 안긴 아기, 중년의 가장, 퇴근하여 집으로 향하는 남녀, 오래전에 은퇴한 노인, 평생 알고 지내는 이웃, 지나가는 길에 들른 이방인 …… 이렇듯 다양한 사람이 뒤섞이는 가운데 여러 뉴스와 가십이 오가고 지역의 현안이 토론된다. 웃음 그리고 때로 음악이 그 공간을 채우기도 한다. 그 안에서 공동체는 아침부터 밤늦게까지 스스로를 짜나간다. 펍은 민주주의에 꼭 필요한 종류의 "멋지고 좋은 장소"다. 거기에 오는 모든 사람을 환대하기 때문이다. 그것은 낯선 사람들이 어우러지는 소우주다."

53) 파커 J. 파머, 비통한 자들을 위한 정치학, 88.

아픈 차이들은 타협될 수 있다는 것, 갈등하는 이해관계에 직면해서도 다른 사람들과 즐겁게 거래할 수 있다는 것 등이다. 우리는 낯선 사람들과 함께 자기 마음을 큰 목소리로 표출할 수 있고, 다른 사람들의 목소리를 들을 수 있다. 대화 속에서 우리는 다양성 안에 있는 공공선을 발견할 수도 있다.[54)]

지역사회는 '낯선 사람'과 함께하면서 무엇을 배웠는지 대화를 나눌 필요가 있다. 선주민과 함께하는 이주민이 자신 의견이나 목소리를 제시할 기회와 여건을 마련했는가? 이주민이 스스로 말할 수 있는 기회와 여건을 제공했는가? 이주민이 논의 구조에 주체적으로 참여할 시간과 공간을 제공했는가? 이와 같은 질문들에 구체적으로 답변할 때 '서로배우기'는 가능하며 실현할 수 있다.

## 5. '평화'로 비추고 '함께 살기'

### (1) '함께 살기'와 해방 교육

'함께 살기'는 "은행저금식 교육"[55)]이 아니라 "문제제기식 교육"[56)]

---

54) 파커 J. 파머, 비통한 자들을 위한 정치학, 170.

55) 파울루 프레이리, 페다고지, 87-88.

프레이리는 은행저금식 교육을 다음과 같이 정리한다. 이와 같은 은행저금식 교육은 학생을 수동적이고 피동적인 존재라는 전제에서 출발한다. 교사를 선주민으로, 학생을 이주민으로 바꾸어 읽어보면 이주민을 수동적 존재로 인식하는 상황을 파악할 수 있다.

1. 교사(선주민)는 가르치고 학생들(이주민들)은 배운다.
2. 교사(선주민)는 모든 것을 알고 학생들(이주민들)은 아무 것도 모른다.
3. 교사(선주민)는 생각의 주체이고 학생들(이주민들)은 생각의 대상이다.
4. 교사(선주민)는 말하고 학생들(이주민들)은 얌전히 듣는다.
5. 교사(선주민)는 훈련을 시키고 학생들(이주민들)은 훈련을 받는다.
6. 교사(선주민)는 자기 마음대로 선택하고 실행하며 학생들(이주민들)은 그

에 토대를 둔다. '함께 살기'는 모든 사람이 서로 배우는 주체와 객체가 되어서, 평화롭게 공존할 수 있는 지혜를 찾는 과정이다. 교사(선주민)가 학생(이주민)에게 일방적으로 전달하는 교육은 '서로배우기'가 아니다. 다문화와 이주민 관련 모임에 참여할 때마다 전문가, 학자, 활동가가 이주민 정책과 다문화 정책을 논의하고 결정하는 경우를 종종 볼 수 있다. '낯선 사람'의 의견을 묻고, 목소리를 반영하려는 시도가 '서로배우기'에서 매우 중요하다.

> 해방 교육의 관점에서 중요한 것은 민중이 자기 사고의 주인으로 느끼도록 하는 데 있다. 즉 민중이 명시적으로든 암묵적으로든 자신의 생각과 세계관을 토론하고, 그것을 자신이나 동료의 제안에 담아내도록 하는 것이다. 이러한 교육관은 자체적으로 프로그램을 제시하는 대신에 먼저 민중과 함께 대화를 통해 그 프로그램을 찾아야 한다는 신념에서 출발하기 때문에, 피억압자의 교육학을 개발하는 데 도움이 되며 여기에 억압자도 참여하도록 만들 수 있다.[57]

'은행저금식 교육'을 넘어서 '문제제기식 교육'을 강조하는 해방 교육은 '함께 살기'를 실현하는데 중요한 실마리를 제공한다. 이주민과

---

에 순응한다.
7. 교사(선주민)는 행동하고 학생들(이주민들)은 교사(선주민)의 행동을 통해 행동한다는 환상을 갖는다.
8. 교사(선주민)는 교육 내용을 선택하고 학생들(이주민들)은 (상담도 받지 못한 채) 거기에 따른다.
9. 교사(선주민)는 지식의 권위를 자신의 직업상의 권위와 혼동하면서 학생들(이주민들)의 자유에 대해 대립적인 위치에 있고자 한다.
10. 교사(선주민)는 학습 과정의 주체이고 학생들(이주민들)은 단지 객체일 뿐이다.

56) 파울루 프레이리, 페다고지, 96.
57) 파울루 프레이리, 페다고지, 147.

'낯선 사람'과 소통하고 공존해야 하는 선주민이 필수적으로 주목해야 할 것이다. '낯선 사람'이 스스로 말할 수 있는 기회와 여건을 마련하며 긴 호흡으로 기다리는 인내도 필요하다.

어눌하게 언어 소통을 한다고 이주민이나 '낯선 사람'이 생각과 관점이 없는 것은 아니다. 그럼에도 불구하고 언어 습득이 되지 않았다는 이유로[58], 이주민은 선주민이 지도하고 안내해야 한다는 오만함으로 이주민이 스스로 말할 기회를 주지 않는다면 아직도 '은행저금식 교육'에 더 익숙한 것이다. '서로배우기'는 "'낯선 사람'이 우리에게 많은 것을 가르쳐 줄 수 있다는 생각을 전제"[59]로 해야 한다. 선주민도 이주민에게 많은 것을 배울 수 있다고 인식하고 수용해야 한다. 이주민과 선주민이 평화롭게 함께 살기 위해서 일방적 관계나 수직적 관계가 아니라 상호관계와 수평적 관계를 만들어갈 수 있는 대안을 찾아야 할 것이다.

### (2) 이주민과 선주민이 함께하는 평화로운 공존

언어와 문화가 다른 사람들, 성별과 계급이 다른 사람들, 경험과 관점이 다른 사람들이 평등하게, 다르게, 함께 살 수 있다면 이주민과 선주민의 평화로운 공존이 가능할 것이다. 이주민과 선주민이 공존하고 소통할 수 있는 조건이 무엇인지 살펴보는 것은 평화로운 공존을 위해서 중요하다.

이주민과 선주민이 함께 만들어가는 평화로운 공존은 자기 성찰로부터 시작한다. 다른 사람을 이해하고 존중하고 배려하기 위해서 나 자신에 대한 이해와 존중이 선행되어야 할 필요가 있다. 이주민과 선

58) 그래서 응구기 와 시옹오(Ngugi wa Thiong'o)는 "어떤 어려움이 있더라도 번역을 통한 언어들 간의 소통은 중요하다"고 말한다. 응구기 와 시옹오, 박정경 역, 중심 옮기기: 문화 해방을 위한 투쟁, 서울: 지식을만드는지식, 2009, 84.
59) 파커 J. 파머, 비통한 자들을 위한 정치학, 94.

주민 모두 자기 자신이 얼마나 소중한 존재인지를 깨닫는 것을 무엇보다 우선이다. 자신이 특별히 소중한 사람이라는 것을 깨달을 때 모든 사람이 다 소중하다는 것을 인정할 수 있기 때문이다. 이주민과 선주민이 평화롭게 공존하면 자기 스스로를 성찰하는 사람이 되려고 노력해야 한다. 자신을 존중하고 소중히 여기는 사람이 다른 사람을 존중하고 소중하게 여길 수 있기 때문이다. 선주민이 이주민과 평화롭게 공존하기 위해서 시작해야 할 것은 바로 자아 성찰이며 자기 자신을 존중하고 소중하게 여기는 일이다. 선주민이 이주민과 평화로운 공존을 실천하기 위해서 자신이 자의식과 자존감을 가진 사람인가를 질문하는 동시에 자기 자신을 존중하고 소중하게 여기는 사람인가를 성찰해야 한다. 이것이 이주민과 선주민의 평화로운 공존의 출발이다.

이주민을 제대로 이해하려면 이주민 시선이 되어서 생각하고 바라보면 된다. 하지만 이렇게 다른 사람 시선으로 바라보는 것은 쉽지 않기 때문에 끊임없이 훈련하고 연습해야 가능하다. 자기 자신을 존중하는 것처럼, 다른 사람을 존중하고 소중하게 여기며 실천하는 것이다. 이주민과 선주민이 평화롭게 공존하기 위해서 다른 사람 시선이 필요하다. 지속적으로 다른 사람 관점이나 생각에 귀를 기울일 필요가 있다. 다른 사람들 말을 듣는 것은 존중하며 관심을 갖는 것이며, 함께 걷는 것이다. 귀를 기울여 주의해서 듣는 것은 서로가 함께 연결되어 있다는 것을 인정하는 것이다. 상대방의 말을 경청해서 듣는 것은 상당한 에너지가 필요한 작업이다. 이렇게 경청해서 듣는 과정을 통해서 상대방을 진심으로 존중하고 이해할 수 있는 지혜를 발견하게 된다. 이주민과 선주민이 평화로운 공존을 실천하기 위해서 서로의 관심과 이해에 대해서 귀를 기울이며 세심하게 질문하고 듣는 것에서 출발한다. 다문화사역을 하는 사역자나 활동가 가운데 이주민의 의견이나 생각을 묻지 않고 교육이나 프로그램을 진행하는 경우가 있다. 이주민이 진정으로 원하는 것이 무엇인지 묻고 주의해서 듣는 것에서 평화로운 공존을 실현할 수 있다.

이주민과 선주민의 평화로운 공존은 모두가 더불어 사는 이웃이며, 친구이며, 가족이라는 인식으로 확대하는 것이다. 이주민과 선주민의 평화로운 공존은 이주민과 선주민이 확대된 가족이라는 인식을 갖고 서로 연대하는 것에서 가능하다. 이주민과 선주민의 평화로운 공존은 모두가 가족이라고 인정할 때 가능하다. 친구이며, 이웃이며, 가족이며, 식구라고 인식하고 인정할 때 소통과 공존이 가능할 것이다. 다문화사회는 이주민과 선주민이 함께 살아가는 사회이다. 서로를 친구와 이웃으로 받아들일 때 이주민과 선주민은 확대된 가족집단으로 확장할 수 있을 것이다.

이주민과 선주민이 공존하는 사회, 이주민과 이주민이 협력하는 사회, 선주민과 선주민이 연대하는 사회는 사람에 대한 존중과 배려가 중요하다. 사람이라는 이유만으로 존중하고 받아들일 수 있는 태도는 소통과 공존의 중요한 조건이다. 출신국가, 성별, 언어와 문화와 상관없이 각자의 생각과 태도를 인정하기 위해서 이제는 다양성 속의 조화(Harmony in Diversity)에 주목해야 한다.

이주민과 선주민이 평등하지만 다른 것을 존중하고 받아들이며 함께 살아가는 것은 상당히 세련되고 섬세한 태도가 필요하다. 사람을 있는 그대로 존중하는 마음가짐과 태도를 가지고 있을 뿐만 아니라 삶의 자리에서 그와 같은 가치를 실천해야하기 때문이다. 이주민과 선주민이 평화롭게 공존하기 위해서 수평적이며 대등한 관계를 형성함으로써 어느 정도 실현할 수 있다. 모두가 동등한 사람이며 출신국가나 성별이나 피부색은 더불어 살아가는데 아무런 걸림돌이 될 수 없다고 인식하는 것이다. 하지만 이와 같은 동등한 관계를 형성하기까지 상당한 시간과 노력이 필요하다. 이주민이 선주민과 동등하고 수평적 관계로 살아갈 수 있도록 기다리고 배려해야 한다.

## 6. 마치는 글

이주와 이주민을 평화로 비추어 본다면 '서로비추기', '서로배우기' 그리고 '함께 살기'라는 중요한 지혜를 찾을 수 있다. 이주민과 선주민을 포함한 모든 사람이 평화를 토대로 살아가는 세상을 만드는 것이다. '모든 사람'이라는 범주에서 그 누구도 배제되거나 제외되지 않는 것을 뜻한다.[60] 이주와 이주민을 접하고 바라보는 한국사회는 아직도 혐오와 차별과 배제에 노출된 사람들이 부지기수다. '모든 사람'을 바라보는 관점과 태도가 바뀌지 않은 한 '서로비추기'와 '서로배우기' 그리고 '함께 살기'는 가능하지 않을 것이다. '모든 사람이 동일한 권리를 지닌다.'는 선언에 전적으로 공감하고 동의할 때 '서로비추기'와 '서로배우기' 그리고 '함께 살기'는 가능하다. '모든 사람'이라는 범주에서 그 누구도 배제되거나 제외되지 않을 때 온전한 환대가 가능하다. 모든 사람이 서로 비추어 성찰하고, 서로 배우는 과정에서 함께 살기라는 "공공성"[61]을 확보할 수 있을 것이다.

이주와 이주민을 평화로 비추어 보고 배우지 않으면 함께 살기는 더 어려워진다. 이주민과 선주민이 함께 살기 위해서 교육과 사업을 다양한 형태로 진행한다. 다문화교육 혹은 인권교육이 '서로 비추기'

---

60) 파커 파머는 미국 민주주의 제도의 설립과 관련해서 다음과 같이 지적한다. "나는 미국의 민주주의 제도가 설립자들이 의도한 대로 기능할 때 그 가치를 믿을 수 있다. 비극적이게도 그 설립자들은 우리 국민의 '국민'에서 그리고 '모든 사람은 평등하게 창조되었다'의 '모든'에서 여성, 인디언 그리고 노예들을 제외시키는 오류를 범했다." 파커 J. 파머, 비통한 자들을 위한 정치학, 80.

61) 김현경은 "환대는 공공성을 창출하는 것이다. 아동학대방지법을 만드는 일, 거리를 떠도는 청소년들을 위해 쉼터를 마련하는 일, 집 없는 사람에게 주거수당을 주고 일자리가 없는 사람에게 실업수당을 주는 일은 모두 환대의 다양한 형식이다. 자유로운 인간들의 공동체라는 현대적 이상은, 생산력이든 자본주의의 모습이든 역사의 수레바퀴가 어떤 자동적인 힘에 의해 앞으로 굴러감에 따라서가 아니라, 이러한 공공의 노력을 통해 실현된다."고 주장한다. 김현경, 사람 장소 환대, 서울: 문학과지성사, 2015, 204.

와 '서로 배우기'에 기초해서 이루어지지 않을 때 또 다른 형태를 지닌 차별과 왜곡이 생긴다. 다시 말해서 교육을 시도하는 관점과 방식이 무엇보다 중요하다는 뜻이다. 지자체와 교육청을 비롯해서 이주민 지원기관과 다문화 지원기관, 학교와 시민사회단체에서 다양하고 다채로운 인권교육, 평화교육, 다문화교육을 개설하고 진행한다. 이와 같은 교육과정이 '서로비추기'와 '서로배우기' 그리고 '함께 살기'라는 구체적인 평화 언어와 겹쳐져 진행할 수 있기를 기대한다. 학교 현장에서 이루어지는 교육 현실에 주목해 보자.

> 시민교육의 영역, 시민교육의 가치라고 할 수 있는 부분이 절대적으로 부족하죠. 표면적으로는 사회 교과서나 도덕 교과서에 인권, 양성평등, 다문화 교육, 이런 것들이 있기는 하지만 그 관점도 문제가 있고 그것을 교육하는 방식도 문제가 있죠. 다문화교육을 받고 나면 애들이 예전에는 깜둥이라고 놀렸다면 이제는 "야, 다문화"라고 해요.[62]

이주와 이주민이라는 주제를 평화로 비추어 보면 대안을 찾아낼 수 있다. 하지만 이미 배우고 살아왔던 터전과 방식을 고수한다면, 결코 새로운 대안을 경험하지 못할 것이다. 다시 말해서 이주와 이주민은 변화된 관점과 방식으로 접근할 수 있다는 뜻이다. 변화하지 않고 머물러 있으면 쇠락할 수밖에 없다. 계속해서 변화하고, 창조하고, 생명을 유지하려면 변방에 머물러야 한다. 변방은 공간적 개념이 아니라 관계적 개념으로 이와 같은 '변방 의식'이 중요하다.[63] 변화와 창조와 생명을 유지하는 토대인 변방 의식은 변방에 머물러 있어도 버틸 수 있다는 자

62) 조영선·김훈태, 교육 – 폭력을 다스리는 더 큰 폭력의 울타리, 전쟁없는세상 편, 저항하는 평화 – 전쟁, 국가, 권력에 저항하는 평화주의자들의 대담, 파주: 오월의봄, 2015, 282.

63) 신영복, 변방을 찾아서, 파주: 돌베개, 2012, 26.

신감이 필요하다. 변방에 머물러 있으면서 중심부를 기웃거리거나 열등감을 청산하지 못한다면 변방 의식과는 관계가 없는 삶이다.

변방 의식이 필요한 까닭은 변방이나 주변부에서 살아가는 '낯선 사람'과 이주민 시각으로 세계를 바라볼 수 있기 때문이다. 다시 말해서 변방 의식은 '편들기'를 할 수 있도록 구체적으로 이끈다. 변화와 소통을 위해서 끊임없이 성찰하도록 이끄는 변방 의식은 결국 목소리가 있음에도 들려지지 않은 이주민 목소리를 듣도록 만든다. '서로비추기', '서로배우기' 그리고 '함께 살기'가 이주민과 선주민 사이에서 균형 있게 진행하도록 변방 의식을 갖고 "편들기"[64]를 해야 할 것이다.

## 참고문헌


강신주(2011), 철학이 필요한 시간, 파주: 사계절.

김승섭(2017), 아픔이 길이 되려면 – 정의로운 건강을 찾아 질병의 사회적 책임을 묻다, 서울: 동아시아.

김현경(2015), 사람, 장소, 환대, 서울: 문학과지성사.

러셀, 레티 M, 여금현 역(2012), 공정한 환대 – 서로 다른 사람들이 사는 세계에서 낯선 이들을 받아들이시는 하나님의 환영, 서울: 대한기독교서회.

박노자(2003), 하얀 가면의 제국, 서울: 한겨레출판.

박흥순(2017), 다문화사회와 신약성서, 박흥순 외 공저, 다문화사회 이야기마


---

64) 김승섭, 아픔이 길이 되려면 – 정의로운 건강을 찾아 질병의 사회적 책임을 묻다, 서울: 동아시아, 2017, 107-108. 김승섭 교수는 대기업에 맞서서 약자 편에 편들기를 해야 할 용기에 대해서 언급한다. 그의 책에서 보스턴 보건대학원 리처드 클랩(Richard Clapp) 교수를 인용한다. 대기업 IBM에 맞서서 직업병을 앓고 있는 노동자 200명이 소견서를 부탁했을 때 선택을 서술한다. 기꺼이 진실 편에서 약자와 함께 싸웠던 이유를 클랩 교수는 이렇게 말한다. "골리앗과 맞서는 것이지요. 법정에서 노동자들은 보통 이길 수 없습니다. 적절한 도움을 받을 수 없기 때문이지요. 그들은 그런 말한 가치가 있는 사람들입니다. 어떤 변호사나 어떤 학자는 그의 편에 서 있어야 합니다."

당, 서울: 꿈꾸는터, 165-180.

박홍순(2017), 다문화사회와 이주민의 이해, 박홍순 외 공저, 다문화사회 이야기마당, 서울: 꿈꾸는터, 33-49.

박홍순(2018), 다문화와 정체성, 다문화평화교육연구소 편, 시민과 함께하는 다문화이해교육 매뉴얼, 광주: 광주광역시청, 93-101.

박홍순(2009), 사도행전의 첫 이방 기독교인에 관한 연구, 신약논단, 16, 891-924.

배철현(2015), 신의 위대한 질문 - 신이 원하는 것은 무엇인가, 파주: 21세기북스.

스틸, 클로드 M, 정여진 역(2015), 고정관념은 세상을 어떻게 위협하는가, 서울: 바이북스.

서경식·이용석(2015), 국민국가 - 군대를 안가면 국민이 아닐까?, 전쟁없는세상 편, 저항하는 평화 - 전쟁, 국가, 권력에 저항하는 평화주의자들의 대담, 파주: 오월의봄, 2015, 197-258.

신영복(2015), 담론 신영복의 마지막 강의, 파주: 돌베개.

신영복(2012), 변방을 찾아서, 파주: 돌베개.

오현선(2017), 글로벌 민감성 교육, 박홍순 외 공저, 다문화사회 이야기마당 - 다문화교육 매뉴얼, 서울: 꿈꾸는터, 17-31.

오현선(2018), 다문화이해교육을 시작하는 워크숍2, 다문화평화교육연구소 편, 시민과 함께하는 다문화이해교육 매뉴얼, 광주: 광주광역시청, 23-34.

유서연(2017), 공포의 철학 - 타자가 지옥이 된 시대를 살다, 파주: 동녘.

응구기 와 시옹오, 박정경 역(2009), 중심 옮기기: 문화 해방을 위한 투쟁, 서울: 지식을만드는지식.

정희진·샤샤·이길준(2015), 젠더 - '거부'와 '기피'를 넘어 '탈주'하라, 전쟁없는세상 편, 저항하는 평화 - 전쟁, 국가, 권력에 저항하는 평화주의자들의 대담, 파주: 오월의봄, 165-196.

조영선·김훈태(2015), 교육 - 폭력을 다스리는 더 큰 폭력의 울타리, 전쟁없는세상 편, 저항하는 평화 - 전쟁, 국가, 권력에 저항하는 평화주의자들의 대담, 파주: 오월의봄, 259-291.

조일준(2016), 이주하는 인간, 호모 미그란스 - 인류의 이주 역사와 국내 이주의 흐름, 서울: 푸른역사.

지글러, 장, 양영란 역(2008), 탐욕의 시대 - 누가 세계를 더 가난하게 만드는가?, 서울: 갈라파고스.

지글러, 장, 이현웅 역(2018), 유엔을 말하다, 서울: 갈라파고스.

출입국·외국인정책본부(2019), 출입국·외국인정책본부 통계월보(6월), 법무부.

파머, 파커 J., 김찬호 역(2014), 비통한 자들을 위한 정치학, 파주: 글항아리.

프레이리, 파울루, 남경태 역(2009), 페다고지, 서울: 그린비.

피더스, 윌리엄, 김희경 역(2012), 푸른 눈, 갈색 눈 - 세상을 놀라게 한 차별 수업 이야기, 서울: 한겨레출판.

한병철, 김태환 역(2012), 피로사회, 서울: 문학과지성사.

한병철, 이재영 역(2017), 타자의 추방, 서울: 문학과지성사.

허병섭(2009), 스스로 말하게 하라 - 한국 민중교육론에 관한 성찰, 서울: 학이시습.

Dube, Musa W.(1997), Toward A Post-Colonial Feminist Interpretation of the Bible, Semeia 78, 11-26.

Fanon, Frantz(1967), Black Skin, White Masks, London: Pluto Press.

Rist, Ray C.(1979), Migration and Marginality: Guestworkers in Germany and France, Daedalus 108(Spring), 95-108.

노컷뉴스 http://www.nocutnews.co.kr/news/5212580/

뉴스포이트 http://www.pointn.net/news/articleView.html?idxno=15519 the gaurdian http://www.theguardian.com/film/2017/apr/21/ michael-moore-bowling-for-columbine-tribeca-film-festival/the nation http://www.thenation.com/article/clash-ignorance/

제2장

# 이주민의 권리

# 이주민 인권

## 담론과 현실의 거리는 좁혀질 수 있을까

오경석 (경기도외국인인권지원센터 소장)

### 1. 이주민 인권의 특별한 위상

인권의 첫 번째 원칙은 보편성이다. "존엄과 가치 및 자유와 권리"에 있어서 모든 인간은 평등하다. 인간의 보편적 평등함에 기반해서 "인종, 피부색, 성별, 출신 민족 또는 사회, 종교, 언어, 국적, 연령, 성적 지향, 장애 기타 어떠한 특징과도 상관없이" 인간이라면 누구나 누릴 수 있는 (누려야만 하는) 권리의 목록이 바로 인권이다.

이주민 역시 인권의 주체라는 점에서는 이론의 여지가 있을 수 없다. 유엔에 따르면 이주민이란 "1년 이상 통상적인 거주 국가를 변경"한 사람들이다. 국제이주기구(International Organization for Migration)의 이주민 규정은 더욱 포괄적이어서 "원래 자신이 거주하고 있던 곳과 다른, 동떨어진 장소로 국경을 넘거나, 출신국가 내에서 이동했거나 이동하고 있는" 모든 사람은 이주민으로 간주된다.

2019년 현재 전 세계 이주민의 규모는 국제 이주자 2억 7천만 명, 국내 이주자 7억 6천만 명을 합해, 10억 명을 상회한다. 전 세계 인구 7명 가운데 1명은 이주민인 셈이다. 이것은 이주가 이제 특별한 사람들만의 독특한 경험이 아님을 뜻한다. 21세기를 살아가는 지구인 모두는 현재적이거나 잠재적인 이주민에 다름 아니다. 이주가 이처럼 '21세기의 메가트렌드'가 되었음을 부정할 수 있는 사람은 거의 없을 것이다.

이주가 전 지구적인 보편적 경험이 됨에 따라 이주의 위상 및 이주민의 역할과 기여에 대한 평가 역시 달라지고 있다. 이주민은 더 이상 단순한 보호의 대상이 아니다. 이주민의 위상은 전 지구적인 지속가능한 발전을 위해 반드시 필요한 21세기의 핵심 행위자(key player)로 재평가된다. 국제이주기구에 따르면 이주는 '불가피하고 필수적'이므로 전 지구적인 발전에 '긍정적'으로 기여할 수 있도록 관리될 수 있어야만 한다.

가장 최근의 전 지구적 프로젝트라고 할 수 있는 유엔의 2030 지속발전목표(SDG)는 이주의 격상된 위상을 잘 보여준다. 그에 따르면 이주민은 "출신국, 통과국, 수용국 모두의 발전에 긍정적으로 기여"하는 존재들로서 "지위에 관계없이 이주민의 완전한 인권"이 보장될 수 있어야 한다. 구체적인 과제의 목록에는 이주노동자의 노동권 보호와 이주아동의 출생등록을 포함한 법적 정체성 확보, 인신매매 근절, 외국인 혐오주의 근절 등이 포함된다.

그러나 담론과 현실은 다르다. 이주민 인권 분야야말로 '인권 규범'(의 발전)과 (그에 미치지 못하는 혹독한) '인권 현실' 사이의 간극이 가장 극명하게 표출되는 영역일 수 있다. 국제 사회에서 강조되고 확산되고 있는 이주 인권 담론에도 불구하고, 현실세계의 이주민들은 여전히 항상적인 착취와 차별, 학대와 구금의 위협에 노출되어 있다. 한국 사회 역시 예외가 아니다. 한국의 이주 인권 상황에 대한 국제 인권 기구들의 우려는, '강제노동, 인신매매, 인종주의'라는 세 단어로 압축된다.

현실세계에서 이주민이 보편적이며 평등한 인권의 주체로 인정받는 일이 왜 이렇게 쉽지 않은 것일까? 아마도 이주민 인권의 '본원적인' 장애물은 두 가지로 압축될 수 있을 것이다. 하나는 일찍이 아렌트가 갈파한 "인권과 주권의 모순관계"와 관련된다. 다른 하나는 특별하며 이질적인 라이프스타일과 정체성 곧 "문화적 권리"와 관련된다.

주지하다시피 근대의 인권 개념은 주권 개념과 동일시되었다. 인권의 주체로서 근대적 시민은 "단 하나의 민족 국가에 소속되는 사람"으로 제한되었다. 근대적 시민권 개념이 고수되는 경우 인권의 주체는 국민으로 제한될 수밖에 없다. 이런 상황에서 비국민 혹은 비시민으로서 이주민이 국민과 동등한 권리의 주체로 간주되기는 어려워진다. 이주민 대부분은 명백한 인권의 주체임에도 불구하고 국가의 법적 보호로부터 배제되는 상황이 불가피해지는 것이다.

문화적 권리 곧 주류사회와 구분되는 독특한 문화와 정체성을 향유하거나 창조할 수 있는 권리의 경우는 더욱 어렵다. 자유권 규약에 따르면 문화적 권리란 "인종적, 종교적, 언어적 소수에 속하는 사람들"이 "공동체 내의 다른 사람들과 함께 자신의 문화를 향유하고, 자신의 종교를 고백하고 실천하며, 자신의 언어를 사용"할 수 있는 것을 뜻한다. 문화 및 정체성의 차이로 인한 배제와 동화를 거부하고 자기결정권을 보장받을 수 있어야 하는 것이다. 대부분의 사회에서 이는 권리의 차등이나 차별을 시정하는 일보다 훨씬 어려운 일일 것이다.

이 두 가지 장애물이 한국 사회에서 매우 강고하게 작동하고 있다는 증거는 아주 많다. 전자와 관련 2017년 발표된 문재인정부의 100대 국정과제는 흥미롭다. "국민의 나라, 정의로운 대한민국"이라는 비전으로 압축되는 국정 과제의 첫 번째 목표는 "국민이 주인인 정부"이다. "실질적 주권자로서의 새로운 국민"의 탄생에 방점이 찍힌 국정 과제의 어디에서도 '외국인'이나 '이주민 (인권)'이 낄 자리는 없어 보인다.

정부가 2011년에 이어 2015년에 시행한 '국민의 다문화 수용성' 조사 결과 역시 주목할 만하다. 다문화 수용성을 구성하는 8가지 지표 가운데 7가지 영역에서는 비록 작지만 긍정적인 변화가 일어났다. 그러나 '일방적 동화기대'라는 영역에서는 오히려 2011년에 비해 2015년의 점수가 낮은 것으로 나타났다. 조사에 참여한 '국민'들이 이주민들이 고유한 문화적 정체성과 권리를 향유하는 것에 대해 더욱 완고한 거부감을 갖게 되었음을 뜻한다.

이주민 인권 옹호 활동은 이런 점에서 특수한 위상과 정체성, 행동방식을 가질 수밖에 없다. 이주민 인권 옹호는 보편적인 인권 운동의 한 분야임에 틀림없다. 그러나 이주 인권분야는 '인권과 주권의 모순관계'가 가장 극명하게 표출되는 영역이며, 문화적 다양성과 자기결정권에 대한 문제의식과 감수성이 첨예하게 대립하는 영역이기도 하다.

이주민은 '인간'이다. 그러나 '국민'은 아닌 존재들이다. 그들 가운데 일부는 법적인 '국민' 그리고 '시민'이 될 수 있다. 그렇다 하더라도 그들은 여전히 라이프스타일과 정체성에서 '우리'와는 다른 '타자'들일 뿐이다. '인간이지만 국민은 아닌' 존재들, '국민이지만 우리는 아닌' 존재들, 그들의 인권은 어떻게 옹호될 수 있는 것일까?

## 2. 이주민 인권 담론과 현실의 간극

'이주'라는 개념 자체가 생소했던 한국 사회에서 지난 20여 년간 이주인권 진영은 일일이 열거하기 어려울 정도로 다방면에서 값진 기여를 해 온 바 있다.

비국민 소수자 집단으로 인권의 지평을 확대하고, 국제 사회의 파트너가 되며, 정부와 학계를 견인하고, 이주 의제를 공론화하고, 관련법과 제도의 근간을 마련하는 데에 있어서 이주 인권 진영이 지대하고 독보적인 공헌을 해왔음은 아무리 강조해도 지나침이 없을 것이다.

'후발 이민국가'인 한국이 불과 10여 년이라는 최단기간에 이주민 관련 법제와 전국적인 지원 인프라를 갖춘 전 세계적으로 '유례없는 사례'로 평가받을 수 있게 된 데에는, 이주 인권 진영의 이와 같은 열정과 헌신이 크게 작용했음을 부정할 수 있는 사람은 거의 없을 것이다.

그런데 담론의 영역을 벗어난 현실세계의 상황은 어떨까? 흔히들 인권의 발전은 현실 세계의 인권친화적인 문화와 공간의 생성으로 이어지지 않고 다만 "규범의 발전"으로 제한되는 경우가 빈번하다고 하는데, 한국의 상황 역시 예외가 아닌 것 같다.

주지하다시피 대한민국 '외국인 행정'의 근간은 법무부의 외국인 정책 기본계획이라고 할 수 있다. 2008년 1차 5개년 계획을 시작으로 2018년 3차 계획 단계에 접어든 외국인 정책 기본계획은 일관되게 이주민 인권을 강조해오고 있다.(표1)

〈표1〉 외국인 정책 기본계획의 비전과 핵심 과제

| 목표(비전)과 핵심과제 | |
|---|---|
| 인권과 다양성이 존중되는 안전한 대한민국(3차) | 이민자 인권보호 체계 강화, 여성·아동 등 취약 이민자 인권증진, 문화다양성 증진 및 수용성 제고, 동포와 함께 공존·발전하는 환경 조성, 국제사회가 공감하는 선진 난민정책 추진 |
| 차별방지와 문화다양성 존중(2차) | 이민자 인권 존중 및 차별방지 제도화, 다양한 문화에 대한 사회적 관용성 확대, 국민과 이민자가 소통하는 글로벌 환경 조성 |
| 외국인 인권옹호(1차) | 외국인차별 방지 및 권익 보호, 보호 과정의 외국인 인권 보장, 선진적 난민 인정 및 지원 시스템 구축 |

정부의 이주민 인권 증진 및 옹호를 위한 이와 같은 노력에도 불구하고 국제 사회는 같은 기간 거의 반복적으로 한국의 이주 인권 상황에 대해 우려를 표명하고 개선을 촉구한 바 있다. 그 가운데는 우리 정부가 '외국인 정책 기본계획'을 통해 명문화한 '차별방지', '보호 과정의 외국인 인권', '여성, 아동, 난민' 등 '취약 이민자 인권' 등도 포함되어 있다.

아이러니하게도 그리고 안타깝게도 지난 몇 년간 국제인권기구들이 한국의 이주인권 상황에 대해 반복적으로 제기한 권고의 (그 가운데 일부는 한국 정부가 '국가 계획'을 통해 핵심적인 과제로 설정한) 내용들 가운데 이행된 것을 찾아보기는 매우 어렵다.(이한숙 외 2017)(표2)

〈표2〉 국제인권기구들의 한국 이주민 인권에 대한 권고 및 이행여부(2012-2017)

| 권고 내용 | | 이행여부 |
|---|---|---|
| 이주민 인권 일반 | | |
| 차별금지법의 제정 | | × |
| 이주노동자권리협약 비준 | | × |
| 인신매매, 특히 여성과 아동의 인신매매 방지, 억제, 처벌을 위한 의정서 비준 | | ○ |
| 인신매매 금지 및 가해자 기소, 처벌 | | × |
| 인종차별 철폐 및 인종차별의 정의, 기소와 처벌 관련 입법 | | × |
| 구금 억제 | | × |
| 사회보장의 권리 (생계, 주거, 건강, 교육) | | △ |
| 다문화가족의 정의 확대 | | × |
| 인권, 인종차별 관련 교육 | | △ |
| 문화다양성 증진 | | △ |
| 특정 이주민 그룹 관련 | | |
| 이주노동자 일반 | 국적 등에 따른 차별 금지 | × |
| | 노동조합 가입 보장 | △ |
| | 학대, 착취, 강제노동으로부터 보호 | × |

| | | |
|---|---|---|
| 고용허가제 이주노동자 | 사업장 변경 제한 철폐 | × |
| | 체류자격 변경 허용 | △ |
| 농축산업 이주노동자 | 근로기준법에 따른 처우 | × |
| | 적절한 숙식 제공 여부의 문서화 | △ |
| | 정기적인 근로감독 | △ |
| | 여권압류, 착취, 구금, 학대 등 조사, 처벌 | × |
| 어업 이주노동자 | 최저임금 차별 철폐 | × |
| | 동일한 임금제도 적용 | × |
| | 학대 금지, 신고, 처벌 | × |
| | 선상 근로감독 | × |
| 미등록 이주노동자 | 기본적 사회서비스 제공 및 인권보호 | × |
| | 단속-구금-추방 시 적법절차 | × |
| 결혼이주민 | 이혼 별거 시 체류연장 보장 | △ |
| | 가정폭력 등으로부터 보호 | △ |
| | 중개업체의 인종차별 제재 | × |
| E-6 이주여성 | 성매매, 인신매매로부터 보호 | × |
| 이주아동 | 보편적 출생등록 제도 | × |
| | 실질적인 교육권 보장 | × |
| | 괴롭힘으로부터 보호 | × |
| | 사회보장의 제공 | × |
| | 구금금지 | × |
| 난민 | 강제송환 금지 | × |
| | 신청과정 시 적법절차 | △ |
| | 사회보장의 권리 | △ |
| | 담당 공무원에 대한 교육 | △ |
| | 구금의 최소화, 시설 개선 | × |
| 장애인 이주민 | 입국 금지 폐지 | × |
| | 장애인 복지서비스 제공 | △ |

이주민 인권 담론의 제도화가 이주민 인권 현실의 개선에 이렇다 할 효력을 발휘하지 못하는, 따라서 오히려 실질적인 이주 인권의 답보나 퇴행이라 할 만한 현상들이 관측되는 이면에서 주목할 수 있는 또 다른 현상은 반이주 인권 진영의 괄목할 만한 성장이다.

외국인 정책 혹은 이주민 인권의 제도화가 본격화된 2010년대 이후 반다문화 혹은 반외국인 진영의 '세력화' 역시 본격화된다. 온라인에서 오프라인으로, 감정적이고 즉자적인 거부감의 표출에서 논리적이고 이론적인 대응으로, 개인적 차원에서 집단적이고 조직적인 차원으로 이들의 세력화는 향상된다.(강진구 2014)

최근 들어 이들의 활동은 보다 조직화, 정치화된 양상을 보인다. 2017년 8월 국회에서 열린 한 포럼이 대표적이다. 포럼참여자들은 당시 논의되고 있던 개헌안에 '외국인의 기본권 확대'(차별금지 사유에 인종을 포함하는 것과 같은) 내용이 포함되는 것에 대하여 단호하며 선정적인 방식의 반대를 표명한 바 있다.(안전한 한국을 위한 개헌 국민회의(준) 2017) 2018년 제주예멘난민 문제를 기폭제로 그들은 청와대 국민 청원 등을 비롯한 합법적인 공론장은 물론이요, 온·오프라인을 넘나들며 전방위적인 공세를 펼친 바 있다.

이것은 한국 사회의 이주민 인권 옹호 활동이 그 헌신과 열정에도 불구하고 그 활동이 의도했던 이주 인권의 주류화와는 다른 결과를 낳고 있음을 뜻한다. 물론 이주민 인권의 제도화와 주류화는 이주인권 진영의 옹호 활동의 효과 유무로만 환원될 수 없는 복잡하고 난이도 높은 과제임이 분명하다. 게다가 선발 이민 국가들의 사례가 보여주는 바와 같이 반외국인 혹은 반이주 인권 진영의 세력화는 오히려 이주 인권 진영이 반대 세력의 경계와 견제를 불가피하게 하게 할 정도로 충분히 그리고 성공적으로 성장했다는 사실의 반증일 수도 있다.

이주민 인권 담론과 현실의 간극, 곧 이주민 인권 담론의 발전과 인권 현실의 답보 혹은 지체가 반복되는 딜레마적인 상황의 가장 큰 피해자는 무엇보다도 이주민 당사자들일 것이다. 인권 담론의 발전과 그에 조응하는 부분적인 제도화는 이주민 대중 다수가 여전히 '작은 권리'의 문제가 아니라 '권리를 가질 권리에서 조차 배제'되는 '보이지 않는 존재'론을 강요받고 있는 현실을 은폐하기 일쑤다.

담론생산자들에게 이런 딜레마적 상황은 '아무 일도 안하고 있는 것은 아니다'라는 알리바이로 활용된다. 인권옹호자들에게 이런 상황은 '그렇다고 아무 일도 안할 수는 없다(그러므로 기대한 결과가 만들어지지 않더라도, 혹은 기대한 것과는 반대의 결과가 만들어지더라도, 하던 대로 목소리를 높이는 일을 중단할 수는 없다.)'라는 '열정적인 무력감(혹은 무기력한 열정)'을 강요한다.

## 3. 이주민 혐오의 프레임

2019년 8월 15일 광화문 광장에서는 '수적천석(水適穿石), 조선족 혐오의 정당성'이라는 제하에 '반중콘서트'가 열린 바 있다. 이 '콘서트'의 게스트는 외국인은 혐오의 대상이 아니라 증오의 대상이라는 말을 아무렇지도 않게 뱉어내고 있었다. 그들에게 혐오가 '더러워서 피하는' 것이라면 증오는 '찾아내서 조져버리는 것'이었다.

명백히 인종차별적 범죄에 해당하는 이와 같은 혐오 발언이 대한민국의 심장부인 광화문 광장 한 복판에서, 콘서트의 형식으로 자유롭게 표출되고 유튜브로 생중계까지 되는 것이, 이 땅 외국인 인권의 현주소이다.

이런 맥락에서 한국 사회의 인종차별 및 외국인 혐오에 대해 국제사회가 반복적으로 우려를 표명하고 있는 것은 충분히 납득이 가는 처사이다. 2014년 한국을 방문한 유엔특별보고관은 "미디어의 인종주의, 외국인 혐오 단체의 활동 등 한국 사회에 관계 당국이 관심을 둬야 할 정도로 심각한 인종차별이 존재한다는 점"에 우려를 표명한 바 있다.

2018년 12월 유엔인종차별철폐위원회의 대한민국 이주인권 상황에 대한 최종 권고에서도 비슷한 내용이 반복된다. 인종차별과 관련 위원회는 다음과 같이 권고한 바 있다.

"위원회는 한국이 협약 제1조에 규정된 대로 모든 차별금지사유에 대한 직간접적 인종차별에 대해 정의하고, 이를 금지하는 포괄적인 법을 신속하게 마련할 것을 권고한 지난 권고(CERD/C/KOR/15-16)를 반복한다. 위원회는 한국이 협약 제4조에 규정된 대로 인종차별적 동기를 형사 범죄의 가중요소로 고려하도록 형법을 개정할 것에 대한 지난 권고(CERD/C/KOR/CO/15-16) 또한 반복하여 다시 권고한다. 나아가 위원회는 인종차별에 기인한 범죄를 인종, 피부색, 민족, 출신국, 종교, 체류자격, 성 등의 지표로 분석하여, 서로 교차하는 다양한 형태의 차별을 확인할 수 있도록 통계 자료 수집 메커니즘을 갖출 것을 권고한다."

외국인 혐오 발언과 관련한 유엔인종차별철폐위원회의 권고는 보다 구체적이다.

"인종혐오발언에 대한 대처에 관한 일반 권고 35호(2013)에 비추어, 위원회는 한국에 대해 다음과 같이 권고한다 :

(a) 혐오발언에 단호하게 대처하는 조치를 취하고 그리고 i) 이주민과 난민, 특히 무슬림 난민에 대한 편견, 몰이해와 잘못된 정보

에 대응하고, ii) 난민의 권리에 대한 대중의 인식을 높이고, iii) 난민과 현지 주민간의 이해와 관용을 고취시키기 위한 전략을 수립할 것

(b) 미디어, 인터넷과 소셜네트워크를 계속해서 주시하여 인종적 우월성에 기반한 관념을 전파하거나 외국인에 대한 혐오를 선동하는 개인이나 단체를 식별하고, 협약 제4조가 요구하는 것처럼 그러한 행위를 조사하여 유죄판결이 있는 경우 그러한 개인이나 단체에 적절한 처벌을 가할 것

(c) 방송언어 가이드라인의 효과적 이행을 보장할 것

(d) 법령과 공적 문서를 점검하여 '불법체류 이주민'의 용어사용을 철폐하고 장래 사용을 삼갈 것

위원회는 또한 사회일반 안의 이주민에 대한 적대감을 줄이는 데 도움이 되고 이주민의 사회통합을 용이하게 하는 환경을 조성하기 위한 조치를 취할 것을 권고한다."

경기도외국인인권지원센터가 수행한 2016인종차별실태 모니터링 조사는 교육 공간, 직장, 상업, 근린, 제도, 교통, 사적 공간 등 한국 사회 전 영역에 인종주의가 만연되어 있음을 보여준다.(오경석·이경숙 2016)

미디어 공간의 상황 역시 심각하다. "흑형"(종편tvN, '섬마을 쌤')이라든지 "검은 사위"(SBS, '자기야 백년손님')와 같은 인종주의적인 표현들이 그대로 사용된다.(정혜실 2014) 소셜미디어 상에서의 인종주의는 보다 노골적이다. "성소수자, 장애, 여성, 이슬람, 동성애" 등의 키워드와 연동되어 "반대, 혐오, 추방, 저학력, 새끼, 식인, 납치" 등의 단어들이 남용된다.(김석호 2017)

이주민 밀집 지역의 경우 상황은 좀 더 심각하다. 최근의 한 조사는

이주민 집주 지역 주민들의 이주민 인식이 일반 시민들의 이주민 인식에 비해 더욱 좋지 않다는 것을 보여준다.(김석호 2017) 이주민 혹은 외국인 관련 단체들은 지역 주민들에게 '혐오시설'로 간주된다. '난민'의 경우 더욱 그렇다.[1)]

이주민 집주 지역의 초등학교들은 이제 이주배경을 가진 학생들의 규모가 그렇지 않은 학생들을 압도할 정도이다. 이를테면 2016년 A시 B초등학교의 경우 이주배경 학생의 규모는 전체 학생의 77.3%에 달했다. 학령기 이주배경 아동의 규모가 증가한 것도 이유겠지만, 그런 곳에 자신의 아이들을 입학시키려 하지 않는 한국인 학부모들의 배타적인 태도와 관련되는 현상이기도 하다.

2016년 경기도외국인인권지원센터가 인종차별실태 모니터링을 통해 수집한 185개의 사례 가운데, 혐오표현과 관련된 사례가 압도적인 비중을 차지한 바 있다.(표3)

〈표3〉 2016 경기도외국인인권지원센터 인종차별실태 모니터링

| 차별 행태 | 고정 관념, 편견 | 무시, 비하, 모욕, 혐오 | 기회, 처우의 불평등 | 폭행 | 따돌림, 분리 | 거부 | 기본권 | 성희롱 | 폭언, 협박 | 무고 | 합계 |
|---|---|---|---|---|---|---|---|---|---|---|---|
| 사례수 | 32 | 53 | 24 | 3 | 22 | 17 | 3 | 3 | 15 | 8 | 185 |

2018년 경기도외국인인권지원센터가 수행한 이주여성노동자 실태 모니터링에서도 적지 않은 혐오 피해 사례들이 수집된 바 있다.(이경숙·오경석)(표4)

---

1) 영종도에 위치한 법무부 외국인지원센터의 원래 이름은 난민지원센터였다. 지역민들의 반발을 고려해 바뀐 이름이다. 김포시의 난민지원조례는 신도시 아파트 주민들의 반대로, 의회에서 가결되었음에도 최종적으로 '부동의' 처리되었다.

<표4> 이주여성노동자 혐오 표현 피해 사례들

| 내 용 | 발 화 자 |
|---|---|
| "아프리카 놈들은 모두 아프리카로 돌아가야 해" | 교수 |
| "국산이에요? 외국산이에요?" | 택시 기사 |
| "한국말도 못하면서 무슨 장사를 해! 너희나라 가서 장사해!" | 이웃 사람 |
| "한국어 되는 사람 데리고 와... 시험관 엄청 비싸요. 돈 있어?" | 병원직원 |
| "당신같이 실력도 없고 떨어질 만하니까 떨어진 사람이 자기 주제 파악도 못하고 설친다." | 공무원 |
| "불만이 있으면 자기 나라로 돌아가라" | 회사 직원 |
| "아이씨, 외국인이면 쉬운 걸 하지 왜 어려운 걸 해서... 잘 하지도 못하면서" | 자동차학원 직원 |
| "당신 같은 외국인이 어떻게 여기서 금을 살 수 있겠냐?" | 보석가게 직원 |
| "야, 너네 엄마 외국사람 맞지? 무슨 사람이야?" | 같은 반 친구 |
| "흑인들은 게으르고 냄새나기 때문에 우리랑 함께 일할 수 없다" | 사장 |
| "넌 ** 사람이어서 고기를 많이 먹는 것 같아. 그러니 남들 보다 일도 2배로 해야 된다." | 직장 동료 |
| "오빠랑 모텔 가 돈 많이 줄게" | 택시 기사 |
| "너의 남편이 너를 ***에서 돈 주고 사왔으니 열심히 비닐하우스에서 상추 따고 모종내면서 돈을 벌어야 한다." | 사장 |

이들 사례에서 주목할 것은, 혐오 발언의 가해자(발화자)가 특정한 집단으로 수렴될 수 없을 정도로 다양하다는 점이다. 직장동료, 고용주는 물론이요, 이웃사람, 택시 기사, 교수까지 포함되어 있다. 병원이나 보석가게 직원은 자신의 조직에 이익을 남겨줄 수 있는 고객임에도 불구하고 혐오 표현을 서슴지 않는다.

최근 경기도의회의 이주아동지원조례 제정을 둘러싸고 전개된 논쟁의 과정은 반외국인 진영이 구사하는 인종주의 및 혐오의 전략을 보다 구체적으로 확인시켜준 바 있다. 경기도의회가 도내 이주아동에게 기본권을 보장하는 이주아동지원조례 제정을 예고하자 몇몇 반외국인 단체에서 제정반대 운동을 조직한 바 있다.

반대의 논거는 두 가지로 압축된다. 우선 소위 '무임승차론'이다. 이주아동의 기본권을 보장하면 그에 편승해서 (미등록 상태인) 부모들이 한국 사회에 눌러 앉음으로써, 미등록체류자를 양산하게 될 가능성이 높아진다는 것이다. 또 다른 반대의 논리는 국민의 세금을 비국민 '불법체류자'에게 사용해선 안 되며, 국민의 기본적 권리부터 먼저 챙겨줘야 한다는 것이다.

그러나 그들이 동원하는 가장 강력한 반대의 논거는 그것과는 다른 것이다. 조례 제정을 보도한 인터넷 기사들에 달린 조례제정 반대론자들의 댓글 몇 가지를 소개하면 다음과 같다.

"남의 나라에 몰래 들어와 돈 벌고 몰래 아이 낳고 교육까지 책임져주면 불체자들이 뭐가 아쉬워서 못사는 자기나라로 돌아가겠는가? 그 아이들 합법적으로 책임져주면 나중에 본국말 모른다고 그 아이 볼모로 그 부모까지 합법적 체류를 해주어야 한다. 불법체류자 추방하라."

"한국에서 충분히 돈 벌었으면 이제 떠나야함에도, 아이를 담보로 국적까지 얻어 평생 들러붙으려는 거지좀비근성을 가진 불법체류자들 난민들 외국인들을 모두 추방해야한다. 법의 엄정함과 국가수호 국민보호를 소홀히 하면 나라는 망하고 민족이 말살될 것이다. 한반도는 한민족의 터전이다. 외국인이 들어와 주인행세 하려 국적을 얻으려는 짓거리를 못하도록 해야 한다."

"불체자 37만 명, 외노자 250만 명, 실업률은 최고, 실패한 유럽의 이민자 정책을 따라가는 신매국정책!"

“경기도에 불체자들과 외노자들이 엄청나게 바글바글되니... 이놈들을 미래의 표밭으로 만들려고 당당하게 매국질을 하는구먼... 나라꼴 잘 돌아간다... 으이구 진짜...”

“이 OOO 지금도 범법자 불체자에게 혜택 넘 많이 주는데 세금이 썩어나거든 자국민 이재민 불우이웃 도와라 가짜 난민 불체자 다 추방하라 매국노 심판한다.”

“아무런 법적인 인적 정보도 없는 사람들이 들어와서 돈벌어 외국으로 국부 유출하고 범죄를 저질러도 성매매를 하며 에이즈를 퍼뜨려도 잡을 수도 없는 그들로부터 국민을 보호하는 것이 국가와 지방자치단체가 할 입니다!”

“호구의 나라. 외국인 영주권자가 국내 3년 체류 시 갖는 지방선거 투표권을 국민에게로 되돌려 주어야 한다. 세상에 이런 나라가 어디 있나? 국민의 주권행사인 투표권을 외국인이 행사해? 대한민국 국민은 2등 국민이냐? 이러니, 외국인 영주권자 표를 얻으려 정치인들이 뻘짓한다. 매국노 XX들 이완용.”

“나라 팔아먹는데 ***가 앞장서서 지원하는구나. 세금지원 왜 하느냐는 소리는 현실을 알면 못할 거라고? 자국민 소외계층 현실은 알긴 하냐? 이주민 자녀? 웃기지 말고 불체자 자녀라고 표기해야지. 남의 집 안방 들어가서 무작정 버티면 가족인거냐?”

“불법체류자들의 자식들에게 국적을 주려는 매국노들아.. 대한민국에 거지처럼 들어와 살면서 애 낳았다고 국적을 준다면... 한국은 망하는 것이다.”

이러한 댓글에서 주목할 점은 ‘애국 대 매국’ 프레임이다. 애국 대 매국 프레임은 ‘국민(우선) 대 외국인(특혜)’ 프레임과 조응한다. 이런 구도 하에서 이주 아동에 대한 지원은 ‘국부 유출’에 해당하는 세금 낭

비일 뿐만 아니라, 아이들에 편승해 자신의 안위를 챙기려는 "거지좀비근성"을 가진 외국인 부모들을 정당화하는 비도덕적인 행위이며, 나아가 "나라를 팔아먹는" "신매국정책"이기도 하다. 그를 지지하는 사람들은 "당당하게 매국질"을 자행하는 "매국노" 집단일 뿐이다.

댓글들의 대부분은 "차별 표시, 공개적인 멸시와 모욕 위협, 증오 선동" 등을 포함하고 있으므로 명백히 혐오 표현(따라서 인종차별 금지 혹은 혐오 표현 금지와 관련된 법규가 제정되어 있다면 범죄 행위)에 해당한다고 할 수 있다. 그러나 이들은 자신들을 "아무런 정치적 배후도 힘도 없는 아이들에게 안전한 나라를 물려주고 싶어서 활동하는 아이 엄마, 아빠, 대학생, 평범한 직장인들의 모임"으로 소개함으로써, 범죄자의 이미지를 탈색시킨다.

이들에게서 주목해야 할 또 한 가지는 이들의 이러한 혐오와 연동된 반대가 단순한 표현 수준에 그치지 않고, 공론장을 통한 '공식화'가 시도된다는 점이다. 그를 통해 이들의 견해가 사회적으로 '합법화'되는 효력이 발생하는 것이다.

그들이 선택한 한 가지 방법은 청와대 청원이다. 2019년 4월말 이들은 "불법체류자에게 출생신고, 의료, 교육 혜택 주는 경기도 이주아동 지원조례, 추진하지 마십시오." 라는 제하에, 청와대 청원을 진행한 바 있다.

청원의 주요 내용은 "복수비자 대상 국가 국민들이 계획적으로 불법체류하며 원정 출산할 우려, 전 세계를 떠도는 불법체류자들과 난민들이 경기도로 몰려들 우려, 경기도에 출생 등록된 불법체류 아동은 추방이 어렵게 되며 추후 한국의 고민거리가 될 수 있다는 것, 국민들은 안전문제, 세금 부담, 일자리 부족의 문제를 겪게 되리라는 것, 조례안이 상위 법령과 충돌할 가능성이 있다는 것" 등으로 요약된다.

## 4. 이주민 인권과 국가주의

외국인 혐오의 경우, 그 특수성에 주목할 수 있어야 한다. 국민을 대상으로 하는 혐오 메커니즘과 외국인 혐오의 가장 큰 차이점은, '애국 대 매국' 프레임이다. 외국인 혐오주의 진영은 자신들의 혐오를 '애국적 행위'로 정당화한다. "국민(이) 먼저"를 고려하지 않는 외국인 정책은 "매국적 행위"라는 논리다.

이들의 발화가 명백히 (관련 법규범이 존재하는 경우) 범죄 행위에 해당할 수 있는 혐오 발언임에도 불구하고, 대응이 어려운 것은 국민국가의 현행 법제와 문화 자체가 '국민 그리고 국익 중심'으로 쓰여 있음을 부정할 수 없는 탓이다. 이들의 논리에 대응하기 위해서는 전통적인 '국가(혹은 국민)주의' 패러다임을 비판적으로 재구성할 수 있는 새로운 접근이 요청된다. 이를테면 '외국인(비국민)도 국가의 주체이며 국익에 기여할 수 있다'는 논거의 개발이 필요해진다.

그러한 논거의 개발이 생각보다 쉽지 않은 과제임은 주지하는 바와 같다. '일국적' 국가와 '단일한' 국민의 틀을 넘어서는 상상력을 발휘하고 그것을 현실화하기에는 우리의 사유가 여전히 완고하다. 우리의 사유를 일국적 공간에 제한하는 두 가지 장애물은 소위 '방법론적 민족주의'와 '발전주의적 국가론'이다. 주목할 만한 점은, 일부 이주민 인권 옹호 진영에서도 이와 같은 사유의 틀이 여전히 공유되고 있다는 점이다.

### (1) 방법론적 민족(국가)주의

기존의 국가 시스템(일국적 통치 레짐)이 고수되는 한 인권의 주류화는 요원하거나 본원적으로 실현 불가능한 희망 고문이 될 수밖에 없다. 인권은 일국적인 영역으로 제한될 수 없는 초국가적 의제이기 때문이다.

인권 규범 연구자들 사이의 대표적인 논쟁 가운데 하나가 "인권 규범의 국제적 영향력을 강조하는 '글로벌리스트(globalist)'들과 국내 요인 곧 NGOs, 정부부처, 사법부 등의 역할을 강조하는 '제한적 주권(self-limited sovereignty)'론자들 사이"에서 벌어지고 있다는 점은 인권의 이와 같은 초국가적 특성과 무관하지 않다.(정병호 외 2011)

이주 인권의 경우, 이러한 초국가주의적 성격은 더 말할 나위가 없다. 이주 행위 그 자체가 국경을 넘어 "자신의 통상적인 거주 국가를 변경하는 행위"(UN)로 규정되기 때문이다. 이런 점에서 이주 행위는 그 자체로 "고전적 형태의 민족 국가"에 대한 "도전"의 의미를 갖는다. 이주 의제는 다양한 입장의 차이에도 불구하고 근대 민족(국민) 국가 체계 자체를 재규정(reconfiguration of nation-state)해야 하는 문제를 포함한다.(Hui-Jung Kim 2009)

이주를 통해 전통적인 민족국가를 넘어서는 민주주의의 형성 가능성(the need of democracy beyond the level of the nation-state)이라는 문제제기를 회피할 수 없게 되는 셈이다.(Md. Mashiur Rahman 2011)

근대 민주주의의 요체인 "시민권 개념은 늘 국가를 배경으로 사고되어 왔다. 그러나 글로벌화로 인해 시민권의 개념에도 변화가 요구되어 왔으며, 민주주의의 가장 중요한 단위/장소가 국가라는 등식 또한 과거에 비해 약해졌다. 즉, 시민은 오로지 국가를 통해서만 권리를 향유하고 정치적 참여를 할 수 있는가? 코스모폴리탄(cosmopolitan) 내지 트랜스내셔널(transnational) 시민권이 가능한가라는 문제제기가 가능"해진 것이다.(김영정 2012)

이러한 맥락에서 이주민의 시민권 논의가 탈국가론자들과 초국가주의자들 사이에 전개되고 있다는 것은 충분히 납득할 수 있는 현상이다.(이혜경 외 2016)(표5)

<표5> 이주민의 시민권 논쟁

| 용어 | 탈국가주의<br>(Post-nationalism) | 초국가주의<br>(Trans-nationalism) |
| --- | --- | --- |
| 개념 | 국가를 넘어섬<br>국가가 더 이상 중요하지 않음 | 여러 국가에 걸쳐 있음<br>국가는 개인의 삶에 여전히 중요함 |
| 시민권 | 전지구적 시민권<br>(Universalistic citizenship) | 초국적 시민권<br>(Transnational citizenship) |
| 내용 | 국적 대신 '전지구인' | 다중적 정체성 인정<br>(이중국적, 복수국적) |
| 학자 | 소이잘(soysal 1994) | 바우뵉(bauböck 2005) |

흥미 있는 것은 한국의 이주 관련 담론 지형에서는 이와 같은 논쟁을 발견하는 것 자체가 쉽지 않은 일이라는 점이다. 논쟁의 지형이 만들어지는 것 자체가 어려운 탓이다. 상이한 지향, 입장, 이해관계에도 불구하고, 이주 관련 행위자들 다수에게 '민족(국가)주의'가 여전히 지배 담론으로 공유되는 것이다.

방법론적 민족(국가)주의란 현실 세계에서 그 유효성이 약화되거나 변화되었음에도 불구하고 민족과 국가의 절대성에 대한 전통적인 관념이 그대로 고수되고, 특정 현상의 기술이나 분석, 설명과 해석에 무비판적으로 (때로는 무의식적으로) 적용되는 것을 뜻한다.

이를테면 민족의 실체성과 공약 불가능성, 국가들의 경계의 절대성, 영토와 국민, 주권이라는 근대 국가를 구성하는 '3요소'에 대한 신화화 등이 이주 현상에 접근하는 경우, 심지어 이주 인권 옹호 활동을 전개해 나가는 과정에서도 그대로 고수될 수 있는 셈이다.

"잘못된 외국인 노동 정책들은 문명화된 민족으로서의 자긍심에 심각한 손상을 입힌다. 우리는 훌륭한 한국인들이 잘못된 정책으로 인해 나쁜 국민으로 오인되지 않게 해야만 한다."(Hui-Jung Kim 2007)

"세계에서 강하고 힘 있는 민족이 되고, 민족의식과 긍지를 회복하려면, 소수자들의 인권을 보호해야만 한다... 이주노동자들을 홀대하는 것은 우리 민족과 정부의 정당성을 위협하게 될 것이다."(Hui-Jung Kim 2007)

방법론적 민족(국가)주의가 고수되는 한, 국가의 외부와 내부는 절대화되며, 국가의 내부는 인구학적이며 문화적인 동질의 공간과 동일시된다. (이상적으로) 외부와 절대적으로 구분되는 완벽하게 동질적이며 균질화된 공간에 이주민이라는 국가적, 문화적 타자가 진입할 수 있는 여지는 거의 없어지게 된다.

이런 상황에서 이주민은 국가와 민족의 완전성을 제고시키기 위한 경우에만 동원될 수 있는 도구적인 자원 이상의 의미와 위상을 갖기 어려워진다. 그들이 주류화 될 수 있다면, 그들의 부정적인 역량이 과장되게 규정되는 경우, 곧 국가와 민족의 완전성을 위협하는 허구적인 적으로 규정되는 경우일 뿐이다. "민족 말살"의 주범이며 한국 사회의 근간을 위협하는 "공공의 적"으로 규정되는 경우, 이주노동자를 비롯한 이주민은 한국의 주류사회에 대항하는 '완전한 타자'로서의 위상을 부여받을 수 있게 된다.(강진구 2012, 전의령 2015)

### (2) 발전주의 국가론

이주 인권의 비주류적인 위상을 강요하는 또 다른 장애물은 '발전주의(developmentalist) 국가론'이다. 한 연구자에 따르면 "1990년대 이후 전개된 한국의 주류 이주 및 다문화 담론"은 "한국(인)의 도덕적 근대화와 세계화라는 발전주의적 틀"에 공통적으로 근거한다.(전의령 2015)

주목할 것은 이와 같은 발전주의적인 국가 도구성에 대한 의존도에 있어서, 주류 담론과 반외국인 및 반다문화 담론의 차별성이 결코 분명하지 않다는 점이다. 두 진영은 이주민 대중에 대한 명목적으로 구분되는 평가와 태도(옹호와 거부)의 차이에도 불구하고, 국가 발전 및 도덕적 세계화와의 연관성 속에서 이주민 대중을 바라보는 기본적인 입장과 관점에 있어서 일치한다.(전의령 2015)

차이가 있다면 전자가 이주민 대중을 "노동력 부족을 채우고 한국 경제에 이바지하는 외국인 노동자", "세계화 시대의 축복" 또는 "다문화 멘토" 등 이른바 "선량한 이주민"으로 재현하는데 반해, 후자는 그들을 국가 발전에 장애가 되는 "불량한 이주민"으로 재현하고 있다는 것에 불과하다.(전의령 2015)

발전주의적인 국가론 하에서 '이주 인권'은 그 자체로 의미를 갖기 어렵다. "한국의 도덕적 성숙을 가늠하는 상징적 지표"로의 활용 여부에 따라 이주민 인권의 가치와 의미에 대한 기능적이며 도구적인 평가가 결정될 수 있기 때문이다. 마찬가지 논리로 이주민의 인권 침해 역시 그 자체로 예방되고 제재되어야 하는 범죄행위여서가 아니라 "한국 사회의 도덕성 또는 도덕적 성숙"과 관련된 "집단적 수치심의 유발" 요인으로서 관심의 대상이 될 수 있다.(전의령 2015)

발전주의 국가론에 침윤되어 있는 경우 이주 인권 옹호 활동은 '발전주의적 수치심(shame)'을 적극적으로 회피하고자 하는 노력의 산물과 다를 바 없다. 이와 같은 활동의 최종 결과는 '이주 인권의 주류화'가 아니라 발전주의 국가의 강화나 완성도 제고로 귀착된다.

이주 인권 활동이 발전주의 국가론에 종속되는 경우 이주민의 위상 역시 발전주의 국가와의 거리에 의해서만 공식화될 수 있다. 발전에 지체된 국가의 성원으로서 그들은 "한국인의 시간적 타자"들이다. 한국인과의 위계화된 거리를 전제로 해서만 그들의 인권은 공론화될 수 있으며 인권 옹호 활동은 승인될 수 있다. 이주민 인권 옹호 활동 전반에 편만해있는 "연민의 정치(politics of pity)" 혹은 "온정주의(paternalism)"

는 이주민을 인권의 지평에서 타자화하며, 계몽과 후원의 대상으로 격하시킨다.(전의령 2015)

"박해, 눈물, 공포, 고통, 절망, 고단, 캄캄, 미아, 아픔, 절규, 인정, 관심, 지원", 한국에서 생활하는 한 난민공동체를 보도한 기사들의 키워드들이다. 진보적인 매체조차도 인권의 지평에서 (아직 한국 사회가 본격적으로 경험해본 바 없는 초국적인 인권 의제를 자임하는 인권 행위자라는 점에서) 한국 사회의 '미래'일 수도 있는 그들을 일관되게 "한민족의 과거"로 재현한다. 그들에 대한 박해는 일제에 의한 조선인의 박해와 동일시되며, 그들의 투쟁은 한국인들의 독립 투쟁과 유비된다.(오경석 2011)

## 5. 이주민 인권, 정치적인 것의 새로운 모색

### (1) 국가 정치를 넘어

이주 인권의 주류화와 정치는 불가분의 관련성을 갖는다. 이주 인권의 주류화는 능동적인 정치와 더불어 '다른 정치'를 적극적으로 요청하기 때문이다.

한국과 같이 국가와 민족을 근간으로 하는 동질성이 강한 사회들(이를테면 후발 이민 국가들)은 "이민 사회로의 전환 과정에서 이주민에 대한 (비)포용의 방법, 더 나아가 새로운 (비)민주적 통치 형태를 모색"하는 경향성을 보이곤 한다. 국가는 물론이요 시민 사회 역시 다를 바 없다.(한준성 2017)

이주민에 대한 배제와 포용, 불법화와 합법화, 관념화와 현실화라는 상반되는 선택지 앞에서 고민해야 하는 것은 국가와 시민사회가 다를 바가 없는 것이다. 게다가 이주 의제가 '가장 최근의 의제(the latest-ism)' 라는 점에서 준용할 만한 권위 있는 모범 답안 같은 것은 존재할 수도 없다.

이러한 상황에서 가장 필요한 것이 (당위나 도덕적 호소가 아니라) 정치다. 이주민을 (평등한 권리의 주체, 삶의 주체, 욕망의 주체로) 공식화, 현실화, 가시화하기 위해서는 그 어떤 분야보다도, 지난하고 복잡한 정치 행위가 요청되는 것이다.

이주민의 주류화를 위한 정치는 이주민의 "권리와 관련한 정책의 도입과 변천을 둘러싸고 관련된 복수의 정치 행위자들 내지는 세력들이 정치적 기회 및 제약 구조의 영향을 받으면서 벌이는 가치 정향과 힘의 충돌과 타협, 작용과 반작용 등의 복합적 상호작용의 전개 과정"이다.(한준성 2017)

중요한 것은 이주 정치가 탈전통적인 (곧 탈국가적인) 새로운 정치의 형태를 취할 수 있어야 한다는 점이다. 탈전통적인 이주 정치는 최소한 두 가지 문제의식에 근거할 수 있어야 한다.

우선 국가 정치에 매몰되어서는 안 된다. 전통적인 정치 행위는 국가의 그리고 국가를 향한 정치 행위였다. 국가 정치는 "국가가 정한 법과 제도에 불일치하는 주체들을 제거하는 역할을 한다." "모든 변화와 발전"을 "국가가 제시하는 '전체' 안에서" 규율하고 조정하는 것(혹은 합의를 이끌고 조화로운 질서를 구축하는 것)이 국가 정치의 근간이다.

따라서 국가 정치의 핵심은 국가 권력의 주도권을 누가 행사하느냐 하는 것이 된다. 주목할 것은 누가 주도권을 갖게 되든 그것이 국가 정치인 한 포용과 배제, 합의와 불법화, 인정과 증오는 동시에 발현할 수밖에 없다는 점이다. 국가 정치 하에서 이주민은 배제와 불법화 그리고 증오의 대상으로 타자화될 개연성이 매우 높다.(권은영 2010)

국가 정치와 구분되는 대안적인 이주 (인권) 정치는 공동체적인 질서와 조화의 주도권(통치 권력)을 다투기 보다는 "정치적 주체화"에 초점이 맞추어질 수 있어야 한다.

비주류적인 존재들의 정치적 주체화를 지향하는 "정치"는 "공동체를 지도하는 기술이 아니라 불일치하는 인간 행동의 형태이며 인간 집단의 결집과 명령을 작동시키는 규칙들에 대한 예외"로 규정될 수 있다. 역설적이지만 이런 맥락에서 "정치적 주체화는 탈정체화의 과정, 곧 사회로부터 배제된 자들이 주어진 억압적 정체성으로부터 탈정체화 하는 과정"에 다름 아니다.(권은영 2010)

한국의 이주 인권 진영은 어떤 정치를 전개해 왔을까? 대체로 '국가를 계몽하고 견인'하는 국가 정치가 아니었을까 싶다. 그러나 이주 인권, 이주민의 주체화와 관련, 국가 정치의 한계는 주지의 사실과 같다.

### (2) 타자의 정치를 넘어

이주 인권 진영의 정치 활동의 초점이 국가에 맞춰지는 경우, 정치의 대상은 전술한 이유와 같이 이주민 당사자일 수 없다. 이주민 당사자를 대상으로 하는 국가 정치는 기대한 효과를 만들어낼 가능성이 거의 없는 것을 넘어, 오히려 정반대의 효과 (비주류적 지위의 고착화)를 만들어내는 데에 기여할 수 있기 때문이다.

국가 정치의 공간에서 이주 인권 진영의 타깃은 이주 인권 분야 혹은 이주민 관련 분야 국민들, 곧 '활동가나 종사자'들이 될 수 있어야만 한다. 그러나 이주 인권 진영이 관련 분야 종사자 정치에 적극적으로 나섰거나, 성공적인 결실을 맺었던 사례를 찾아내는 일은 매우 어렵다.

이주 (광의의 인권 협의의 지원) 분야에 종사하는 한국인 활동가들의 상황은 매우 혹독하다. 비정부 혹은 비영리 부문에서 일하던 많은 활동가들이 현재는 (준)공공부문에 진입(편입)해 있는 상황이다. 그들은 처우와 직무에서 공무원도 활동가도 아닌 어정쩡한 위상을 강요받으며, 일상적인 좌절과 곤궁을 경험한다.

주무 부처의 상이함과 관계없이 그들은 고용안정성과 처우에서 매우 불안정하고 불공정한 상황에 처해 있다. 전국적으로 거의 모든 지자체에서 운영되고 있으며, 다문화가족지원법에 의거해 사회복지 시설로 인증됨으로써 비교적 안정적인 위상을 갖는 것으로 평가되는 다문화가족지원센터 종사자들의 임금 수준 역시 일반적인 사회복지 시설의 79.6%에 불과하다.(최은주 2016)(표6)

〈표6〉 다문화가족지원센터 종사자 급여 수준

| 구분 | 다문화가족 지원센터(a) | 일반 사회복지시설(b) | 차액 | 비고 (a/b) |
|---|---|---|---|---|
| 기관장 16호봉 | 38,880,000 | 53,961,600 | 15,081,600 | 72% |
| 팀장 5호봉 | 25,260,000 | 31,833,200 | 6,573,200 | 79% |
| 팀원 5호봉 | 22,260,000 | 25,262,800 | 3,002,800 | 88% |

고용노동부 산하 산업인력관리공단이 위탁 운영하는 외국인력지원센터의 경우, 사정은 좀 더 심각하다. 종사자들은 과도한 업무량과 비민주적인 조직 문화로 인해 육체적, 정서적으로 소진해 있는 상황이다. 무엇보다도 기본적인 급여 체계 자체가 마련되어 있지 않다.

승진은 제한되어 있으며, 설사 승진이 된다 하더라도 실질적인 처우의 개선과는 무관하다. 그냥 상징적인 직위의 변화가 있을 뿐이다. 상여금이나 휴가비는 물론이요 연차에 따른 급여 인상도 없다. 기본적인 호봉 체제 자체가 결핍되어 있는 것이다. 그럼에도 불구하고 조직 문화는 엄격해서 수당 없는 연장, 야근, 휴일 근무 후에 대체 휴가를 사용하는 것조차 자유롭지 못하다.(이영 2016)

각급 지자체가 운영하는 외국인 지원 센터의 사정도 별반 다를 바가 없다. 보조금이 총액으로 지원되고 사업비 비율이 고정되어 있으므로, 인건비는 기본적인 하한선이나 가이드라인 없이 사업비를 제외한 남은 돈을 배분하는 방식으로 사용된다. 직원들의 임금이 실질적으로 생활 임금에 미달하는 경우도 있다. 재위탁 시 호봉을 인정하지 않고 기본 호봉으로 감봉하는 경우가 일반적이다.

이러다 보니 지원 단체 종사자들의 근속 년수는 2년 남짓에 불과하다. 10여 년 전에도 그랬고 현재도 마찬가지다. 빠른 속도로 이주민 인권 옹호 혹은 지원 기관들의 '저급의 하위국가화' 현상이 가속화되고 있는 셈이다.

그럼에도 불구하고 그들 대부분은 여전히 자의반 타의반, '이타주의적인 정치 행위자'로서의 정체성과 위상을 강요받고, 이를 수용한다. 자신들을 위한 "정치적 주체화"가 아니라 타자들을 위한 "정치적 대행자"의 역할을 자임한다. 그 효과는 매우 부정적이다. 한국인 활동가와 이주민 대중들 사이의 정치적 위계 그리고 두 집단 모두의 정치적 타자화가 공고화된다.

## 6. 이주 인권의 '비-비주류화'

이주 인권 진영의 열정과 헌신에도 불구하고 이주 인권 담론과 현실의 간극은 좁혀지지 않고 있다. 국제 사회가 "세계적으로 유례가 없는 사례"라고 놀라움을 표할 만큼 단기간에 이주민 담론은 주류화되었다.

그러나 현실 세계에서 이주민 대중의 삶은 여전히 혹독하기만 하다. '강제근로, 인신매매, 인종주의'라는 용어들이 대변하는 바와 같이 이주민 인권의 실질적인 개선은 이루어지지 않고 있으며, 인권의 지평에서조차 이주민의 타자화는 지속되고 있다. 그에 반해 반외국인, 인종주의 및 외국인 혐오 진영의 세력화는 가속화되고 있다.

이러한 딜레마적 상황은 근대 체계 곧 근대 국민 국가 체계의 본원적 성격과 관련되어 있다는 점에서 비단 한국 사회만의 특별한 문제는 아닐 것이다. 근대 국가 체계가 유지되는 한, 인권과 주권의 모순관계는 결코 해소되기 어려울 것이며, 그에 따라 비국민과 비민족을 정치적 타자일 뿐만 아니라 문화적 타자로 경계하거나 배제의 대상으로 간주하는 관행 역시 단기간에 변화될 수 있으리라 기대하기 어려울 것이기 때문이다.

이주민 인권 담론과 현실의 간극을 좁히는 일이 어려운 과제라는 것만큼 분명한 또 한 가지 사실은 이러한 딜레마적인 상황이 지속되는 것이 이주민 당사자 집단은 말할 것도 없고, 이주인권 옹호 진영 그리고 공공부문(정부)에게도 결코 도움이 되지 않는다는 것이다. 정부는 조직화된 무책임성에 대한 책임을 회피하기 어려워지며, 인권 진영은 열정과 좌절의 사이클을 반복해야만 하며, 이주민 집단의 분리와 고립은 심화된다.

이주민 인권 상황이 실질적으로 개선되고, 이주민이 인권의 주체로 정당하게 존중될 수 있기 위해서는, 이러한 간극을 최소화할 수 있는 방안이 적극적으로 토론되고 모색될 수 있어야만 할 것이다. 그를 위해 (최선이 아니라) 가장 필요한 일이 이주 인권 옹호 활동의 현실적인 목표 자체를 재설정하는 일이라고 생각한다.

일반적으로 인권 운동은 '인권의 주류화(mainstreaming)'를 지향한다. 인권의 주류화란 공공 정책과 시민사회의 모든 영역에서 인권이

"계획, 이행, 감시 및 평가"의 "통합적인" 기본 원리로 채택되는 것을 뜻한다. 이주 인권 옹호 활동의 경우도, 이론적으로는 이와 다를 바가 없다. 곧 이주 인권 옹호 활동의 목표 혹은 지향점 역시, 이주 인권의 주류화가 되어야 함은 의심의 여지가 있을 수 없다.

그러나 이주민의 인권, 곧 비국민, 비민족 혹은 문화적 배경이 다른 인간의 존엄과 자유에 대한 접근이 국민과 민족 그리고 같은 문화권에 소속된 사람의 인권에 대한 접근과 동일할 수는 없을 것이다. 더구나 여전히 현존하는 세계는 '국가들의 세계'임이 자명하다.

이러한 상황에서 이주 인권 옹호 활동이 기계적으로 이주민 인권의 주류화를 목표로 설정하는 경우, 담론과 현실의 괴리는 활동의 비효과성 혹은 실패의 결과가 아니라, 일반적인 결과일 개연성이 매우 높아진다. 국가들의 세계(체계)에서 비국민의 인권이 (이주 인권 담론이 규정하는 바와 같이) 국민 혹은 그에 준하는 수준에서 보장되는 경우(이주 인권의 주류화)란 정말이지 매우 예외적이거나 제한적인 소수 외국인에게만 해당되는 특별한 경험일 수밖에 없을 것이기 때문이다.

그런 점에서 이주 인권 담론과 현실의 간극을 좁히기 위해 이주 인권 옹호 활동의 목표 자체를 현실화하는 것은 매우 중요한 과제일 수 있다. 그것이 이주 인권의 '비-비주류화'이다. 이주 인권의 비-비주류화는 인권의 단계론이라기보다는 현실론에 해당한다. 최선이 아니라 최적의 방안을 도모한다는 인권 활동의 규범에 근거해서, 실질적인 효과를 만들어낼 수 있는 일에 자원과 역량을 집중해야 한다는 문제의식의 소산이다.

이주 인권의 비-비주류화를 위해 네 가지 정도의 토론거리를 제시해볼 수 있을 것 같다. 우선, 이주민의 '현실'을 '있는 그대로' 재구성하는 작업의 필요성이다. 공공부문이나 이주인권 진영 모두 정부의 공식적인 통계들을 활용한다. 주목해야 할 점은 이주민에 대한 공식적인 통계들이 이주민의 현실에 대해 알려주는 것만큼이나 그 현실을 은폐하거나 왜곡하는 측면도 존재한다는 점이다.

통계가 과장하고, 소박한 당위가 확신하는 이주민은 결코 실제하지 않을 수도 있다. 이주민의 규모가 200만을 훨씬 웃돈다는 것이 그들이 실질적으로 한국 사회의 대등한 구성원이 되었다든지 사회통합의 주체가 되었다는 이야기하고는 전혀 다르다. 불과 몇 년 전만해도 국가가 지방자치단체에게 지원하는 교부세의 주요한 산정 기준인 '인구' 범주에 외국인 인구는 전혀 포함되지 않았다.[2] 행정 구역 조정이나 행정 기구 설치시 외국인 인구는 여전히 고려 대상이 아니다.

둘째, 국가주의를 넘어서는, 다른 담론을 집필할 수 있어야 한다. 국가들의 세계(체계)에서 국가주의 담론의 지배와 영향으로부터 완전히 자유로울 수는 결코 없을 것이다. 그러나 최소한 (이주 인권의 비-비주류화를 위해서) 그를 재규정하거나 상대화할 수 있어야 한다는 문제의식이 견지될 수 있어야 하는 것이다.

방법론적 민족(국가)주의와 발전주의 국가론이 이주 인권 진영의 무의식과 아비타스(신체화된 지식 체계)를 지배하는 한, 이주 인권 옹호 활동이 국가의 강화와 민족의 재동원에 기여하게 되는 역설은 앞으로도 계속될 것이다. 그 결과는 인권의 지평에서 조차 계몽과 연민의 대상으로 이주민 대중이 타자화되고 마는 것이다.

셋째, 국가주의에 경도되어 있거나, 오히려 국익 추구의 경쟁력이 효과성에 있어서 자부심을 가지고 있는 경우, 이주 인권 진영은 반외국인 혹은 외국인 혐오 진영의 논거에 대응하기 어려워진다. 그들이 동원하는 대표적인 프레임이 바로 '애국 대 매국' 곧 누가 국가와 국민

---

2) 현재는 '다문화' 및 '외국국적 동포' 수가 보통교부세 재정수요산정 시 보정수요에 반영되고 있다. 그 결과 2017년 안산시 같은 경우 13억원 가량 교부금 수령액이 증가하였다.

그리고 국익에 도움이 되느냐, 그 우선순위는 무엇이냐 라는 것으로 압축되는 탓이다.

국제 사회가 반복적으로 우려를 표명하고 있다는 점, 그럼에도 불구하고 지난 10여 년간 전혀 전진을 못하고 있다는 점에서 외국인을 비롯한 소수자 혐오(곧 차별금지에 대한 반대) 진영에 대응할 수 있는 논거와 전략을 개발하는 것은, 이주 인권 진영에게도 중차대한 과제가 아닐 수 없다. 그들을 승인하면서 동시에 그들과 다른 길을 갈 수 있는 담론과 전략, 그것이 전통적인 국가주의를 부정하지 않되 그것과 다른 것이 될 수밖에 없음은 자명하다.

넷째, 당위와 계몽을 넘어서는 정치와 전략의 개발과 활용이 시급하다. 이주민 인권의 비-비주류화를 지향하는 정치의 목표는 행정의 주도권이나 국가의 계몽과는 달라야 한다. 이주민이 국가정치의 주체가 될 수 없다는 전제하에 탈전통적인 정치 행위가 개발될 수 있어야 하며, 국가 정치의 장에서 정치의 에이전트로서 관련 기관 활동가나 종사자가 새롭게 소구될 수 있어야 한다.

이와 관련 지역의 위상과 의미가 새롭게 조망될 수 있어야만 한다. 국가 혹은 행정이라는 기존의 통치 혹은 권력 공간으로의 선형적이며 기계적인 진입을 목표로 하지 않는 정치 행위가 지향해야 할 바는 대안적인 정치 공간 자체를 형성하는 일이 될 것이다. 그 공간에서 이주민은 정치적 주체가 될 수 있다. 곧 공적으로 승인되고, 사회적으로 현실화되며, 사적으로 가시화될 수 있을 것이다.

그러한 공간의 일순위는 지역이다. 지역과 더불어 집중해야 하는 또 다른 공간은 이주 인권 활동가들의 활동 공간이다. 곧 이주 인권 옹호 혹은 지원 단체들의 공간이다. 그러한 공간이 '인권 대행'자들의 이타적인 공간이 아니라, 인권 옹호자들의 자기 정치의 공간으로 변화될 수 있는 방안이 탐색될 수 있어야 하는 것이다.

## 참고 문헌

강진구. 2012. 한국사회의 반다문화담론 고찰-인터넷공간을 중심으로. 인문과학연구. No.32.

강진구. 2014. 한국사회의 반다문화 담론에 대한 비판적 고찰. 다문화콘텐츠연구. Vol.17.

권은영. 2010. 이주노동자의 노동조합 활동을 통한 정치적 주체화 연구. 서울대학교 대학원.

전의령. 2015. 선량한 이주민, 불량한 이주민-한국의 주류 이주·다문화 담론과 반다문화 담론. 경제와 사회 통권 제106호.

김석호. 2017. 한국인의 이주민에 대한 인식의 변화. 2017년도 한국이민학회 전기학술대회 자료집. 한국의 이민정책, 어디로 가야하나?: 풀지 못한 문제, 풀어야 할 과제. 한국이민학회.

김영정. 2012. 사회통합, 시민권, 민주주의: 마이너리티의 참여. 미간행논문.

안상수·민무숙·김이선·이명진·김금미. 2016. 국민 다문화수용성 조사 연구. 한국여성정책연구원.

안전한 한국을 위한 개헌 국민회의(준). 2017. 외국인 기본권 확대 개헌안의 문제점에 관한 포럼 자료집.

오경석·이경숙. 2016. 2016 경기도 인종차별실태 모니터링 보고서. 경기도외국인인권지원센터.

이경숙·오경석. 2018. 2018 경기도 이주여성 노동실태 모니터링 보고서. 경기도외국인인권지원센터.

이영. 2016. 외국인력지원센터 위상과 발전방안. 의정부외국인력지원센터 10주년 기념 포럼 자료집.

이한숙·김사강·강혜숙·오경석·우삼열. 2017. 이주인권가이드라인 재구축을 위한 연구. 국가인권위원회.

이혜경·이진영·설동훈·정기선·이규용·윤인진·김현미·한건수. 2016. 이민정책론. 박영사.

정병호·오경석·신은주·위은진·정진헌·이병하·이경숙. 2011. 이주 인권가이드라인 구축을 위한 실태조사. 국가인권위원회.

최은주. 2016. 다문화정책의 미래전망 토론문. 2016년도 한국다문화가족지원센터 협회 포럼자료집.

한준성. 2017. 한국의 이주노동정치: 이주노동레짐의 형성과 이주노동자 편입 과정 분석. 서울대학교 박사학위논문.

Bauböck, Rainer. 2005. *Expansive Citizenship: Voting Beyond Territory and Membership. Political Science and Politics* 38(4).

Hui-Jung Kim. 2009. *Immigration Challenges and "Multicultural" Responses: the State, the Dominant Ethnie and Immigrants in South Korea.* Unpublished Ph.D's Dissertation. Department of Sociology. University of Wisconsin-Madison.

Hui-Jung Kim. 2007. *Articulating "Korean-ness": National Inclusion Mechanisms in Pro- and Anti-Immigrant Discourses.* Univ. of Wisconsin-Madison. (Unpublished paper).

Md. Mashiur Rahman. 2011. *Struggling Against Exclusion-Adibasi in Chittagong Hill Tracts.* Bangladesh Lund University.

Soysal, Yasemain N. 1994. *The Limits of Citizenship.* Univ. of Chicago Press.

# 이주민 사회통합과 주민권*

이용승 (대구대학교 교수)

## 1. 이주민 통합이라는 문제의식

한국 사회 이주민이 공적 논의의 중요한 주제가 된 지가 15년이 지나고 있다. 돌이켜보면 15년의 시간 동안 많은 변화가 있었다. 한국 사회에서 이주민은 아직 행위 주체로서 온전히 인정받지는 못하지만, 한국이라는 국가의 일상에서 주요한 관심 대상인 것은 분명하다. 더구나 초저출산의 늪에 빠져있는 한국 사회가 출산율을 높이기 위한 뾰족한 대안을 내놓지 못하는 와중에, 이민의 수용은 장래 예상되는 생산가능 인구 부족에 대처하기 위한 현실성 높은 대안이다. 인구구성에서 이주민이 차지하는 비율이 4%를 상회하기 때문에 객관적 기준으로 한국을 아직 다문화 국가라 할 수는 없다. 더군다나 이주민 가운데 3년 내지 5년의 노동 이후 본국으로 돌아가야 하는 단기순환 이주 노동자('guest worker')가 다수를 차지하고 있다.

그럼에도 한국에서 다문화주의 담론이 유행할 수 있었던 것은 역설

* 이 글은 민족연구 65호와 이민정책연구원 이슈 브리프에 실린 필자의 글(이용승 2016; 이용승 2019)을 책의 의도에 맞추어 재구성하였다.

적으로 한국의 단일민족 정서가 견고했던 것과 무관하지 않다. '순혈'에 대한 집착에 기반을 둔 단일민족 의식은 결혼이주민을 비롯한 이주민 유입에 민감할 수밖에 없는 배경을 이룬다. 이러한 민감성은 인구 구성의 작은 변화에도 불구하고 정부가 주도적으로 이주민 정책으로서 다문화주의를 설파하게 하는 원인이 되었다. 한국 사회가 표방하는 다문화주의의 겉과 속이 다르다는 비판이 많기는 하지만 우리 사회가 타문화에 대한 수용 양식으로서 다문화주의를 선택했다는 점은 분명하다. 그런 한도 내에서 한국은 다문화 국가라고 할 수 있다. 한국이 객관적 기준으로 다문화사회인지에 관해서는 판단이 다를 수 있지만, 이주민 통합 문제는 한국의 미래전망에 대한 논의에서 빼놓을 수 없는 주제이다.

이 글은 위에서 제시한 문제의식에 기초하여 다음의 두 가지 질문에 답을 찾아보고자 하는 의도로 쓰였다. 첫째, 이주민 지역사회통합이란 무엇을 지시하며, 그것은 어떠한 경로로 가능할 것인가? 둘째, 그 과정에서 지위, 권리 혹은 정체성으로서 '주민권'은 어떠한 역할을 할 수 있을 것인가? 질문에 답을 해보기 전에 먼저 이 글은 이주민 통합이 필요할까 하는 물음을 던져볼 요량이다. 이 글이 위의 두 질문에 온전한 해답을 제시하고 있지는 못하다. 다만 유의미하고 시의적절한 질문은 해당 문제를 궁극적으로 해결하는 첫걸음이라고 할 수 있고, 또 한 사회가 질문을 공유하는 것만으로도 이미 해결을 향한 중대한 첫발을 내딛는 것이라는 점을 강조해 두고 싶다.

최근 한국에서는 제3차 저출산·고령사회 기본계획(2016-2020)(저출산 · 고령사회위원회 2015)에서 인구변화를 고려하여 이민을 적극적으로 고려하기로 했다. 그간 정부는 우수 인재에게만 개방적 이민을 허용하겠다는 태도를 견지하여 왔으나 이번의 '기본계획'에서는 이민에 관해 보다 전향적인 태도를 취하고 있다. 물론 3차 기본계획에서도 해외 우수인재 유치에 집중하고, 비전문 외국인력에 대해서는 “국내 일자리를 잠식하지 않”도록 “단기순환, 노동시장보완, 정주화 방지의 원칙”을 확립하겠다는 기존의 방침을 고수하고 있기는 하다. 그럼에도 “체류 외국인이 급증하고 있고, 이민자의 사회경제적 영향이 커지고 있는 상황에서 저출산·고령화 대응책으로 이민정책의 중요성이 부각”되고 있다는 인식은 정부 정책의 변화를 보여준다. 또한 중장기 이민정책을 수립하겠다는 의도도 분명하게 제시하고 있다. 이민정책에 관한 이러한 인식 변화는 이주와 이주민의 권리, 통합이 향후 한국 사회의 주요 의제가 될 것임을 예고한다.

본격적 글의 전개에 앞서 주민권에 대한 간략한 정의를 제시하고자 한다.[1] 주민권은 체류자격 내지는 법적 지위, 인종, 민족, 출신 국가, 개인적 성향, 계급, 사회적 지위 등과 무관하게 단지 그/녀가 해당 지역(local)의 주민이라는 이유만으로 마땅히 인정되어야 하는 권리와 지위, 정체성이 있다는 것을 말한다. 지역은 마을부터 시작해 다소 큰 행정구역까지 일상적 삶이 이루어지는 '생활공동체'(이용재 2013, 97-98)로서의 물리적, 심리적 공간을 말한다. 보통 주민이라고 하면 한정된 공간 혹은 지역에서 생활을 꾸려가는 사람들을 지칭하기 때문

1) 주민권에 대한 정의는 이용승(2014)의 글을 참조하였다. 4장에서는 주민권의 보다 구체적인 내용을 제시해 보고자 한다. 필자가 말하는 주민권을 영어로 정확히 옮기기는 어렵다. 유사한 단어로 denizenship이 있는데, denizen이 특정한 지위와 권리를 갖는 외국인, 혹은 이방인을 지칭하는 경우가 많아 원주민을 포함하는 데 한계가 있다. 드물게 사용되는 dwellership이나 residentship은 '거주의 자격'이나 '거주의 권리'로 해석되어, 이 글에서 말하는 주민권과 상이하다. 필자는 2014년 글에서 의미를 변경하는 것을 전제로 denizenship으로 표현했으나, 이 글에서는 'resident rights'로 표기했다. 'resident'는 주민에 대한 국내 법률 용어로 사용되고 있고(국가법령정보센터 외국어 번역 참조), 여기에 'human rights'의 맥락을 가져와 '인간'이라면 당연히 가질 수 있는 권리처럼 지위와 자격, 국적 보유 여부와 무관하게 '주민'이라면 당연히 가질 수 있는 권리라는 의미를 담고자 하였다. 참고로 이용재(2017, 129)는 주민권을 'the power of inhabitant'로 영역하였다.

에 주민권은 '지역성'과도 친화력이 있다.

이러한 논리에 따라 주민권은, 국적을 가졌는지 여부를 묻지 않고, 지역 공동체의 주민을 구성하는 모든 사람이 가져야 할 지위 내지는 그 지위에 부여되는 권리로 해석할 수 있다. 주민은 해당 지역의 일상적 운영에 책임과 권리를 부담하고, 또 이를 누릴 수 있는 주체로 상정된다. 주민은 지역의 구성원으로서 지역과 관련된 현안 논의에 참여할 수 있는 권리가 부여되며, 지역의 복지혜택을 누릴 수 있는 자격이 주어진다. 이 과정에서 지역주민으로서의 정체성 또한 공유할 수 있게 된다. 주민 자격의 인정과 이에 따르는 주민권은 위에 제시한 질문, 즉 어떻게 이주민의 지역사회통합이 가능할 것이며, 이 과정에서 주민권은 어떠한 역할을 할 수 있을 것인가에 대한 질문에 대한 잠정적 해답이다.

이하에서는 먼저 왜 이주민 사회통합인가라는 질문에 대한 답을 구하는 것으로부터 시작해 이주민의 사회통합은 어떻게 가능할 것이며, 그 과정에서 쟁점을 두 가지-이주민은 통합의 대상인가. 어떻게 이들을 통합의 주체로 세울 것인가-로 제시할 것이다. 다음으로는 이주민 지역사회통합의 유력한 대안으로서 주민권에 대한 논의를 전개해보고자 한다. 마지막으로 결론 부분에서는 이주민의 주민권을 사유하는 과정에서 고려될 필요가 있는 몇몇 요소를 제시하고, 글을 마무리할 것이다.

## 2. 어떤 통합을 지향할 것인가?

### (1) 사회통합의 의미 구성[2)]

모든 공동체는 통합을 지향한다. 왜냐하면 통합은 공동체 유지와 지속의 척도이기 때문이다. 모든 공동체가 통합을 증진하고, 통합을 저해하는 요인을 배제하고자 노력하는 것은 이 때문이다. 그 공동체 가운데 가장 강력한 것이 국가 공동체이다. 비교적 동질성을 유지하는 국가에 이주민 유입이 많아질수록, 즉 해당 사회의 이질성이 증대할수록 어떻게 사회통합을 유지, 지속, 강화할 것인가 하는 문제는 해당 국가 내지는 사회의 핵심적인 과제가 된다.

사회통합 개념에 대한 이해는 적어도 세 가지 다른 방식이 있을 수 있다(UNRISD 1994, 3). 첫째, 통합은 만인의 평등한 기회와 권리를 내포하는 포용적 목표로서, 이 경우 통합의 정도가 높아진다는 것은 삶의 기회가 확장되는 것을 의미한다. 둘째, 어떤 이들에게 통합은 원하지 않는 획일성을 강제하는 이미지를 떠오르게 하여 부정적 함축을 가지는 것으로 간주되기도 한다. 셋째로 통합은 긍정적 혹은 부정적 의미를 가지기보다는 그저 특정 사회에서 확립된 인간관계의 패턴을 단순히 기술하는 의미로 쓰이기도 한다.

이러한 기존 용법을 기초로 통합의 의미구성을 위해 먼저 '통합'의 어원을 통해 그 의미를 따라가 보자. 표준국어대사전은 통합(統合)을 "둘 이상의 조직이나 기구 따위를 합침" 또는 "여러 요소들이 조직되어 하나의 전체를 이룸"이라고 정의한다. 사회통합에서 말하는 통합

---

2) 사회통합의 일반적 의미에 대한 규정은 이용승(2012)에 기본을 두되, 대부분 새로 서술하였다. 사회통합의 수준을 측정할 수 있는 구체적 지표에 대한 논의는 정해식 외(2017, 39-45) 참조.

은 후자에 가까워 보인다. 풀어서 정의해 보면 사회통합이란 임의의 무의미한 시공간에 산재하는 여러 요소, 즉 사람, 문화, 자연, 관계 등이 조직되어 하나의 전체인 사회를 이루고, 그것이 지속하는 것으로 정의할 수 있겠다.

영어에서 일반적으로 통합을 지칭하는 용어는 'integration'이나 'cohesion'이 사용된다. 'integration'은 부분의 전체로의 통합을 의미하는 'incorporation'이나 통일성(unification 혹은 uniformity)과는 다른 뉘앙스를 가진다. integration은 고결함이나 도덕적 올바름, 무결성을 의미하는 'integrity'와 어원을 공유한다. 어원과의 연관성을 통해 추론해 보자면 integration은 부분의 일방적 동화나 흡수를 의미하지 않는다. 그보다는 통합 대상 개인의 고결함과 완전성(wholeness)을 지향하는 것을 통해 개인은 물론 사회 전체의 고양을 내포한다고 할 수 있다. 주로 영국에서 많이 사용되는 'cohesion'은 'co-here' 즉 공존을 통한 결속을 의미하는 것으로 해석할 수 있다. 2001년 인종적 소요사태 이후 영국 중앙정부와 지방정부연합(Local Government Association)은 "공동체 결속을 위한 지침"(Guidance on community cohesion)을 제출한 바 있다. 문서에서는 통합된 공동체(cohesive community)를 정의하고 있는데, 통합된 공동체란 공동의 비전 공유, 모든 공동체의 소속감, 다른 배경과 환경을 가진 사람들의 다양성 중시, 동등한 기회 부여, 공장, 학교 등지에서 다른 배경을 지닌 사람들 간에 긍정적이고 강한 관계가 끊임없이 진전되는 사회를 말한다(LGA 2002, 6).

우리말과 영어에서 통용되는 통합의 의미를 놓고 볼 때, 통합이 단순히 단일성과 동일성, 전체성을 추구하면서 집단적, 조직적 유기체를 지향하는 것이 아니라는 점은 분명하게 알 수 있다. 적어도 통합의 과정에서 사회 일부분의 배제와 억압이 수반된다면 가치로서의 통합과는 거리가 멀다고 하겠다. 통합의 어원 분석을 통해 이를 수 있는 사회

통합의 정의는 이렇게 말할 수 있겠다. 즉 사회통합이란 '임의의 시간과 공간에 우연히 같이 있는 사람과 조직을 포함한 여러 요소가 공존(co-here)하면서, 사회를 이루고, 그 사회 안에 포함된 개인과 사회 전체의 고결함(integrity)과 고양을 지향하는 가치 정향'이라고 정의할 수 있다. 통합된 사회는 역동적이면서도 안정적이다.

또 다른 측면에서 사회통합은 그 자체가 가치이자 목표라기보다는 한 사회가 추구할 만한 다른 목적, 즉 자유와 평등, 정의, 개인의 성숙과 행복, 소속 구성원의 삶의 고양, 전체로서의 조화 등 더 큰 가치에 복무하기 위한 수단의 의미도 갖는다. 즉 통합 자체가 궁극적 목적이라기보다는 그것을 통해 더욱 높은 가치를 추구하고자 하는 도구로서의 통합에 대한 지향이 있을 수 있다. 좀 전에 말한 것처럼 통합 그 자체가 목적이 될 수도 있기 때문에 '사회통합'을 지향하는 것은 수단과 목적의 양가적인 의미를 지니고 있다. 전자를 통해서는 통합의 추구가 가질 수 있는 맹목성을 견제할 수 있으며, 후자는 통합을 통해 이루고자 하는 사회의 모습을 보다 명료하게 인식할 수 있게 해준다.

사회통합에 이주민을 포함할 경우, 이주민의 사회통합은 통합의 주체들이 인간으로서 가질 수 있는 삶의 기회를 확장하고, 궁극적으로 개인과 본국 사회(host society)의 고양을 지향하는 것을 말한다. 이를 위해 문화적 차이에 대한 인정과 존중은 필수 전제이다. 국제이주기구(IOM)는 이주민의 통합을 "이주민이 이주한 공동체에 사회, 경제, 문화, 정치적 삶에 인입되는 것을 통해 양자 간의 상호 적응 과정이다. 그 과정에는 양자 공동의 여러 가지 책임이 따르며 사회적 포용, 사회적 응집력(cohesion)이라는 유사한 관념을 포괄한다."라고 정의한다.

통합에 대한 요구가 차이를 질식시키지 않으면서도 차이와 통합의 미묘하면서도 동요하는 균형점을 찾아 나가는 것이 다문화사회의 통합이라고 할 수 있다.[3] 통합의 내용이 유의미한 가치를 갖기 위해서는 항상 어떠한 통합인가에 대한 사회적 성찰이 전제되어야 하는 이유가 여기에 있다. 즉 통합의 과정에서 어떤 부정의가 발생하고 있는 것은 아닌지, 특정 집단이 배제되고 불이익을 당하고 있는 것은 아닌지, 통합이 전체 인민의 삶의 기회를 확장하기보다는 단지 그 자체가 절대적 목표가 되어 억압성을 띠고 있는 것은 아닌지 등에 관한 끊임없는 질문이 제기되고 그 답에 따라 수정이 가능하도록 통합과정이 조율되어야 한다. 따라서 통합된 사회는 안정적이면서도 역동적이어야 한다. 다양성과 변화에 열려있어 그것이 역능과 역동성을 갖는 동시에 안정성 또한 갖춘 사회를 우리는 통합된 사회라고 부를 수 있다. 그럼에도 '사회통합'은 과정이지 결과일 수 없다. 궁극적으로 통합된 사회가 어떤 사회인지 우리는 상상하기 어렵고, 인간 정신의 발달 한계가 어디인지도 모르기 때문에 '통합'은 끊임없는 과정일 수밖에 없다.

사회통합을 위해서는 주체들 간 쌍방향적 소통과 협의, 조율이 필요하다. 통합과 그를 통해 구현하고자 하는 가치의 향유 주체는 당연하게도 주류 시민과 이주민 모두가 포함된다. 사회통합은 어느 일방 혹은 통합 대상이 상대편에 흡수 또는 동화되는 식으로는 달성되기 어려운 과제이며, 설혹 그렇게 통합이 이루어졌다고 할지라도 그러한 통합은 그것이 지향하는 가치에 어긋난다. 일부에서 사회통합을 부정적으로 인식하는 이유는 다양성의 희생과 동질성의 강제를 통해 통합을 이루고자 하는 사례가 있기 때문이다(UNRISD 1994, 7). 소수자를 희생하는 방식의 일방적 통합은 외려 사회통합을 저해할 뿐 아니라 사회통

3) 이에 대해 과연 종교와 언어 등의 문화적 갈등이 통합의 이름으로 조정될 수 있는가 하는 의문이 제기될 수 있다. 그러나 이러한 논리는 다양한 문화의 존재가 갈등을 예비하는 것도 아니고, 실제 그러한 사회에서의 갈등 양상은 해당 공동체마다 상이하다는 점을 통해 논박될 수 있다. 다문화사회의 통합이 문화에 대한 상호 인정과 존중, 통합 불가능성에 대한 이해와 용인을 전제한 가운데 통합이 추진되어야 한다는 점은 두말할 필요도 없다.

합이 지향하는 바에도 어긋난다. 또한 시민의 덕성으로서 이주민에 대한 일방향적 관용에 대한 강조는 사회통합을 실천하는 방안으로서 매우 불안정한 처방이다. 왜냐하면 일방적이고 시혜적인 관용에 대한 요구와 수용은 지속하기 어려울 뿐만 아니라 외부 상황, 예를 들자면 경기침체, 해당 국가와의 갈등 등의 환경변화에 따라 자의적으로 철회될 수 있기 때문이다.

통합 주체 간의 상호 조율의 과정은 통합이 지향하는 가치를 재규정하는 것을 포함한다. 통합의 가치나 그것의 궁극적 목표 또한 상호 협의와 협상을 통해 역동적으로 재구성될 수 있어야 한다. 물론 그것이 지향하는 가치, 즉 인간과 사회의 고결성과 고양은 변하지 않는 통합의 가치일 수 있다. 그러나 인간으로서 고결성이 무엇인지에 대해서는 문화와 가치판단에 따라 변화할 수 있다는 점을 염두에 두어야 한다. 사회통합을 이루기 위한 수단에 대한 재협상은 두말할 필요가 없다. 그래야만 자칫 통합이 반드시 이루어야 하는 규범 혹은 당위와 같이 인식되어 여타의 가치를 압도하는 상황을 방지할 수 있다.

### (2) '지역'과 이주민 당사자성

사회통합의 의미를 이처럼 구성한다면 '지역사회통합'은 어떻게 읽어낼 수 있을까? 지역 내지는 로컬은 해당 구성원들이 구체적이고 실제적인 삶을 영위하는 공동 공간이다. 여기에서 로컬과 로컬리티의 의미를 그럴듯하게 추적하는 것은 필자의 한계로 인해 어렵다. 다만 지역 특수성으로서의 로컬 혹은 로컬리티에 주목해 봄으로서 주민권을 매개로 한 사회통합이라는 주제에 한층 깊이 다가갈 수는 있겠다.

한국 사회에 만연되어 있는 보편성과 중앙중심성에 가려져 "지금까지 사고의 범위 내로 편입되지 못했던 개별적 특수성이 새롭게 발견되는 자리가 로컬이다... 이런 점에서 로컬리티는 소수성, 타자성, 주변성, 차이성, 다양성의 개념과 쉽게 결합한다."(이재봉 2010, 308). 이주민의 주민권에 대한 사유와 상상이 로컬, 로컬리티와 친화성이 형성되는 지점이다. 이주민은 주류에 비해 소수자이자 타자이며, 주변임은 물론 차이와 다양성을 드러내는 존재이다. 로컬의 '주민'과 주민으로서의 이주민에 주목하는 것은 로컬리티의 소수성에 관심을 두는 것과 맥락을 공유한다. 이주민과 주류시민이 주민으로서 가질 수 있는 권리에 천착하는 것은 새로운 주체를 발견하는 과정이기도 하다. 근대 이후 국민국가의 공적 담론에서 소외되고 배제되어 왔다는 점에서 지역과 지역민은 현재 이주민이 경험하고 있는 처지와 다르지 않다. 따라서 주민권에 초점을 두는 것은 두 가지 방향의 소외를 극복하는 것을 의미한다. 첫째는 오랫동안 중심과 보편으로부터 소외되었던 지방과 지방성을 복원하는 것이고, 둘째는 주류로부터 소외된 이주민의 이방성을 긍정적으로 재발견하는 것이다. 지역의 원주민은 중앙과의 관계에서는 소수자(minority)이지만 이주민과의 관계에서는 다수자(majority)의 위치를 점하고 있기 때문에 이러한 주장이 가능하다.

또한 지역은 상대적으로 상호부조가 가능한 친밀성의 '장소'라고 할 수 있다. 지역은 구체적 삶이 영위되는 일상적 공간으로서 주민 상호 간의 만남과 교류가 이루어진다. 이와 연결하여 지역사회통합은 통합 주체 간의 이질성의 감소와 친밀성의 증대 과정으로 해석할 수 있다. 친밀성의 증대는 주민 간의 질 높은 연대를 가능하게 하며, 이주민에 대한 수용성을 향상시킬 수 있다.

다음으로 이주민은 사회통합의 '대상'일 뿐인가, 심지어 대상이 될 수는 있는가 하는 문제에 대한 질문을 다루어보고자 한다. 현재 이주민 통합정책으로서 한국은 다문화정책을 시행하고 있다. 그러나 주지하는 바와 같이 실제 다문화정책의 대상은 결혼이주민에 국한되어 있으며, 이주민 가운데 다수를 차지하고 있는 노동이주민은 사실상 다문화정책의 대상에서 배제되어 있다. 물론 사회통합 프로그램의 수강 자격에 이주노동자, 유학생, 난민 등을 포괄하고 있기는 하지만 이들의 수강률과 이수율은 무시할 정도로 미미하다(이화숙 외 2013 참조). 한국의 다문화정책은 특정 유형의 이주민을 정책 대상에서 배제하고 있는 것이다. 노동이주민은 관리와 통제, 규율되어야 할 대상일 뿐 사회통합의 대상조차 되지 못하고 있는 것이 한국 다문화정책의 현실이다.

그렇다고 다문화정책의 적극적인 고려대상인 결혼이주민의 상황은 나은가 하면 그렇지도 않다. 다문화주의 내지는 다문화정책은 특정한 문화를 체화하고 있는 개인 혹은 집단의 주체성을 인정하는 것에 기초한다. 그러나 현재 한국의 다문화정책은 이주민의 주체성을 적극적으로 인정하지 않고 있으며, 단지 전시될 수 있는 문화-의복, 음식, 언어, 공연 등-를 가지고 있는 이방인으로 규정할 뿐이다. 이렇듯 문화를 사소하게 만드는 것은 이들을 주체가 아닌 이방인으로 존속하게 하는 주요한 요인이다. 즉 "기존의 다문화사회 통합정책은 이들을 타인으로 규정하고, 수동적 객체로 취급함으로써 삶의 주체로서 이들의 지위를 부정하고 있다."(이용재 2014, 68).

이러한 진단과 평가에 기초해 본다면 다문화정책의 대상과 그 대상으로부터도 배제되어 있는 이주민을 어떻게 사회통합의 주체로서 호명할 수 있는가 하는 문제는 대단히 어려운 과제가 아닐 수 없다. 이주민은 왜 통합의 대상이 되어야 하며, 이들이 통합의 주체로서 가능하기 위해서는 어떠한 조건이 충족되어야 할까?

"사회적으로 의미 있는 삶을 구성하는 공적 활동은 '말할 수 있는 능력'을 그 조건으로 한다. 타인과 공존하는 정치적 장에서 공적 언어로 말할 수 있을 때 그 개인은 행위 주체로 인정받을 수 있다."(김애령 2012, 36)[4] 문재원(2014, 46)은 이러한 논의를 이주민에 적용하여 "자기의 스토리를 말한다는 것이 정치적 주체를 만드는 전제이고 공적 공간에서 위치를 획득해 나가는 과정이라면, 대리되지 않은 당사자성을 전제한 다문화 주체들의 이야기야말로 이 공간성을 획득할 수 있는 동력이 된다."고 주장한다. 즉 이주민이 공적 언어로 말할 수 있을 때, 이들이 참여할 수 있는 공적 공간이 열리며, 정치적 주체로 나설 수 있다는 것이다. 자기의 스토리를 말한다는 것은 그들이 자기 삶을 주도할 수 있다는 것을 의미하며, 그러할 때 이들은 사회에 대한 의무감과 책임성을 가질 수 있다. 마찬가지로 주류 또한 이주민의 목소리를 들을 수 있을 때 의무와 책임을 느낄 수 있을 것이다. 베이유(S. Weil 2002, 15)의 말처럼 "주도력(initiative)과 책임감은 한 사람이 자신이 쓸모 있고 심지어 불가결하다고 느낄 수 있도록 하는 인간 영혼의 필수 요소"이다. 이주민이 삶의 주도력과 책임감을 갖출 수 있으려면 말할 수 있어야 한다.

이러한 논의를 통해 한국 사회가 이주민에 대해 가져야 할 태도의 전범을 발견할 수 있다. 이들이 이주와 연관된 자신의 생생한 경험을 말할 수 있는 공적 공간을 적극적으로 창출하고, 이들의 목소리에 충분한 주의를 기울이는 것이 한국 사회의 몫이어야 한다.[5] 이주민의 목소리를 '대신' 말하는 것이 아니라 그들 자신이 "자기 서사"(문재원 2014)를 구성하고 이를 말할 수 있도록 지원하고, 그러한 것이 가능할 수 있도록 공적 공간을 만들어내는 것이 필요하다. 또한 그들이 자기 스토리를 말할 때, 혼신을 다해 듣는 "듣기의 윤리"(김애령 2012, 55)도 요청된다.

---

4) 김애령(2012, 57)은 스피박의 "서발턴(subaltern)은 말할 수 없다"는 명제를 설명하면서 서발턴이 말을 하더라도 이미 그 말은 권력담론에 의해 중층 결정된 불투명한 언어로 말해질 수밖에 없기 때문에 '듣기의 윤리'가 요청된다고 언급하고 있다. 단지 서발턴(여기에서는 이주민)이 '말(하게)하라'는 당위만으로는 부족하고, "그 이방성에 귀 기울이는 작업이 유용"하다고 주장한다.

5) 이주민이 말할 수 있을 때 공적 공간이 열리며, 역으로 이렇게 열린 공적 공간은 이들이 스스로의 스토리를 말할 수 있는 여지를 확장한다.

한국 사회에서 이주민의 자기 서사(narrative)와 목소리(voice)를 공적 공간에서 발화할 수 없도록 하는 장애물로서 특별히 언급할 만한 것으로 치안 담론[6]이 있다. 치안 담론은 이주민을 '불법 체류자'와 동일시하거나 혹은 잠재적 범죄자로서, 혹은 더 넓은 범위로서 위생의 측면에서 바라보는 왜곡된 시각과 관계된다. 일종의 이주민에 대한 낙인이다. 치안 담론은 저숙련 이주노동자가 밀집한 지역, 예를 들자면 안산시 원곡동, 가리봉동, 대림동 등지에 대한 '위험한' 이미지를 만들어내고, 그러한 이미지를 확산시킨다. 또한 미디어는 이주민과 연관된 범죄를 과도하게 노출하여 그러한 심상을 강화하고 치안 담론을 구조화시킨다. 치안 담론에 특히 주목해야 하는 이유는 그것이 이주민에 대한 낙인효과를 강화하는 손쉬운 수단이 되어주기 때문이다.

치안 담론과 밀접히 연관된 것으로서 근래 반다문화주의의 확산 또한 유의할 필요가 있다. 반다문화주의는 이주민이 공적 공간에 진입하는 데 걸림돌이 될 공산이 크다. 아직까지 한국에서 반다문화주의가 설득력 있는 논리를 전개하여 세력을 형성하였다고 할 수는 없다. 그러나 그들의 주장이 점차 힘을 얻고 있다는 사실 또한 부인하기 어렵다. 반다문화주의에 대한 고려가 정부의 외국인정책과 다문화정책에도 영향을 미치고 있다.[7] 반다문화주의 정서가 고개를 들고 있는 것은

6) 이기라(2007)는 2005년 프랑스 방리유 폭동에 대한 정부의 대응을 '치안 담론'으로 분석한 바 있다. 그는 치안 담론이 "비행이 집중적으로 이뤄지는 공간을 국가영토 내의 특정 지역, 특정 인구와 연결"한다고 지적한다. 이주의 역사와 경과가 다르기 때문에 정도의 차이가 크지만 그의 주장은 우리의 현실과도 그리 멀지는 않다.

7) 정부는 2012년 제2차 외국정책 기본계획(외국인정책위원회 2012, 18-19)에서 "반다문화 현상이 표출"되고 있으며, 국민들이 "외국인에 대한 균형 잡힌 정책을 요구"하고 있다고 적시하고 있다. 이에 따라 2차 외국인정책은 1차 외국인정책과 달리 "국민의 다양하고 상반된 요구를 최대한 반영하여 균형 잡힌 정책 기조를 유지"하고 "질서와 안전, 이민자의 책임과 기여를 강조하는 국민 인식을 반영"하고자 하였다고 언급한다.

다문화정책의 흠결[8]에 크게 의존하고 있기 때문에 정부가 올바른 방향으로 정책을 전환하기 전에는 이러한 흐름이 확산되는 것을 막기 어려울 것으로 예상된다.

그렇다면 어떻게 이들은 말할 수 있을 것인가? 그리고 그것의 조건은 무엇인가? 아래에서는 그 방안의 하나로서 주민권을 제안해 보고자 한다. 주민권의 구체적인 범주와 내용은 주체로서 호명된 힘들 간의 '정치'를 통해, 상호 갈등과 대립, 협상과 타협의 결과로 구체화할 수 있음을 미리 밝혀둔다. 주민권의 내용을 확정하기 위한 정치의 과정은 주체와 주체 간의 '끝없는 대화와 협상'(unending dialogue and negotiation)[9]의 과정이 될 것임은 물론이다.

## 3. 이주민의 주민권

### (1) 주민권의 내용

이주민은 그들의 의도와 무관하게 고정된 영토와 국민, 공유된 문화와 정체성을 근간으로 하는 근대 국민국가의 시민권에 일정한 균열을 만들어 내고 있다. 이들은 대다수 국적이 없기 때문에 시민권의 온전한 향유 주체가 될 수 없으며, 인권 보호의 차원에서 시혜적으로 주어지는 시민권의 매우 작은 부분의 권리를 얻을 수 있을 뿐이다. 이는 국민국가를 기초 단위로 하는 '국제'(inter-national) 관계의 틀이 유지되는 한 어떻게 해 볼 수 없는 문제이기도 하다. 인권 개념의 확장과 인

8) 간략히 말하자면 동화정책과 다름없는 정책 내용, 정책의 도덕적 정당화, 대상의 제한, 문화의 사소화, 일률적 국가 주도성 등을 들 수 있다.
9) 'unending dialogue'는 카(E. H. Carr), 'negotiation'은 바바(Homi K. Bhabha)의 용어에서 빌렸다.

권 체제(regime)의 형성, 국제적 상호의존의 증대와 국제 여론의 역할 증대 등으로 시민권의 내용과 대상이 비시민을 포괄하는 방향으로 점차 확대되고 있는 것은 좋은 변화이다. 이러한 긍정적 변화에도 여전히 인권을 포함한 이주민의 기본적 권리는 제한되고 생략되는 사례가 더 많다. 한국의 경우는 말할 필요도 없다. 물론 한국 또한 더디지만 이주민에게 시민권의 일부를 할양하는 방향으로 움직이고 있긴 하다. 일례로 영주권자에게 선거권을 부여한 것은 큰 진전이라고 평가할 수 있다. 그렇지만 이주민이 차별과 배제를 경험하고 있다는 점은 크게 개선되지 않고 있다. 국적 보유 여부와 결부된 시민권의 틀을 유지한 채로 이것의 시혜적 확대만으로는 우리의 상상력은 제한받을 수밖에 없다. 국민국가 시스템에 기초한 시민권의 틀거리를 유지하면서도 그것과는 다소 다른 맥락에서 시민권을 넘어서는 사유가 필요하다. 주민권은 이러한 현실적 고려의 결과물이다.

주민권에 대한 논의를 풀어나가기 위해서는 먼저 '주민'이 누구인지 해명되어야 한다. 이용승(2014, 198)은 주민을 아래와 같이 규정한다.

> 주민은 지역과의 관련성 측면에서 실제적 거주를 전제하며, 지역과 사회적, 경제적 관계를 맺고 인간관계의 많은 부분이 해당 지역에서 이루어지는 사람들을 이른다. 주민은 또한 지역과 심리적인 유대감을 일정 정도 가지고 있는 사람들로 규정할 수 있다. 심리적 유대는 당연히 정도의 차이가 있을 것이다. 그럼에도 한 지역에 거주하면서 자신의 주요한 일상생활이 그 공간에서 이루어지는 사람들은 대개 지역과 일정한 정도의 심리적, 정신적 유착 관계가 형성될 것이라고 가정할 수 있다.

이렇듯 이용승은 법령의 '딱딱한'(hard) 규정을 우회하여 주민을 대단히 폭넓게 정의하고 있다. 주민에 대한 정의를 다루고 있는 현행 한국의 법률에서는 각각 주민을 "지방자치단체의 구역 안에 주소를 가진 자,"(지방지치법 12조) "30일 이상 거주할 목적으로 그 관할 구역에 주소나 거소('거주지')를 가진 사람"(주민등록법 6조)으로 규정하고 있다. 주민등록법에서는 외국인을 예외로 하고 있다. 이에 덧붙여 각급 지자체의 '외국인주민 지원 조례'에서는 '외국인 주민'을 "90일을 초과하여 거주하며 생계활동에 종사하고 있는 외국인과 대한민국 국적을 취득한 사람과 그 자녀 및 한국어 등 한국문화와 생활에 익숙하지 아니하는 사람 등"이라고 규정하고 있다.[10)]

이용승의 너른 정의와 기존의 법규를 배합한다면 주민에 대한 대체적 윤곽을 제시할 수 있을 듯하다. 이를 구체적으로 표현하면, "30일 이상 거주할 목적으로 그 관할 구역에 주소나 거소를 가진 사람"이거나 "해당 구역(시군구, 읍면동리)에 사업장 주소를 가진 사람"[11)]으로서 해당 지역에서 일상생활과 생계의 상당 부분이 이루어지고 지역 사회와 심리적 유대를 형성할 수 있는 사람을 주민으로 정의하고자 한다. 여기에는 당연히 주민등록자, 등록이주민뿐만 아니라 사실상(de facto) 거주 목적의 거소와 생계를 위한 사업장 주소를 가지고 있는 미등록 이주민, 유학생 등이 포함된다.

다음으로 주민권의 구체적 내용은 무엇이 될 수 있을까? 위에서 언급한 대로 해당 시기에 적합한 주민권의 구체적 내용은 단지 주민이라는 이유만으로 가질 수 있는 권리가 있다는 큰 틀의 합의 하에서 주민 간의 협의, 그리고 그러한 내용을 보장할 의무를 진 주체 간의 협상에 따를 수밖에 없다. 다만 이 글에서는 시론적 수준에서 시민권의 내용

---

10) '경기도 외국인주민 지원 조례' 참조. 지방자치법 13조(주민의 권리) 2항에서는 지방선거 참정권을 "국민인 주민"으로 제한하고 있다. 특별히 참정권을 규정하는 항목에서만 '국민'으로 제한한 것은 동 법에서 권리와 의무의 주체로서 규정하는 주민에는 '국민이 아닌 자'가 포함된다고 역으로 생각해 볼 여지는 있다.

11) 각 지자체의 '주민자치회 운영 조례' 참조.

으로부터 유추한 주민권의 내용을 제안해 보고자 한다.

시민권(citizenship)은 법적 지위(legal status), 시민으로서의 권리, 정체성, 시민적 덕성(civic virtue) 등을 그 구성 내용으로 한다. 주민권 또한 시민권의 구체적 내용으로부터 추론할 수 있는 법적 지위, 권리, 정체성, 주민으로서의 덕성을 포함한다. 제도적 지위에 대해서는 위에서 제시된 '주민'에 대한 규정으로 갈음할 수 있을 듯하다. 다만 주민의 지위에 대한 보다 명확한 규정이 향후 주민조례 등에 담길 수 있도록 하는 방안은 강구되어야 한다. 또한 주민은 권리와 의무에 있어 평등하다는 점이 확인되어야 할 것이다.

주민으로서 가질 수 있는 권리는 시민권의 공민권, 정치적 권리, 사회적 권리[12)]의 관점에서 도출될 수 있다. 주민은 공민의 일원으로서 보편적 인권과 헌법이 보장하는 자유로울 권리를 가지며, 자신의 권리를 주장하고 옹호할 수 있는 권리를 가진다. 여기에는 당연하게도 결사와 표현의 자유가 포함된다. 다음으로 정치적 권리는 자치 권력을 구성하는 선거에서 투표권을 행사할 수 있는 권리와 주민 조례 등의 제정과정, 주민들의 삶에 영향을 미치는 정책 결정 과정(주민투표, 조례제정 및 개폐청구, 감사청구, 주민소환투표권 등)에 정당한 일원으로서 참여할 수 있는 권리를 들 수 있다.[13)] 법률이 정하는 것이 아닐지라도 주민의 삶에 소소하거나 심대한 영향을 미칠 수 있는 정책 결정 과정에 주민이 참여할 수 있는 거버넌스를 구축하는 것도 주민의 정치적 권리에 포함될 수 있다. 이주민의 참여 권리는 이주민 집단 혹은 소

12) 시민적 권리의 구분과 내용은 마샬(T. H. Marshall 1950)에 따른다.

13) 현행 법규(주민투표법 5조 1항 및 각 지방자치단체의 주민투표 조례 3조)에서는 영주권자에게만 주민투표권을 부여하고 있다. 참고로 공직선거법 15조 2항과 지방자치법 15, 16, 17조, 주민소환에 관한 법률 3조 1항의 규정에 따라 "영주의 체류자격 취득일 후 3년이 경과한 외국인"은 지방선거 참정권 및 조례의 재개정 청구, 감사청구권, 주민소송권, 주민소환투표권을 가진다.

수 문화집단으로서 행사될 수 있다. 정치적 권리는 이주민을 포함한 주민에게 '권력'을 할양하는 문제와 관련된 의제라고 하겠다.

마지막으로 주민권의 사회적 권리 측면으로서 지역에서 최소한의 안전과 교육, 의료, 주거, 직업 등의 복지를 누릴 수 있는 권리를 말한다. 외국인 집단 거주 보건소에서 시행하는 이주 노동자 의료서비스나 건강보험 미가입 외국인에 대한 의료지원(보건복지부 2017 참조), 2018년부터 안산시에서 시행하고 있는 등록 외국인의 외국적 아동에 대한 보육료 지원 등이 좋은 사례이다. 현재 캘리포니아는 "체류 자격과 관계없이 모든 어린이에게 의료보호를 제공"(Fabi and Saloner 2016)하고 있으며, 미등록 체류자에 대한 교육 지원, 운전면허 및 전문 자격증 허용, 미등록 학생에 대한 재정지원 등도 시행하고 있다.[14] 이러한 제도 시행 여부가 중대한 갈림길에 섰던 1994년 당시 캘리포니아 교육 당국은 "유치원 원아부터 대학생까지 거주만 검증할 뿐 법적 지위는 검증하지 않았다."(Martin 1995, 255).[15] 캘리포니아 주정부는 2020년부터 26세 이하 저소득층 청년에게 체류자격과 무관하게 의료보험을 적용하기로 하였다(NPR June 10, 2019; Cole and Moon July 10, 2019). 체류 자격이 아닌 거주 자체만으로 일부의 권리가 주어진 캘리포니아 사례는 주민권의 사회적 권리의 한 예로 거론할 수 있다. 2000년대 중반 이후 미국의 여러 주나 도시에서 미등록 체류자의 추방에 협조하지 않는 '피난처'(sanctuary) 조례, 보험 미가입 미등록 체류 아동에 대한 의료지원 등 연방 정부와 다른 이민정책을 시행

---

14) Ramakrishnan & Colbern(2015)은 이를 "California Package"로 표현한 바 있다. 그들은 또한 캘리포니아 주 정부의 이주민 통합정책이 "사실상의 주 정부 시민권 레짐"(de facto regime of state citizenship)을 창출했다고 주장한다.

15) 미등록이주민과 그 자녀의 공립학교 등록 금지와 응급을 제외한 공공 보건 진료를 부정하는 내용을 담고 있던 1994년 주(州) 법안 187호(Proposition 187)가 주민투표로 채택되었다. 그러나 곧이어 동 법안은 연방 법원에 의해 시행 금지 처분을 받았고 최종적으로 헌법 불합치 판정을 받았다.

하고 있는 것 또한 주민권의 실현 가능성을 예증하는 사례이다.

위에서 말한 세 가지의 권리는 구분되지만 상호 긴밀히 연관되어 있다. 예로 결사의 자유는 정치적 권리를 획득하는데 핵심적 수단이 될 수 있으며, 정치적 권리는 사회적 권리를 확장하는 데 수단이 된다. 구체적 예로 주민권 가운데 공민권의 영역인 거주 · 이전의 자유는 주택정책이나 운전면허 등의 사회적 권리와 직접 연결될 수 있다.

정체성과 덕성의 문제는 겉으로 잘 드러나지 않기 때문에 명확한 한계를 설정하기 어렵고 분간해 내기도 어렵다. 또한 두 가지 모두 완성의 시간과 정도를 확정할 수 없는 장기에 걸친 '과정'이다. 먼저 정체성은 두 가지 방향성을 가진다. 주민은 스스로 주민임을 자각하고 자신을 주민으로서 인정할 때 성립된다. 또 다른 방향으로 같은 주민의 구성원으로부터 주민으로 인정(recognition)받을 때, 주민으로서의 정체성을 가질 수 있다. 아무리 자신이 주민이라고 주장한들 동료 주민으로부터 인정받지 못한다면 온전한 의미의 주민 정체성을 가질 수 없다. 주민적 덕성의 문제는 보다 복잡한 문제를 내포한다. 만약 덕성의 유무로서 주민 자격을 판단한다면 그 기준이 모호할 뿐만 아니라 덕성 없음 혹은 부족이 배제의 근거가 될 수도 있기 때문이다.[16] 따라서 덕성의 문제는 주민됨의 조건이 아닌 주민에게 요구되는 가치 정향으로서의 위상을 부여하는 것이 옳다고 본다. 이러한 전제하에 주민적 덕성이란 자신의 지역에서 벌어지는 공적 논의에 관심을 갖고 적극적으로 참여하는 것과 주민에게 주어진 의무를 충실히 수행할 의지를 갖춘 상태를 의미한다. 또한 나의 확장으로서 동료 주민을 포함해 볼 수 있는 역량은 물론 동료 주민이 겪는 고난과 고통을 나의 것으로 받아들이고 연대의 행위를 할 수 있을 때, 주민적 덕성의 기본을 갖추었다고 평가할 수 있다.

---

16) 이는 시민적 덕성의 경우에도 마찬가지이다.

### (2) 주민권의 정당화

주민권은 '주민됨'에 기초하고 있기 때문에 이주의 목적, 체류 기간, 지위 등과 무관하게 이주민의 권리를 말할 수 있다는 측면에서 보편성을 가진다. '주민'은 현재 다문화정책의 대상으로서 결혼이주민과 여러 형태의 이주민을 포괄할 수 있는 담론이다. 물론 이주의 성격과 특질에 따라 여타의 이주민과는 '다른' 권리와 대우가 필요할 수 있다. 예를 들면 이주노동자에게 주어질 수 있는 구체적 권리 내용과 결혼이주민에게, 혹은 미등록노동자에게 주어질 수 있는 권리 내용은 상이할 수 있다. 또 맞춤형 권리 부여가 이주민의 정착과 지역사회통합에 기여할 수 있는 바가 더 큰 경우도 있겠다. 그럼에도 이주민 일반에 적용할 수 있는 주민권 담론은 이주민의 내적 차이를 넘어 그들을 집단 주체로서 보편적으로 사유할 수 있는 가능성을 연다.

또한 주민권을 통해 이주민의 위상을 고려하는 것은 이들이 취약계층으로서 단순한 시혜의 대상이 아니라 통합정책의 일 주체이자 당사자로서 존립할 수 있도록 한다. 기존의 다문화정책은, 많이 지적되어 온 것처럼 동화정책과 다름없는 내용을 방편으로 하여 이주민을 국가 온정주의에 기초한 수혜의 객체로서 간주하여 왔다. 이러한 오류는 반다문화주의를 확산시키는 역설적인 결과를 낳았다. 주민권은 기존 통합정책의 문제점을 완화하고 새로운 관점에서 이주민 통합정책을 가다듬을 수 있도록 한다.

주민권의 또 다른 이점은 이주민과 원주민 혹은 주류 시민의 명확한 구분을 완화할 수 있다는 점이다. 위에서도 말한 것처럼 '주민'에는 이주민과 원주민이 모두 포함된다. 이들을 모두 주민으로서 묶어낼 수 있다면 이들 사이에 엄연히 존재하는 넘을 수 없는 벽에 삼투성(porousness)을 만들어 낼 수 있으며, 이들 간의 위계 또한 완화할 수 있을 것이다. 같은 주민으로서의 동질성은 주민으로서의 소속감을 통해 이들이 연대할 수 있는 근거가 되어 줄 것이다.

마지막으로 주민권을 정당화하기 위해서는 주민권이 이주노동자를 포함한 이주민의 핵심적이고 기본적인 권리를 보장하는 준거가 될 수 있느냐는 질문에 대답하여야 한다. 이에 대한 잠정적 답은 주민권과 다문화주의, 인권, 시민권과의 관계를 해명하는 가운데 얻어질 수 있다고 본다.

이주민의 권리에 민감한 다문화주의는 문화집단 간의 차이를 인정하고, 차이의 평등성과 차이에 따라 차별적인 권리를 부여하고자 한다. 이를 통해 문화집단 및 그 구성원 개인의 평등과 자유를 신장하고 평화와 사회통합을 지향한다. 이의 당연한 귀결로서 다문화주의는 보편성보다는 특수성에 초점을 둔다. 다문화주의가 의도하는 차이의 기획은 인정과 상호작용, 수정과 재구성을 통해 "우리로 하여금 우리 자신을 넘어서게"(바바 2012, 31)하는 가능성을 연다.[17] 주민권은 다문화주의의 맥락에 위치하면서도 차이보다는 주민으로서의 '같음'에 유의하고 있다. 다문화주의는 차이와 그 차이의 평등한 처우를 요청하는 이념이기 때문에 어느 정도 원심력을 가지는 것은 피할 수 없다. 또한 현실적인 다문화정책은, 정교하게 기획되지 않는다면, 개별 문화가 교류 없이 각자 무관심 속에서 고립하여 존재하는 평행 사회(parallel society)를 결과할 수도 있다. 주민권은 다문화주의의 성과를 이어받으면서도 그것이 노정할 수 있는 분리의 가능성을 완화할 방안에 대한 고민의 산물이다. 주민권의 '같음'과 다문화주의의 '다름'이 인식 안에

17) 다만 상호작용의 전제로서 전통과 기억에 기초한 주류의 단일 문화와 개별 국가 출신 이주민의 또 다른 단일문화는 다시 생각해 볼 여지가 있다. 이용재(2014, 86)는 문화적 다양성을 외부의 이질성(이주민)의 유입에 따른 결과로 보는 이분법적 시각을 비판하고 "문화의 내적 분열을 통한 생활세계의 다양화"라는 관점에서 다문화사회를 파악해야 한다고 주장한다. 새겨들을 만하다.

서 공존하고 이것이 정책으로 외화될 수 있다면 더 나은 정책 효과를 낳을 수 있을 것이다.

주민권과 인권, 시민권의 관계는 보편성의 관점에서 접근해 볼 수 있다. 인권과 시민권은 그 적용 범위와 내용의 상이함에도 불구하고 보편성의 영역에 위치한다. 전자는 인간이라는 이유만으로 가져야 할 보편적 권리로서, 후자는 시민 내지는 국적자라는 이유만으로 가져야 하는 보편적인 권리 담론으로서의 위상을 가진다. 인간 또는 시민으로서의 보편성은 타자의 권리를 옹호하고 그것을 보호해야 할 의무를 발생시키는 근원이다. "유효한 권리의 행사는 그것을 보유하고 있는 개인에게서 나오는 것이 아니라 그에게 어떤 의무를 부담해야 한다고 자신을 간주하는 그 이외의 사람들로부터 나"(Weil 2002, 3)오는 것이기 때문에 인권과 시민권은 보편성의 견지에서 타자에 대한 부담을 정당화한다. 다만 인권이 국경을 초월하고자 하는 경향을 가진다면 시민권은 국가적 경계를 당연시하고 심지어 강화한다는 차이는 있다.[18] 주민권에 대한 사유는 차이를 적극적으로 고려하면서도 인권, 시민권의 보편성을 재전유하고자 한다. 즉 주민권은 다문화주의의 맥락에서 이주민의 차별적 권리를 옹호하면서도 주민으로서의 보편성에 주목하여 그들이 주민으로서 마땅히 가져야 할 권리를 구체화하고자 하는 시도이다. 좀 더 과감하게 얘기해 본다면 주민권은 "문화적 특수성에 반응하는데 실패한 보편성"(버틀러 2013, 16)에 문제를 제기하면서 특수성에 대한 강조가 보편적 맥락을 잃어버릴 가능성을 배제하고자 하는 시론적 방안이다.

18) 시민권과 인권, 주민권의 개념상 차이는 이용승(2014) 참조.

### (3) 주민권의 구현방안

주민권의 내용을 구현하기 위해 이해당사자는 무엇을 할 것인가? 논의를 보다 명료하게 전개하기 위해 우리는 한국 사회가 할 일과 이주민이 할 일을 구분할 필요가 있다. 먼저 한국 사회는 이주민의 바람과 희망, 현실적 두려움에 대해 깊이 있게 주목하여야 한다. 이주민의 욕망[19]에 대해 주류의 시선을 투사하거나 '이럴 것이다'라는 예단을 하는 것이 아니라 그들의 현실을 있는 그대로 이해하려는 노력이 선행되어야 한다. 그러한 의미에서 주류 시민과 그들의 인식에 영향을 미칠 수 있는 현장 활동가, 정책 입안자들에게는 이주민에 대한 이해를 목적으로 한 '정직한 대면'이 요청된다. 정직한 대면은 동정이라는 선한 의지나 시혜라는 우월적 입장을 최소화하고 말 그대로 통합 주체의 일원으로서 그들을 대우하고, 대면하는 것이다. 물론 동정이나 연민, 온정주의가 전혀 무용하지는 않다. 연대 또한 동정이나 연민에 의존하는 경우가 자주 있다. 그러나 그러한 종류의 감성들은 장기 지속 가능하지 않을 뿐만 아니라 상황의 부침에 따라 언제든지 철회될 수 있기 때문에 취약하다.

두 번째로는 이주민이 자신의 목소리를 낼 수 있도록, 자신의 서사를 공적 공간에서 말할 수 있도록 지원하는 방안도 고려해 볼 수 있다. 두 가지 방향에서 가능한데, 먼저 관과의 협조 혹은 요구를 통해 제도적으로 이를 보장할 방안을 강구하는 것이다. 이는 주민과 관련된 공적 사안에 이주민을 '직능대표'로서 포함하거나 이주민의 삶에 직접적인 영향이 있는 정책 결정 과정에 이들이 참여할 수 있도록 협치

19) 이들의 두려움과 희망, 단기적 바람, 장기적 욕망은 무엇일까? 정주인가? 귀환인가? 인권인가? 노동권인가? 통합의 또 다른 주체들에 대한 이해는 좋은 정책의 출발이 된다. 이를 이해하고 고려하지 못하는 정책은 실패를 예정하고 있다고 해도 과언이 아니다.

(governance)의 영역을 넓히는 것과 관련된다. 이미 기존의 외국인주민 지원조례에서도 "외국인주민이 지역공동체의 구성원으로서 시·도의 행정에 참여할 수 있도록 노력"[20]할 것을 규정하고 있기 때문에 협치의 확대는 실천의 문제라고 할 수 있다. 둘째는 이주민에 대한 단순한 지원이나 이들의 필요와 요구를 해결해주는 차원이 아니라 이들과의 연대를 통해 스스로 주체로 기능할 수 있도록 관계를 재정립하는 것이다. 후자는 문제를 규정하고 해당 문제를 해결하는 주체를 재규정하는 동시에 새롭게 구성해내는 과정이 될 것이다. 또한 이 과정은 이주자들의 임파워먼트(empowerment)를 지향하는 경로이기도 하다.

세 번째로 주민권의 보장을 위해서 우선적으로 해결되어야 하는 과제는 이주민 가운데 절대 다수를 차지하는 이주노동자의 체류 자격 연장 혹은 변경의 문제이다. 현재의 제도하에서 동포를 제외한 이주노동자는 3년 혹은 최장 4년 10개월 이내에 본국으로 돌아가야 한다. 사실 주민으로서의 정체성은 '시간'의 문제와 깊은 연관을 갖는다. 이는 주류의 입장에서 보아도 마찬가지이다. 이주민을 주민으로 인정하기 위해서는 체류 기간, 즉 주민의 구성원으로서 유지된 시간에 대한 고려를 빼놓을 수 없다. 그러나 현재와 같이 단기체류 이후에 귀국해야 하는 시스템이 온존한다면 선주민을 설득하기도 어렵거니와 이들이 주민으로서의 정체성을 형성할 수 있는 가능성도 제한된다. 따라서 이들이 원할 경우 한국에서 체류 기간을 연장하거나 체류 자격을 변경할 수 있는 권한이 주어져야 한다.[21] 같은 맥락에서 이미 한국 거주가 오래되었고 주민으로서 충분히 기능할 수 있는 여건을 갖추고 있는 미등록 이주민에 대한 사면조치도 적극적으로 고려될 필요가 있다.

---

20) 경기도 외국인주민 지원조례 3조 2항.

21) 이와 관련하여 루스(Ruhs 2013, 197)는 "이주민이 단기 노동이주에서 벗어날 수 있는 효과적인 기회의 보장은 여타의 권리 제한을 수용할 수 있"는 조건이라고 주장한다.

물론 이는 매우 어려운 과제이다. 그러나 체류자격 변경 혹은 연장에 대해 달리 생각해 볼 여지는 있다. 체류기간을 엄격히 제한하는 근거는 이주민의 체류 기간이 반복하여 갱신되면 이들이 한국에 정주할 것이라는 우려이다. 과연 그럴까. 비시민에 대한 권리의 제한, 가족결합의 불허, 까다로운 영주권 부여, 사회적 차별 등 이주민이 본국으로 돌아갈 유인은 한국 사회에 남을 유인보다 훨씬 많다. 이 모든 장벽을 한꺼번에 없애지 않는 이상 체류기간 연장이 곧바로 정주로 이어질 것이라고 보는 것은 합리성이 떨어진다. 따라서 한국의 이주 여건에 대한 전반적인 고려를 한다는 전제 아래 단기 순환이주 프로그램에 대한 제고가 필요하다.

다음으로 이주민의 관점에서 우선 생각해 볼 점은 관의 선한 의지에 의존하는 것의 정당성 문제이다. 제도로서의 '관(官)'이 이주민에 대한 선한 의지를 갖고 있고, 그 선한 의지를 실천할 의지와 역량을 가지고 있다면 이주민은 이에 대해 어떠한 태도를 취해야 할까? 관이 선한 의지와 그것을 실천할 역량을 시현하고 있다는 점은 크게 문제가 되지 않는다. 다만 그것에 의존하는 것이 문제적인 대목이다. 관의 태도는 국민들의 태도에 크게 영향을 미친다. "자존감이 자신에 대한 태도이긴 하지만 그것은 다른 사람들이 보이는 태도에 의존"(마갈릿 2008, 140)하기 때문에 관이 나서 시혜를 베풀고 이것에 의존하는 형태는 이주민의 자립을 방해하고, 결국 자존감을 훼손하는 효과를 낳는다. 집단적 자존감이 훼손된 개인 혹은 집단은 주체로서 등장하기도 어렵거니와 주체로서 인정되기는 더욱 어렵다. 주류의 인식에서 이주민이 계속해서 도와주어야 할 존재로 남아 있다면 '언제까지 도와주어야 하는가?' 라는 회의감 내지는 '동정 피로감'(compassion fatigue / 김현미 2015, 54)을 키울 수 있고, 이는 곧 선한 의지의 감퇴로 연결될 수밖에 없다.

이주민의 관점에서 주민권 구현을 위해 두 번째로 요청되는 바는 주민으로서의 책임과 의무를 기꺼이 수용하고 지역의 현안에 대한 관심과 참여를 통해 주민으로서 자질을 향상하기 위해 노력하는 것이다.[22] 또한 주민적 덕성의 내용으로 제시된 주민 간의 연대의 가치를 공유하고 이를 적극적으로 실천할 필요가 있다. 이는 주민으로서의 가치와 의무, 책임감을 동료 주민들과 공유하는 것을 실내용으로 한다.

## 4. 결론에 대신하여

지금까지 이주민의 지역사회통합을 위한 유력한 규범적, 실천적 근거로서 주민권을 제시해 보았다. 사실 이주민의 권리부여와 관련된 "규범적 질문에 대해 단 하나의 '옳은' 정답은 있을 수 없다"(Ruhs 2013, 8).[23] 다만 끊임없는 상상과 모색, 실천과 시행착오를 통해 사회적 합의를 획득해 나가는 과정이 우리 앞에 놓여 있을 뿐이다. 이 과정은 모든 구성원의 삶의 고양으로서 "품위 있는"(마갈릿 2008) 사회통합을 향한 긴 여정이 될 것이다. 주민권은 주민 가운데 누구도 배제되거나 거부되지 않으면서, 그리고 인간으로서의 존엄과 인권을 존중하는 품위 있는 사회통합에 이를 수 있는 좋은 방안이라고 주장하고 싶다.

현재 한국은 저출산 고령화 문제의 해소 기제로서 이민 수용을 고려하지 않을 수 없는 상황에 봉착해 있다. 한국이 저출산·고령화의 늪

22) 참고로 지방자치법 제21조에서는 주민에게 "소속 지방자치단체의 비용을 분담"할 의무를 부과하고 있다.

23) 루스(2013, 9)는 이주노동자의 권리와 이민 개방(쿼터) 사이에는 상쇄관계(trade-off)가 있다는 점을 보이며, 이주노동자의 권리 제한은 그것이 이민의 문호를 확대하는 데 기여할 경우에만 정당성을 인정할 수 있고 그러한 제한 또한 시간제한(예로 4년)이 있어야 한다고 주장한다. 그에 따르면 이는 '당위'와 '실제'를 동시에 고려하기 위한 방안이다.

에 빠진 지는 한참 되었으며, 이를 해소하기 위한 다양한 노력이 진행되어 왔다. 그러나 출산율은 여전히 제자리걸음이다. 많은 대안이 제시되었지만 결과가 신통치 않은 이유는 정부의 의지가 약하거나 제시된 대안이 현실에 부합하지 않았기 때문이겠다. 만약 국가의 역할이 국민의 생활 안정을 보장하기 위한 일정 수준의 경제발전을 지속시키는 것이라면, "인구의 노령화와 노동력 감소가 지속되는 상황에서 경제적 활력을 유지할 방안이 있는가?"(Surak 2013, 97)라는 질문에 응답하여야 한다. 정부도 다가오는 '인구절벽'을 예상하여 "제3차 저출산·고령사회 기본계획(2016~2020년)"에서는 이민을 적극적으로 고려하기 시작하였다.[24] 이러한 상황 전개는 이미 오래전에 예측되었던 것이다. 상황이 이렇다면 우리 사회가 의지를 갖고 직면하여야 하는 문제는 향후 급증할 이주민과 어떠한 관계를 형성할 것이며, 이를 통해 우리 사회는 어디를 지향할 것인가라는 점이다.

이 질문에 대해 주민권은 유의미한 생각거리를 제공한다. 이미 한국 사회의 구성원으로서, 그리고 지역사회의 주민으로서 깊이 내재하고 있는 이주민의 존재를 인정하고, 이들과 유용한 공존을 모색하는 것은 더 이상 지연되거나 회피할 수 없는 한국 사회의 과제이다. 주민권은 '주민'이라는 동질성과 동등함에 기초하여 공존과 사회통합을 지향하고자 하는 방안으로서의 위상을 갖는다.

이주민의 권리는 이주국의 시민이 누리고 있는 권리와 밀접한 관련이 있다. 일례로 노동시장에서 주류 시민을 대상으로 동일노동에 대한 동일임금 원칙이 지켜지지 않는 상황에서 이주 노동자의 동일노동·동일임금 원칙을 주장하기는 어렵다. 마찬가지로 노동권이나 의료보장, 인권 등의 영역에서도 그렇다. 이런 측면에서 보자면 이주민의 기본적

24) 국민일보. 2015.10.25. "정부 저출산·고령화 대책…'혼외子 차별금지' 법으로 정한다." 참조.

권리나 인권에 대한 주장과 요구는 주류 시민의 권리를 확보하고 인권을 확장하는 것으로 이어질 수 있으며, 그 역도 마찬가지이다. 이로부터 이주민과 선주민 간의 연대의 가능성을 본다. 비록 그것이 가시적인 형태의 연대로 이어지지는 못할지라도, 그리고 그것이 꽤나 어려운 과제라는 사실을 인정하더라도 양자 간에 상호지지, 보강하는 효과가 있다는 점은 강조될 필요가 있다. 이러한 효과는 이주민들에게 어떠한 권리를 부여하고, 어떠한 내용의 인권을 보장할 것인가를 고민할 때 중요한 참조 사항이다.

이주민의 권리와 위치를 논할 때 염두에 두어야 할 또 하나의 사항은 이주민에 대한 특정한 권리보장이 사회적으로 순수하게 부담 혹은 짐으로 인식되는 상황을 피해야 한다는 점이다. 킴리카(Kymlicka 2010, 108)는 "이민자가 주로 불법 체류자 혹은 잠재적으로 비자유적 행위를 하는 사람들, 복지국가의 순 부담으로 인식"된다면 다문화주의에 대한 지지를 약화할 수 있다고 지적한 바 있다. 즉 이민자에 대한 편견 내지는 고정관념이 이주민에 대해 우호적인 정책을 축소시킬 수 있다는 것이다. 또한 루스(2013, 189-191)의 주장대로 이주민의 권리보장이 이민 문호의 축소로 이어져 미래에 한국으로 들어오고자 하는 이주민의 기회를 제한하는 역효과를 낳을 수 있다는 점도 고려될 필요가 있다. 다만 한국의 경우는 이주민의 권리가 대단히 제한적이고, 이주민 수요가 꾸준히 증가할 것이라는 현실을 고려할 때 이민문호의 축소 가능성에 대한 지나친 우려는 기우일 수 있겠다.

마지막으로 지적하고 싶은 것은 시민권을 통해 주민권의 일부 내용을 유추한다는 것이 곧 시민권과 주민권의 연속적 관계를 상정하는 것은 아니라는 점이다. 양자는 다른 맥락에 자리해 있을 뿐만 아니라 불연속적이다. 왜냐하면 비시민은 광범위하게 존재할 수 있지만 '비주민'은 드물고 또한 시민은 국민국가를 전제하지만 주민은 지역 공동체에 기반을 두고 있기 때문이다. 그러한 한도에서 주민됨에 터 잡고 있는 주민권은 국적에 기초하고 있는 시민권보다 개방적이고 보편적인 성격을 갖는다고 할 수 있다.

이 글의 한계는 주민권을 당사자 간 '공적 협상 및 합의'의 영역으로 유보하고, 그 구체적인 내용을 풍부하게 제시하지 못했다는 점이다. 그러나 이 글이 주목하고 있는 주민권은 이주민을 어떻게 대우해야 하는지, 그들이 마땅히 누려야 할 권리는 무엇이며, 주류와 이주민 간의 관계는 어떻게 풀어나가야 할 것인가라는 문제에 대해 숙고하고 상상력을 발휘하는 실마리가 된다는 점에서 의미를 찾을 수 있다. 사실 주민권은 상상력과 깊이 관련되어 있다. 주민의 '현재적' 구성원들이, 이전에는 주민의 범주에서 계속 미끄러졌던 주체들을 주민으로 호명하고, 같은 주민으로 인정하기 위해서는 '나'를 끊임없이 확장시키는 상상의 노력이 필수적이다. 나아가 어떻게 품위 있는 사회통합을 가능하게 할 것인가를 주제로 한 집단적인 상상과 사유는 우리를 좀 더 많은 자유와 평등, 정의로 나아가게 할 것이기 때문이다.

## 참고문헌

김애령(2012), 다른 목소리 듣기-말하는 주체와 들리지 않는 이방성, 한국여성철학 17, 35-60.

김현미(2015. 11. 13), 이주민의 지역사회통합과 주민권의 기능 토론문, 이주인권 지역공동토론회: 이주민 지역사회통합 현안과 인권 쟁점, 53-55.

마갈릿, 아비샤이 저, 신성림 역(2008), 품위있는 사회, 동녘.

문재원(2014), 로컬리티와 다문화의 대화성-자기서사 구성하기, 인문연구 71, 35-66.

바바, 호미 저, 나병철 역(2012), 문화의 위치, 소명출판.

버틀러, 주디스, 양효실 역(2012), 윤리적 폭력비판: 자기 자신을 설명하기, 인간사랑.

보건복지부(2019), 2019년 외국인근로자 등 의료지원 사업 안내, 출처: http://bit.ly/2LRx9NB (검색일: 2019. 10. 09.).

여성가족부·관계부처합동(2012), 제2차 다문화가족정책 기본계획(2013~2017), 여성가족부 다문화가족정책과.

이기라(2007), 공화국을 보호해야 한다!-'방리유'를 둘러싼 치안논리와 낙인찍기의 통치메커니즘, 이기라·양창렬 외, 공존의 기술, 그린비, 19-68.

이용승(2012), 이주민 통합정책 국제비교, 다문화와 인간 1(2), 199-233.

이용승(2014), 다문화시대의 시민권 아포리아, 한국정치학회보 48(5), 185-206.

이용승(2019), 이주민 지역사회통합, 이슈 브리프(발간 예정), 이민정책연구원.

이용재(2013), 사회갈등 대응을 위한 시민권의 재해석-획득하는 권리로서 생활공동체의 성원권, 대한정치학회보 21(2), 95-113.

이용재(2014), 다문화사회 통합을 위한 다문화사회의 개념적 확장-다문화 인식전환과 중첩적 연대의 방식을 중심으로, 사회과학연구 22(2), 68-94.

이용재(2017), 주민권이란 무엇인가, 민족연구 69, 125-150.

이화숙 · 이용승(2013), 다문화 시대의 사회통합과 한국어 교육정책-이주민 참여율 분석을 중심으로, 한국어 교육 24(2), 285-316.

이재봉(2010), 로컬리티 연구의 의의와 과제, 대동철학 53, 301-318.

저출산고령사회위원회(2015. 12), 제3차 저출산·고령사회 기본계획, 보건복지부, 출처: http://www.korea.kr/archive/expDocView.do?docId=36928(검색: 2019. 09. 03.).

정해식 외(2017), 사회통합 실태 진단 및 대응 방안 연구(Ⅳ)-사회문제와 사회통합, 한국보건사회연구원, 39-44.

Fabi, Rachel, and Brendan Saloner(2016), Covering Undocumented Immigrants – State Innovation in California, The New England Journal of Medicine 375(20), 1913-1915.

Kymlicka, Will(2010), The rise and fall of multiculturalism? New debates on inclusion and accommodation in diverse societies, International Social

Science Journal 61(199), 97-112.

IOM, Migrant Integration, 출처: https://www.iom.int/key-migration- terms (검색: 2019. 09. 07.).

Local Government Association(2002), Guidance on Community Cohesion, LGA Publication.

Marshall, T. H.(1950), Citizenship and social class, In Inequality and Society, edited by Jeff Manza and M. Sauder(2009), 148-154. W.W.Norton and Co.

NPR (June 10, 2019), California's Budget Proposal Would Expand Health Care To Some Undocumented Immigrants, 출처: https://n.pr/2LYUeOd(검색일: 2019. 10. 09).

Ramakrishnan, K., & A. Colbern(2015), The "California Package" of Immigrant Integration and the Evolving Nature of State Citizenship, 출처: https://escholarship.org/content/qt99w6b4kd/ qt99w6b4kd.pdf (검색일: 2019. 10. 10.).

Ruhs, Martin(2013), The Price of Rights: Regulating International Labor Migration, Princeton University Press.

Surak, Kristin(2013), Guestworker Regimes: A Taxonomy, The New Left Review 84, 84-102.

UNRISD(1994), Social Integration: Approaches and Issues, UNRISD Briefing Paper No. 1. World Summit for Social Development.

Weil, Simon(2002), The Need for Roots, Routledge.

국가법령정보센터 http://www.law.go.kr

국민일보

# 우리는 왜 이주노동자의 권리를 보호해야 하는가?

이용재 (경상북도의회사무처 주무관)

## 1. 들어가며

신자유주의와 세계화를 통해 세계는 하나의 시장이 되고 있다. 자본에 이어 노동력 또한 보다 자유롭게 이동하는 이주의 시대가 열렸다. 무력으로 식민지를 약탈하던 제국주의와 자본으로 세계를 착취하고자 하는 신자유주의 사이에는 노동자가 그들의 의사에 반하여 동원되었던 것에서 생존을 위해 최소한의 자발성을 가지고 자원하고 있다는 변화가 있다. 전자의 시기에 노동은 노동자의 삶을 위협했지만, 후자의 시기에는 노동자가 자신의 삶을 위협하는 노동을 하고 있다. 더구나 저출생과 고령화로 인해 선진국의 노동력이 부족해지고, 기술과 자본에 대한 이윤이 커지면서 국가 간 빈익빈 부익부 현상으로 고국을 떠나는 사람들이 많아지고 있다. 고국을 떠나는 사람들의 어려움은 국경을 넘는 것으로 끝나지 않는다. 오히려 원했던 삶의 터전에서 새로운 문화와 제도에 적응하며, 선택한 삶을 위한 노동을 하면서 어려움은 더욱 커진다. 법적으로, 사회·문화적으로도 열악한 대부분의 이주민들은 불안한 신분을 가지고 내국인들이 꺼려하는 저임금 분야에 종사한다. 이들은 "동일노동 동일임금"이라는 대원칙에도 불구하고, 열악한 노동환경에서 불안한 법적·사회적 신분과 인종적·경제적 차이에 대한 편견으로 차별받고 있다.

오늘날 이주노동자들만 불안한 노동자의 지위에 처해있는 것은 아니다. 언제든지 해고될 수 있다는 두려움 속에서 생존을 위해 노동해야 하는 비정규직 노동자에게 노동은 권리가 아니라, 굴레이고, 속박이다. 재고용을 위해 매번 고용주에게 선택되어야 하는 이들은 학력·성별·외모뿐만 아니라 개인적인 취향까지도 경쟁력이라는 이름으로 평가의 대상이 된다. 그리고 작은 차이는 고용과 해고를 결정하는 중요한 이유가 되기도 한다. 더구나 '을'로서의 절박함은 그들을 더욱 열악한 노동환경으로 스스로를 몰아간다. 이러한 고용불안에 시달리는 한국의 20대는 "88만원 세대"라고 불린다. 2007년 전후 비정규직 평균급여 119만원에 20대 급여율 74%를 곱한 88만원은 생존을 위한 노동의 절박함과 열악함을 함께 말해준다. 일정기간 노무급부를 목적으로 한시적 근로관계를 맺는 비정규직의 증가는 노동계급 내부의 이질성을 심화시키고, 기업규모와 업종에 따라 분절되어 있는 기존의 노동시장을 취업형태에 따라 다시 분절시킴으로써 노동자의 경제적·정치적 주체성을 약화시킨다. 이러한 상황에서 언어·인종·종교를 달리하는 이주노동자들의 열악한 정치적·경제적·사회적 지위는 고용과 재고용, 노동환경과 노동조건에서 발생하는 차별의 이유가 된다. 따라서 많은 이주노동자들이 '비정규직'이라는 불안한 신분과 함께, 다름으로 인해 가해지는 차별과 억압을 이중적으로 견뎌야 한다. 비정규직을 노동자계급의 마지노선이라고 할 때, 민족적·인종적 차별과 함께 계급적 차별을 받고 있는 이들은 우리 사회에서 "언더클래스"[1]로 살아가고 있다.

국민국가는 비국적자의 권리실현에 소극적이고, 단일한 인종·문화·언어적 민족으로 정치적 구성체를 만들고자 하는 민족국가는 다른 문화·인종·언어의 이주민들을 관리와 통제의 대상으로 여긴다. 천부적 인권이라고 주장되는 대부분의 권리가 정치·사회적 타협을 통해 구현되는 현실을 고려하면, 이들 권리의 보장은 불안정하고 사회적 갈등을 동반한다. 더구나 이주노동자에 대한 배타적 인식이 강한 사회에서 이들의 권리보장은 옹호집단에 의한 사회운동을 통해 확장되므로, 그 속성상 강한 사회갈등을 내포한다(한승주 2010, 492). 노동은 생존을 위해 모든 인간이 누려야 하는 자연적 인권이지만, 동시에 국가가 일정수준 이상의 노동조건을 확보함으로써 생존을 넘어 행복한 삶을 만들어 갈 수 있도록 하는 행복추구권의 성격도 함께 가지고 있어 자연적 인권을 넘어 사회적 권리를 동시에 구성한다.

따라서 우리는 왜 이주노동자의 권리를 보호해야 하는가라는 질문은 국민으로 구성된 국가가 생존권으로서의 노동권뿐만 아니라 사회구성원으로서 행복한 삶을 살아갈 수 있는 행복추구권으로서 노동권을 왜 국민이 아닌 이주노동자들에게 국민과 동등하게 보장하고, 보호해야 하는가에 대한 적절한 대답을 요구한다. 이를 위해 국민들이 안전한 노동현장에서 생존이 아니라 행복을 위해 노동할 수 있도록 하는 것이 국가의 역할이라면, 노동자로서 이주노동자가 향유해야 하는 권리는 국내 모든 노동자들이 누려야 하는 권리의 마지노선이 된다는 것과 오늘날 한 국가의 열악한 노동환경이 세계 노동환경에 미치는 영향을 고려할 때, 최소한 국가 간 합의된 노동권과 노동환경이 이주노동자를 포함한 모든 노동자들에게 보장되어야 한다는 점에 동의를 구하고자 한다. 이주의 시대에 모든 노동자는 국제법과 국제규약에 따라 상호간

1) "언더글래스"에 대해서는 "탈근대의 국민주의와 이주 및 계급 재구성"(이득재, 2012, 인문과학연구 39, 1-21)을 참조할 것으로 권한다.

에 의무를 부여한 어느 국가의 국민이기 때문이다.

이 글을 통해서 이주노동자 권리에 대한 최소한의 보호는 더 이상 물러설 수 없는 노동자 권리 보호를 위한 마지노선이며, 이주노동자는 국제법과 국제규약을 통해 보편적으로 요구되는 상호주의-양국주의가 아니라-에 따라 보호되어야 하는 권리의 주체들이라는 점에 대해 말하고자 한다.

## 2. 이주, 이주노동자 그리고 권리의 보호

### (1) 이주자와 이주노동자

이주자(移住者, migrant)란 넓은 의미에서 자신이 살고 있는 거주지를 옮기는 모든 사람을 말한다. 국제이주기구(IOM, 2016)는 '이주자'를 법적지위, 이동의 자발성 여부, 이동의 원인 또는 해당국가 내 체류기간에 관계없이 국경을 넘는 중이거나, 국경을 이미 넘은 자 또는 국내에서 거주지를 떠나 이동 중이거나 이동한 자로 하고 있다. 그리고 좁은 의미에서 이주자는 국내 이주를 제외한 국경을 넘는 중이거나 넘은 자에 한하여 사용한다.

국가 간의 협력이 강조되고, 자유무역이 확산되면서 국경을 넘는 이주자의 규모 또한 점점 커지고 있다. 이에 따라 이주의 유형과 원인 또한 다양해지고 있다. 국제연합(UN, United Nations, 2017)에 따르면, 자신이 태어난 고국을 떠나 다른 나라에서 이주자로 살아가는 사람이 1990년 세계인구의 2.9%에서 2000년 2.8%로 별다른 변화를 보이지 않았지만, 2000년 이후 저출생에 따른 인구감소와 노령화 등으로 일부 국가에서 인구학적 불균형이 심화되고, 국가 간 경제적 격차가 심화되면서 2000년 1억 7,260만 명이던 이주자가 2017년 2억 5,770만 명으로 약 8,510만 명, 49.3%가 증가하였다. 이와 함께 '정치사회적' 난민에 포함되지 않았던, 식량의 절대부족, 지구온난화 등으로 자신의 고국에서 삶을 지탱할 수 없어 타국으로 떠나야 하는 '경제이주자'(Economic Migrant)라는 새로운 유형의 난민들도 증가하고 있다.

제2차 세계대전 이후, 1951년 UN에서 체결한 "난민지위에 관한 협약"(Convention relating to the Status of Refugees)에 따르면 인종, 종교, 국적, 정치적 견해 등을 이유로 박해의 공포를 피해 고국을 떠나 귀환하지 못하거나 귀환하지 않으려는 사람들만을 '난민'이라고 규정하고 있다. 하지만 오늘날에는 경제적 이유로 생존을 위해 다른 국가로 이주해야 하는 경제이주자들 또한 '생계형 난민'이라 할 수 있다. UN개발계획(UNDP)과 옥스퍼드 빈곤과 인간개발연구소(OPHI))에서 2018년에 105개국 57억 명을 대상으로 조사한 '다면빈곤지수'(MPI, Multidimensional Poverty Index)에 따르면 건강·교육·생활수준 등을 고려할 때 약 13억 명이 빈곤 속에 살고 있으며, 이들 중 절반에 해당하는 약 6억 명이 아동이라고 한다. 뿐만 아니라 "세계불평등보고서 2018"에서는 1980년 이후 세계 하위 50%의 소득이 제자리걸음을 하면서, 상위 1%와 하위 50%의 소득격차는 1980년 27배에서 81배로 증가하는 등 불평등이 심화되고 있다. 지금의 추세대로라면 상위 1%의 소득은 현재 20%에서 2050년 24%로 늘어나고, 하위 50%의 소득은 10%에서 8%로 줄어들게 된다. 그리고 심화되는 빈부격차로 인해 생존을 위해 국경을 넘어야 하는 사람들은 점점 더 많아질 것이다.

경제적 이유로 국경을 넘어야 하는 사람들 대부분은 자신의 노동력에 의존해 살아가야 하기 때문에 새로운 국가에서는 이주노동자(Migrant Worker)[2)]로 살아가야 한다. UN의 "World Migration Report 2018"(2018, 28)에 따르면, 2013년도 국제이주자(International

Migrant) 2억 3,200만 명 중 약 65%에 해당하는 1억 5,000만 명, 15세 이상의 이주자 2억 700만 명 중에 약 70%에 해당하는 1억 4,490만 명이 이주노동자라고 한다. 이주노동자의 약 75%에 해당하는 1억 1,230만 명이 임금수준이 높은 국가를 선택했고, 중간 수준의 국가로는 23%인 3,440만 명이, 임금 수준이 낮은 국가로 이주한 경우는 2%인 330만 명에 불과하다. 우리는 낮아진 국경으로 인한 자유로운 노동력의 이동을 이야기하면서 고학력 전문직의 세계시민인 데니즌(Denizen)을 생각하지만, 현실은 빈곤에서 탈출하고자 힘겹게 국경을 넘는 마지즌(Margizen)이 대부분을 차지하고 있다.

이주자의 증가와 함께 주요국가의 노동시장에서 이주노동자들도 함께 증가하고 있지만, 이들에 대한 처우는 내국인 노동자에 비해 열악하다. 한국은행(2017)에 따르면 각국의 취업자 중에서 외국인의 비중은 호주, 캐나다 등이 20~30% 수준이고, 미국, 영국, 독일 등이 10~20% 수준, 한국, 일본이 2~4%로 매우 낮은 수준이다. 이주노동자들의 임금 수준은 한국의 경우 내국인 노동자의 64%, 이탈리아와 스

---

2) '이주노동자'에 대해서 1949년 개정된 ILO협약(97호 조약)과 1975년 ILO보충조약(143호)에서는 "자신 이외의 자를 위하여 고용될 목적으로 일국으로부터 타국으로 이주하는 자를 말하며, 이주노동자로서 정상적으로 입국이 인정되는 자를 포함한다."고 하고, 1999년 UN협약에서는 "국적국이 아닌 나라에서 유급활동에 종사할 예정이거나, 이에 종사하고 있거나 또는 종사하여 온 사람"이라고 한다. 또한 1999년 아시아 이주노동자 지원 단체들은 이주노동자를 "해외에서 비국민 신분으로 일시적으로 머물며 유급 활동에 종사하고 있거나 또는 종사하여 온 사람"이라고 하여 타국에서 국적취득 등으로 신분상의 변화를 갖게 되는 이민자와 정치적 난민과 구별하고 있다. 이외에도 이주노동자를 단기간의 비숙련노동자에서 고도로 숙련된 전문직, 경영직 및 기술직 노동자, 계약이주노동자, 개인적 계약노동자, 계절노동자, 가사도우미 뿐만 아니라 노동시장에 유입되어 이주노동집단의 일부가 된 가족구성원, 일시적으로 일을 하는 외국인 학생, 입국 전에 불법으로 노동시장에 유입되어 비호신청이 거부된 후에도 불법적으로 일을 하고 있는 비호신청인 그리고 난민으로 받아들여져 합법적으로 노동시장에 유입된 난민들까지 포함한다(J. Salt, "The future of international labour migration", the International Migration Review 26(4), 1992, 1078)고 한다.

페인의 경우에는 76% 수준이다. 뿐만 아니라 이주노동자의 고용률은 내국인 노동자에 비해 경제상황에 더 민감하게 반응한다. 2000년에서 2016년까지 31개국 GDP 갭률[3] 1%p가 상승할 때 고용률은 외국인 0.8%p, 내국인 0.5%p 각각 상승하지만, 실업률은 외국인 0.9%p, 내국인 0.6%p 각각 하락하는 것으로 나타났다. 이처럼 경제상황에 따른 외국인의 고용률과 실업률의 변화가 내국인보다 각각 0.3%p 높은 것은 대부분 비정규직인 이주노동자의 고용지위로 인해 내국인 노동자에 비해 보다 쉽게 고용되고, 해고되기 때문인 것으로 판단된다.

〈그림 3〉 2016년 전체취업자 대비 외국인 비중

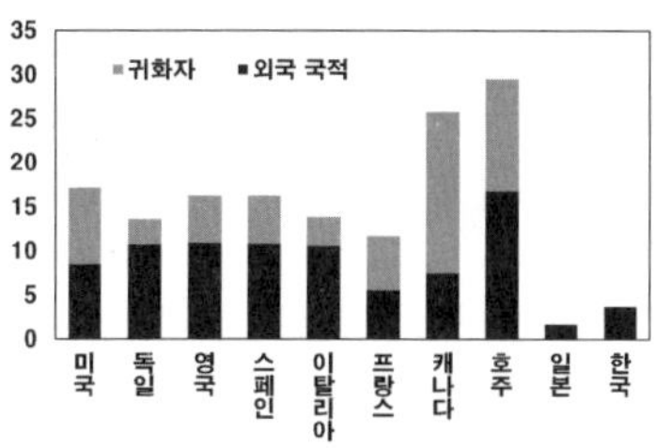


〈그림 4〉 2016년 내외국인 실업률 및 격차

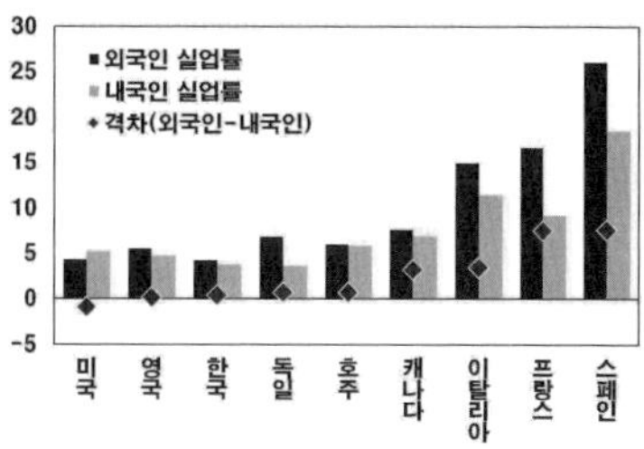


출처: 한국은행. 국제경제리뷰(2017. 12. 8.)

〈그림 5〉 내국인 대비 외국인 임금

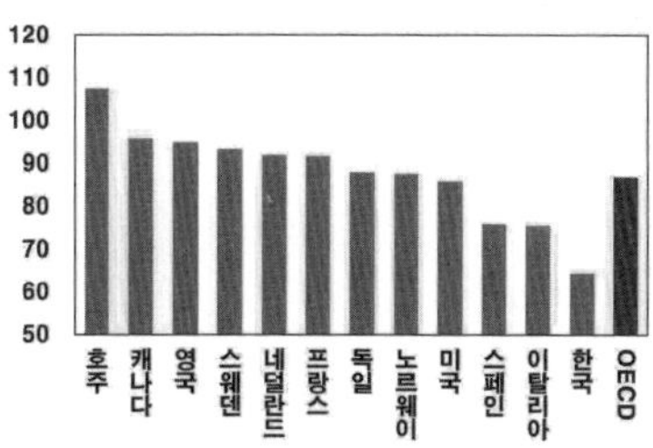


〈그림 6〉 내국인 대비 외국인 소득

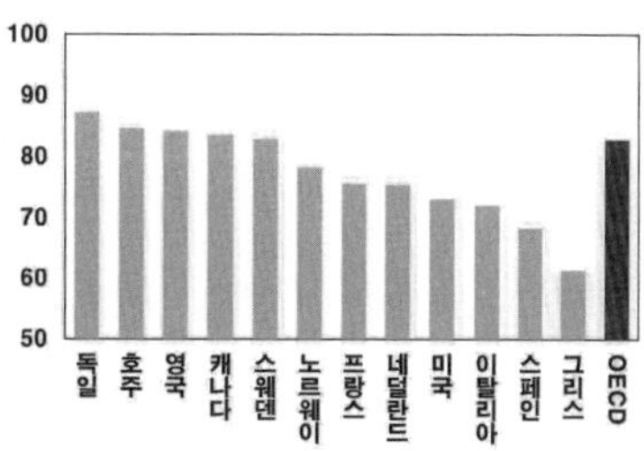


출처: 한국은행. 국제경제리뷰(2017. 12. 8.)

※ 2012년 내국인 임금과 소득을 100으로 하고, 소득은 가구당 중위 가처분 소득을 기준으로 함.

---

3) GDP 갭률은 [(GDP－잠재GDP)/잠재GDP]×100으로 한다.

열악한 노동환경의 이주노동자는 해당 국가의 부족한 노동력을 보충하고, 고령화를 완화시키는 역할을 한다. 한국은행(2017)에 따르면 2013년에서 2016년 사이에 경제활동 증가에 대한 외국인 기여율은 캐나다 104%, 이탈리아 75%, 독일 69%, 영국 68%, 미국 46%, 한국 10%에 이르는 것으로 나타났다. 고령화가 심화되고 있는 국가들에서 상대적으로 젊은 연령대가 많은 이주노동자들이 경제적 활력을 제고하고 있는 것이다. 이주노동자의 연령대는 미국과 유럽은 25~44세, 한국은 25~34세에 집중되어, 이민유입규모가 큰 국가들의 고령화는 대체로 더디게 진행되고 있다.

이주노동자가 내국인과 일자리를 두고 경쟁할 경우, 내국인의 임금이 하락하거나 일자리를 잃게 되는 등의 부정적 결과를 초래할 수 있다. 인도주의적 결정으로 단기간에 대규모 난민이 유입되거나, 이주노동자가 일정기간 이상 체류하면서 내국인의 대체인력으로 성장할 경우에 내국인의 임금과 노동환경에 부정적 영향을 줄 수 있다. 그러나 이민노력이 대체관계에 있는 내국인 근로자의 교육훈련 강화를 촉진하여 장기적으로 내국인 근로자의 임금을 상승시킬 수 있다는 연구도 있다(Ottaviano·Perri 2012). 또한 대다수 이주노동자는 내국인 노동자보다 학력·언어·사회적 자본 등에서 불리한 지위에 있기 때문에 내국인 노동자가 기피하는 일용직 단순노동직에 종사하는 등 사실상 고용시장이 분리되는 경우가 많다.

### (2) 노동자의 권리와 이주노동자의 권리

칸트(Kant, Immanuel. 1724~1804)는 저서 「판단력 비판」에서 노동을 그것만으로는 불쾌적하지만, 그 결과 때문에 우리의 마음을 끄는 활동이라고 한다. 오늘날 우리 사회에서 불쾌적한 노동이 우리의 마음을 끄는 결과는 아마도 임금일 것이다. 헤겔(Hegel, G.W.F. 1770~1831)은 노동을 칸트에 비해 좀 더 적극적으로 인식하면서, 노동을 통한 인간의 성숙을 이야기한다. 노동은 목적론적 행위이며, 그 가치는 그것이 세계를 형성한다는 것이다. 노동은 개념의 실현을 통해 세계를 형성하고, 이러한 세계 형성적 노동을 통해 인간의 자기성숙이 성취된다고 주장한다. 노동을 보다 적극적으로 설명한 맑스(Marx, Karl. 1818~1883)는 「자본론」에서 노동을 인간이 자신의 신체적 운동을 통해 자연의 일부를 생활에서 사용할 수 있는 형태로 만드는 것이라고 한다. 한편 노동을 통해 자연을 변화시킨 경험은 다시 인간을 변화시키기 때문에 인간이 자신의 의지를 자연에 투사시켜 실현하는 노동은 합목적적 의지의 실현과정이기도 하다.

노동이 자연을 변화시키는 합목적적 의지의 실현과정이기는 하지만, 자연의 일부를 생활에서 사용할 수 있는 형태로 만드는 행위이기 때문에 때때로 자신이 아닌 다른 인간의 통제를 받는다. 통제 하에 이루어지는 노동은 자율노동과 자유노동으로 구분된다. 자율노동은 타자에 의해 부과된 노동조건에서, 상대적 의미에서 노동자가 자신의 구상과 방식에 따라 행하는 노동이다. 이에 반해 자유노동은 노동 자체를 외적 구속 없이 선택하도록 함으로서 노동 자체가 자신을 위한 일이며 자신의 구상, 방식, 리듬에 따라 이루어지게 한다. 자본주의에서 노동은 생산물과 임금 사이의 차이에서 이윤을 추구하기 때문에 노동은 이윤을 위한 착취관계를 형성한다. 그리고 생산관계를 새롭게 조직함으로써 그 관계 내부에서 이윤을 이끌어내는 고용 혹은 직접적 종속관계를 도출한다. 대부분의 자본주의적 공장노동은 노동자가 타자가 구상한 노동을 육체적으로 실현할 뿐이다. 스스로 노동방식을 구상할 수 있는 역량을 상실한 노동자는 생산수단으로 전락한다.

더구나 작업과 거주의 장소가 분리되면서 노동은 자신이 통제하는 생활에서 벗어나 타자의 지배에 놓이고, 타자가 부과하는 규율과 기계가 부과하는 리듬에 종속된다. 노동은 더 이상 합목적적 의지의 실현이 아니라 임금을 통해 자신의 생활을 이어가며 생존할 수 있는 유일한 수단이 된다. 오늘날 노동과 생활을 이어주는 유일한 연결은 임금이며, 노동자에게 노동의 목적 또한 임금이다. 자신이 가진 노동력 이외에 판매할 수 있는 어떤 상품도, 자신의 노동력을 실현하기 위해 필요한 어떤 수단도 없는 노동자는 자신의 노동력을 상품으로 처분할 수 있다는 의미에서 자유인이며, 비록 자본의 요구에 따른 자유라고 하더라도 자신의 소유인 노동력을 통해 자유로워질 수 있다(김민옥 2014, 151). 그러나 합법적 절차에 의해 부여되는 지위를 가지지 못한 채 혹은 제한된 조건에 따라 자신의 노동력을 팔아야 하는 이주노동자들에게는 이러한 자유조차 허락되지 않는다.

노동권은 사회·경제적 약자인 근로자의 생존권을 보장하기 위한 노동자의 권리이다. 경제적·사회적 약자의 생존권을 보장하는 현대복지국가는 근로자의 생존권을 위해 소극적 노동권의 보장을 넘어 적극적 노동권까지 보장해야 한다. 노동권은 노동의 기회뿐만 아니라, 인간 노동의 존엄성을 실현할 수 있도록 적합한 고용의 기회와 함께 고용선택의 자유를 포함한다. 그러나 그동안 산업자본제 사회에서 노동권은 단순한 노동의 기회 보장 등 국민의 노동권을 실현하기 위해 정부가 필요한 조치를 취해야 한다는 정책적 책무로 해석되거나, 입법자에게 입법의 방침을 제시한 것에 불과한 것으로 간주되었다. 제2차 세계대전 이후에 독점자본제 사회로 이행하면서 종속된 근로가 확대·심화되어 대량실업사태가 발생하고, 비정규직 근로자가 등장하게 되면서 노동권 보호는 중요한 사회문제가 되었다. 이에 따라 노동권이 교육권 및 생존권과 밀접한 관련을 가지고 있으며, 노동권의 보장이 단순한 입법방침을 제시한 "프로그램적 선언"이 아니라 "입법요구권"을 포함한 구체적 청구권을 국민에게 보장한 것으로 해석하는 "법적권리설"이 유력해지고 있다(김교숙 2004, 9).

노동자가 누려야 하는 노동의 권리를 '구체적 청구권'으로 보장한다고 해서, 국민이 아닌 이주노동자의 권리가 보장되는 것은 아니다. 무엇보다 이주노동자의 권리가 일반적으로 시대적 합의에 따라 구체적 보장 범위가 달라질 수 있는 인권의 이름으로 주장된다는 점에서, 이를 안정적으로 보장하기 위해서는 법률적 보호가 우선 이루어져야 한다. 『헌법』 제10조는 인간으로서의 존엄과 가치, 기본적 인권의 보호를 규정하고 있지만, 그 주체를 국민으로 제한하고 있어 외국인의 인권까지 보장한다고 보기 어렵고, 『헌법』 제6조는 헌법에 의하여 체결·공포된 조약과 일반적으로 승인된 국제법규가 국내법과 같은 효력을 가진다고 규정하고 있지만, 이것이 외국인에 대해서도 법적구속력을 갖도록 한다고 해석하기도 어렵다. 따라서 외국인에게 자유권적 기본권, 청구권적 기본권과 평등권은 보장하지만, 참정권, 재산권, 사회적 기본권은 국민의 권리로, 외국인에게는 보장되지 않는다(설동훈 2009, 54)는 의견이 다수였다. 더구나 인권, 특히 노동권과 같은 사회적 기본권은 국가마다 규정과 보장의 범위가 다르기 때문에, 노동권의 주체로서 이주노동자를 포함할 것인가에 대해 이견이 있다.

그동안 이주노동자의 노동권에 대한 우리 헌법재판소의 견해는 조금씩 변해왔다. 근로의 권리가 자기 의사와 능력에 따라 근로관계를 형성하고, 필요한 경우에 국가에 근로의 기회를 제공해 줄 것을 요구할 수 있는 사회적 기본권의 성격이 강하기 때문에 국민이 아닌 외국인 노동자에게 권리의 주체성을 인정하기 어렵다는 입장(헌재 1991. 7. 22. 89헌가106)에서 국민 또는 국민과 유사한 지위에 있는 외국인 또한 기본권의 주체가 될 수 있다는 입장(헌재 1994. 12. 29. 93헌마120)[4]으로 바뀌었다. 뒤이어 근로조건을 구체적으로 정하는 것은 근로자보호의 필요성, 사용자의 법 준수능력, 국가의 근로감독능력 등을 고려하여 입법 정책적으로 결정해야 하지만, 그 차별에는 합리적 근거가 있어야 하고, 자의적이어서는 안 된다는 입장(헌재 1999. 9. 16. 98헌마310)을 보였다. 원칙적으로 외국인은 기본권 주체성을 가질 수 없다 하여도, '국민의 권리'가 아닌 '인간의 권리'에 대해 외국인의 주체성을 부인할 수 없다. 평등권은 인간의 권리로써 참정권 등에 대한 성질상 제한 및 상호주의에 따른 제한을 줄 수 있을 뿐이라고 한다.(헌재 2001. 11. 29. 99헌마494)

최근 이주노동자의 기본권 주체성을 인정하는 입장(2007. 8. 30. 2004 헌마670)은 노동자의 권리 즉 근로의 권리가 "일할 자리에 관한 권리"뿐만 아니라 "일할 수 있는 환경에 관한 권리"를 함께 가지고 있으며, 이는 건강한 작업환경, 일에 대한 정당한 보수, 합리적 근로조건의 보장을 요구함으로써 인간 존엄성에 대한 침해를 방어하기 위한 자유권적 기본권의 성격이라고 한다. 따라서 노동의 권리 중 국가에 대해 고용증진을 위한 사회적·경제적 정책을 요구할 수 있는 사회권적 기본권은 국민에게만 인정해야 하지만, 인간의 존엄성을 보장받기 위한 최소한의 근로조건을 요구할 수 있는 권리는 자유권적 기본권의 성격을 가지므로 이에 대해서는 이주노동자에게도 기본권 주체성을 인정하는 것이 타당하다고 보고 있다.

4) 기본권을 인간으로서의 권리와 국민으로서의 권리로 나누어 인간의 권리에 대해서는 외국인에게도 기본권 주체성을 긍정하는 다수 의견은 모든 기본권의 주체를 "국민"으로 한정하고 있는 우리 헌법의 명문규정에 반하는 해석이다(2012. 8. 23. 2008헌마430, 재판관 김종대 반대의견).

### (3) 국제법 및 조약과 국내법의 관계

#### ① 국제법 및 조약의 국내법으로서의 효력

일반적으로 법(法)은 국가의 강제력을 수반한다. 넓게는 사회의 질서를 유지하기 위한 자연법, 관습법 등을 포함하지만, 좁게는 입법의 권위를 부여받은 조직에서 일정한 절차에 따라 제정된 법률을 말한다. 이와 함께 법률에 따라 개인과 개인의 자유로운 의사에 기초해 합의에 의해 성립하는 계약형식의 법률행위가 있다. 이와 유사하게 국제사회의 질서와 안정을 유지하기 위한 규범으로서 국제법이 있고, 국가 간의 자유로운 의사에 기초해 서면에 의한 구속적 합의에 의해 성립하는 조약이 있다. 조약의 형식은 협의의 조약(treaty), 헌장(charter), 협약(convention), 협정(agreement), 의정서(protocol), 약정(arrangement), 교환각서(exchange of notes), 양해각서(memorendum of understanding) 또는 합의각서(memorandum of agreement) 등 다양하지만, 형식에 관계없이 국가 간에 체결된 조약은 국가 관계의 법적기반이 된다.

1969년 체결된 「조약법에 관한 비엔나 협약」(Vienna Convention on the Law of Treaties)은 국제관계의 역사에서 조약이 근본적 역할을 했음을 지적하고, 국제법의 법원으로서 국가 간의 평화적 협력을 위한 수단으로서 조약의 중요성을 인정하고 있다(성재호 2019, 472). 1969년 비엔나 협약은 국가 간의 조약에만 적용되며, 국가와 국제기구 또는 국제기구 사이에 체결된 조약에 대해서는 1986년 비엔나 협약을 적용한다. 국제관계에서 다수의 국가 사이에 통용되는 국제법의 형식[5]으로는 국제협정과 국제관습이 있지만, 아직까지는 모든 국가

5) 국제사회에서 발생하는 국제분쟁을 해결하기 위한 사법기관으로 국제연맹에서는 상설국제사법법원(Permanent Court of International Justice; PCIJ)를 두

들에게 이를 강제할 수 있는 국제기구가 없기 때문에 개별국가에 의해 무시되는 경우도 있다.

일반적으로 각국의 헌법에 따라 권한 있는 자에 의해 일정한 절차를 거쳐 국가 사이에 체결되는 조약은 비엔나 협약(1969)에 따라 국제법상 당사자국들을 구속할 뿐만 아니라 동시에 각국 헌법 규정에 따른 국내법의 효력을 가지게 된다. 그러나 조약을 비준하는 과정에서 시행하는 유보와 관련해서는 주권국가이론(Sovereignty Theory)과 전통적 규칙(Traditional Rule)의 입장이 공존한다. 주권국가이론은 모든 국가는 자신의 의지대로 조약에 유보할 수 있는 절대적 자유를 가지며 다른 당사자가 반대의사를 표시하더라도 조약당사국의 지위를 계속해서 누릴 수 있다고 주장한다. 이와 달리 전통적 규칙은 조약의 유보는, 조약이 달리 규정하지 않는 한 모든 조약당사자국들의 수락을 요구하며, 해당 유보에 반대를 표명하는 경우 그 유보는 철회되거나 유보국은 조약당사자국으로 인정되지 못하다고 한다. 전통적 규칙에서 요구하는 만장일치는 주로 보전(integrity)이라는 개념에 기초한 것이지만, 1950년대 이후에 조약의 보편적 참여(universal participation)가 중요한 문제로 떠오르면서, 유보는 정치적·경제적 차이에도 불구하고, 많은 국가들이 조약당사자국이 되는 데 용이한 도구로 간주되고 있다.

대부분의 국가들이 인정하는 국제협정과 국제관습으로서 국제법이 국내법으로 효력을 가지기 위해서 국제법이 비준 혹은 수용이라는 매개절차 없이도 가능한 지 여부에 대해 일원론(monism)과 이원론(dualism)으로 입장이 나뉜다. 이원론은 국제법과 국내법이 서로 다른

---

었고, 국제연합은 국제사법재판소(International Court of Justice; ICJ)를 두고 있다. 국제사법재판소 규정 제38조제1항은 국제사법재판소에 맡겨진 국제적 분쟁해결을 위해 적용될 국제법의 존재형식을 규정하고 있는데, 1920년에 제정된 상설국제사법법원 규정 제38조제1항과 동일하게 '국제협정'과 '국제관습'을 명시하고 있다.

법체계를 가진 2개의 자기완비적 법률체계이므로 상호간에 아무런 영향을 미치지 못한다고 주장한다. 이에 따르면 국제법이 특정 국가 내에서 타당하려면 동일한 내용의 국내법을 적용하여 국제법을 실현해야 한다(doctrine of Transformation). 이원론의 주창자이기도 한 트리펠(H. Triepel)은 국제법과 국내법의 관계를 '기껏해야 스칠 뿐, 결코 교차되지 않는 두 개의 원'에 비유하기도 했다. 이에 반해 일원론은 국제법과 국내법을 밀접한 형식으로 보고, 두 법체계의 우위를 따진다. 국내법 우위를 주장하는 입장은 국제법을 국가의 대외공법으로 보고, 국제법의 효력을 부인한다. 그러나 국제법이 국내법에 비해 우위에 있다고 주장하는 국제법 우위의 일원론(doctrine of Incorporation theory)은 국제법이 단순한 국가의사를 뛰어넘는 자연법적 혹은 보편적 이성으로서 근거를 가지고 있다고 보고, 법의 타당성에 관한 위임의 우위를 인정하며, 국내법이 국제법에 의해 위임된 부분적 질서에 불과하다고 본다.

국제법과 국내법의 법체계에 대한 비교 없이 두 개의 법체계가 서로 다른 국면, 즉 국내와 국제의 국면에서 각각 작동하므로, 서로 충돌하지 않고, 각각 그 체계 내에서 최고의 법이라는 입장을 가진 등위이론(coordination theory)도 있다. 이에 따르면 국내법과 국제법이 충돌하는 경우에 국제법의 영역에서 발생한 국가의 책임과 의무에 대해서 국가 간의 조정이 필요하다는 것이다. 국가 간 법적 충돌에 대하여 판단하는 국제사법재판소는 국제법의 우위를 인정하고, 국내법의 내용이 국제의무를 위반하는 경우에는 국제법상 국가가 책임을 져야 한다고 하지만, 국제법 우위의 원칙에도 불구하고, 국제법 위반을 이유로 국내법을 직접 무효화시킬 수는 없다. 따라서 국제법이 국내법보다 우위에 있다고 하여도 국제적 차원의 우위를 의미할 뿐 국내법과 비교하여 우위에 있다고 할 수 없다는 것이다.

오늘날 국제사회의 역할이 강조되면서 정치·경제·사회적 측면에서 국가 간 협력이 더욱 요구되고 있다. 이러한 상황에서 국제법의 국내법적 효력을 부정함으로써 발생할 수 있는 불필요한 갈등은 상호협력관계를 약화시키고, 국제적 지위를 약화시킬 수 있다. 더구나 현실적으로 국가는 국제사회의 구성원으로 인정됨으로써 비로소 독립성(주권)을 인정받을 수 있다는 점을 고려하면 국제법은 국내법 체계 안으로 적극 수용되어야 한다.

영국은 국제관습법이 영국의 관습법 체계인 Common Law의 일부를 구성하기 때문에, 당연히 국내법의 일부로 인정하고 있다. 그러나 이에 반하여 국제관습법에 대해 의회가 제정한 법률이 우위를 차지한다는 판결(Mortensen v. Peters, 1906)과 국제법이 국내법적 효력을 위해 그에 맞는 입법을 요구하는 판결(Commercial and Estates Co. of Egypt v. Board of Trade, 1925)도 있다. 실제로는 의회제정법의 우위를 인정하면서도 합치의 추정, 통치행위이론 등을 통해 국내법에 대한 국제법 우위를 강조한다. 미국 또한 대법원 판례(Paquete Habana, 1900)를 통해 일반국제법이 미국법의 일부임을 선언하고 있다. 그리고 미국 헌법 제6조제2문에서는 "체결되었거나 장래 체결될 모든 조약은 국가의 최고 법이다. 각 주 법관은 각 주의 헌법이나 법률에 달리 규정하고 있더라도 이에 따라야 한다."고 하여 국제법 우위를 선언하고 있다. 하지만 해당 조약들이 항상 법원(法源)으로 시행될 수 있는 것은 아니다. 1829년 미국 연방대법원의 Foster v. Neilson 사건에 따라 조약의 자기집행성 문제가 제기되었고, 비자기집행적인 규정에 대해서는 의회가 이행을 위한 입법을 할 때까지 효력을 부여하지 않고 있다.

프랑스의 경우에는 헌법 제55조에서 "적절하게 비준되고 승인된 조약과 협정은 공포 때부터 당사국이 적용할 것을 조건으로 법률에 우선하는 효력을 가진다."고 규정하여 헌법위원회가 조약의 합헌성을 결정할 수 있도록 하고, 헌법과 합치하지 않는 조약은 헌법이 개정된 이후에만 의회의 승인과 비준이 가능하도록 하고 있다. 독일의 경우에는 독일 기본법 제25조에서 "국제법의 일반규칙은 연방법의 본질적 부분을 구성한다. 이는 법률에 우선하며, 연방영토의 거주자들에게 직접적으로 권리와 의무를 창설한다."고 함으로써 국제법의 일반원칙의 법률 우위성을 확인하고 있다. 또한 제59조는 조약의 유형을 연방의 정치적 관계를 규율하는 조약, 연방입법에 영향을 미치는 조약, 행정협정으로 나누고, 연방의 정치적 관계를 규율하거나 연방의 입법문제와 관련된 조약은 연방법의 형태로 연방 법률의 제정을 위한 권한 있는 기관의 동의 또는 참여를 필요로 하고, 제59조제2항1문에 포함되지 않는 국제조약과 행정부의 협정인 행정협정은 연방행정에 관한 규정에 필요한 변경을 통해 적용된다. 일반적으로 승인된 국제법규에 대해서 독일 연방헌법재판소의 관행과 학설은 '국제법의 일반적 규칙'은 대다수의 국가들에 의해 구속력이 승인된 규범이며, 여기에는 관습법 및 문명국에 의하여 일반적으로 승인된 원칙들이 포함된다(이주윤 2007, 442-443).

### ② 국제법 및 조약의 국내법으로서의 수용

대부분의 국가들은 국제조약을 일정한 절차를 통해 비준·승인함으로써 국제법적 효력을 인정하고 있다. 한국은 1948년 제헌헌법 제7조에서 "비준공포된 조약과 일반적으로 승인된 국제법규는 국내법과 동일한 효력을 가진다."고 규정하였다. 이 규정은 1962년 제5차 개정헌법 제5조1항에서 "이 헌법에 의하여 체결, 공포된 조약과 일반적으로 승인된 국제법규는 국내법과 같은 효력을 가진다."로 '비준·공포된 조약'이 '체결·공포된 조약'으로 변경되었고, 1987년 제9차 헌법 개정을 통하여 현행헌법 제6조로 변경되었다. 뿐만 아니라 헌법 전문에서 "밖으로는 항구적인 세계평화와 인류공영에 이바지함"을 명시함으로써 국제법 존중주의를 밝히고 있다. 따라서 현행헌법 제6조제1항의 내용은 국제법의 준수와 이행에 대한 내용을 담고 있다고 할 것이다. 헌법재판소 또한 헌법전문 및 헌법 제6조제1항이 체결·공포된 조약과 승인된 국제법규를 국내법과 마찬가지로 준수하고, 성실히 이행할 것을 요청하고 있는 것으로 이해하고 있다(헌재 2010헌마606, 2013헌바193). 따라서 한국도 헌법에 따라[6] 체결·공포된 조약과 일반적으로 승인된 국제법규는 국내법과 같은 효력을 가지도록 하고 있다(성재호 2019, 490-491).

일반적으로 승인된 국제법규는 특별한 입법절차 없이도 국내법과 같은 효력을 가진다. 그러나 조약이 승인된 국제법규에 해당하는지에 대해서는 이견이 있다. 한국이 가입하여 헌법에 따라 비준, 공포된 조약에 대해서는 당연히 국내법과 같은 효력을 인정해야 하고, 가입하지 않은 국제조약이라고 하더라도 많은 국가들이 규범적으로 따르고 있다면 당연히 준수해야 한다는 입장과 가입하지 않은 조약이 일반적으로 승인된 국제법규가 되기 위해서는 대부분의 국가가 비준하였다는 추가적인 징표가 있어야 한다는 입장이 있다(전광석 2017, 172). 특히 일반적으로 승인된 국제법규에 국제관습법 뿐만 아니라 일반적으로 규범성이 인정되는 조약이라고 하더라도 체결하지 않은 조약까지 포함시키는 것은 타당하지 않다는 주장도 있다. 이러한 주장은 체결하지

---

6) 헌법에 의해 체결·공포된 조약이라 함은 헌법 제7조에서 조약의 체결·비준을 대통령의 권한으로 하고 있지만, 제60조제1항에서 상호원조 또는 안전보장에 관한 조약, 주권의 제약에 관한 조약 등과 입법사항에 관한 조약의 체결·비준에 대해 국회의 동의를 받도록 하고 있음으로 이에 따라 체결·비준 및 국회의 동의를 얻은 조약을 의미한다.

않은 조약의 규범성을 인정하는 것은 국제법상 조약과 관습이 구분되고, 모든 조약에 대해 '당사국'에 대하여 적용한다고 명시한 「조약법에 관한 비엔나협정」 제26조에도 맞지 않다고 지적한다.[7] 따라서 승인된 국제법규란 국제관습법을 의미하는 것으로 제한적으로 해석하는 것이 타당하다(성재호 2017, 109)고 본다. 그러나 국제사법재판소(ICJ) 규정은 국제관습을 '법으로 수락된 일반적 관행의 증거'로 보고, 일정한 조약이 국제사회의 절대다수의 호응을 얻어 그 내용이 비당사국에 대해서도 일반적인 규범으로 효력을 발휘한다면 국제관습법으로서 자격을 인정한다고 하고 있어 비당사자국에 대해 일반적으로 승인된 조약의 효력에 대해서는 논란의 여지가 있다.

체결된 조약의 효력에 대해서도 헌법 제6조제1항에서 "헌법에 의하여 체결, 공포된 조약"이라고 명시한 이상 국내법과 같은 효력을 가지는 조약은 그 체결, 공포절차가 합헌적이어야 하며, 승인된 국제법규 또한 국내법적 질서에서는 법률처럼 헌법의 제한을 받는다. 헌법이 정한 절차에 따라 성립된 조약의 효력이 헌법보다 우위에 있는 것은 논리적 모순이 될 뿐만 아니라 헌법의 최고규범성에도 반하므로 국내법적 질서에서는 헌법우위가 당연하다. 따라서 조약의 절차와 내용이 헌법에 위반되는 경우에는 진정위헌조약으로, 둘 중 하나가 헌법에 위반하는 경우에는 준위헌조약으로 구분하여 국내법상 효력과는 무관하게 국내법상 무효라고 주장하는 견해도 있다.[8] 그리고 국내 다른 법률과의 관계에서 조약과 법률의 효력을 같은 것으로 보고[9], 동일한 사안

7) 대법원은 가입하지 않은 조약의 규정에 대해서 법규범으로서의 효력을 가지지 못한다고 하고 있다(대법 98다9038 판결).

8) 헌법 부칙 제5조는 이 헌법 시행 당시의 법령과 조약은 이 헌법에 위배되지 아니하는 한 그 효력을 지속한다고 규정하고 있어 조약이 국내법적 효력을 갖기 위해서는 조약의 체결·공포의 절차가 합헌적이어야 할 뿐 아니라 그 내용도 헌법에 위배되지 않아야 한다.

9) 대법원(대법 2005도1936 결정)은 헌법 제6조제1항의 국제법 존중주의는 우리나

에 대해 양자의 내용이 충돌하는 경우에는 신법우선 및 특별법우선의 원칙에 따라 적용해야 한다고 본다. 그러나 이와 달리 국내법과 조약 및 국제법은 각각 다른 평면에서 효력을 가지고 있으므로, 이를 국내법적 질서에 따라 그 효력을 서열화시킬 수 없고, 헌법·법률·명령 등은 국내법으로서 국제법과 동일하게 대응한다는 주장도 있다. 이는 국내법과 국제법이 각각 다른 평면에서 최고법이고, 두 법이 충돌할 경우 어느 한쪽의 무효가 다른 한쪽의 무효를 직접 강제할 수 없다는 점을 지적하는 것이다. 따라서 헌법재판소가 조약이나 국제법규에 대해 위헌이라고 선언하더라도, 조약의 효력이 국제법적으로 무효가 되지 않으며, 다만 국내법으로서 효력을 갖지 못할 뿐이다.

일반적으로 체결·공포된 조약의 국내법적 효력에 대해서 당사자국의 조약법 협약이 유효한 조약에 대해서는 당사자국의 성실한 이행을 강조하고, 조약불이행의 사유로 자국의 국내법 규정을 원용할 수 없다고 하고 있어, 국제법적으로도 헌법위반을 이유로 조약불이행의 책임을 면할 수는 없다. 다만 조약 체결권에 관한 국내법 규정의 위반이 명백하며 또한 근본적으로 중요한 국내법 규칙에 관련된 경우에 예외를 인정하고 있으므로 이에 대해서는 개별적인 판단이 필요한 사항이다. 뿐만 아니라 헌법규정에 따라 체결·공포된 조약이 자동적으로 국내법으로 수용됨에 따라 효력을 가지게 되므로, 조약 체결과정에서 실체적 내용에 대한 명확한 합의를 보지 못하거나, 구체적 내용을 국내 입법으로 해결하도록 한 경우에는 그 자체로 집행되지 못하고, 추가적 이행입법을 통해 집행되어야 한다. 이처럼 조약이 국내에서 집행되기 위해서는 국가기관을 통해 적용되거나 개인에게 권리와 의무를 발생시킬 수 있는 자기집행성(self-executing)을 갖고 있어야 한다.

---

라가 가입한 조약과 일반적으로 승인된 국제법규가 국내법과 같은 효력을 가진다는 것으로 조약이나 국제법규가 국내법에 우선한다는 것이 아니라고 하였다.

실례로 헌법재판소는 우리나라가 가입한 국제규약과 일반적으로 승인된 국제법규에서 양심적 병역거부권을 인정한다면 국내에서도 법적 구속력을 가져야 한다고 하면서도, 시민적·정치적 권리에 관한 국제규약 제18조에서 양심 및 종교의 자유를 명시하고 있고, 국제연합 인권이사회(Human Rights Committee)와 국제연합 인권위원회(United Nations Commission on Human Rights)가 양심적 병역거부권이 제18조에 기초한 정당한 권리행사라는 점을 분명히 하고 있지만, 권고적 효력만 있을 뿐이고 법적 구속력이 없다고 하면서, 양심적 병역거부권이 정책적 선택이 존중되는 가입국 입법자의 형성권이 인정되는 분야이므로 규약에 따라 바로 양심적 병역거부권이 인정되거나, 법적 구속력이 발생한다고 볼 수 없다(헌재 2008헌가22)고 하여 조약의 자기집행성을 인정하지 않았다. 이와 달리 국내법으로서 조약의 효력에 대해서는 대법원이 경상남도학교급식조례재의결무효확인(대법 2004추72 판결)을 통해 '세계무역기구설립을 위한 마라케쉬협정'(WTO협정, Marrakesh Agreement Establishing the World Trade Organization)의 부속협정인 '1994년 관세 및 무역에 관한 일반협정'(GATT, General Agreement on Tariffs and Trade 1994) 제3조제1항과 같은 조 제4항의 "국산 원산의 동종 산품에 부여하고 있는 대우보다 불리하지 아니한 대우를 하여야 함을 인정한다."에 위반된다는 이유로 재의결된 조례의 효력을 부인하여 조약의 국내법적 효력을 인정하고, 국내법으로서 조약이 조례보다 상위에 있음을 인정한 바 있다.

## 3. 노동자와 이주노동자 권리에 대한 국제협약들

### (1) 이주노동자 보호를 위한 국제법의 효력

기원전 1270년 이집트와 히타이트 간에 맺어진 평화조약(카데시 협정) 이후에도 수많은 전쟁이 있었고, 그러한 전쟁을 막기 위한 수많은 약속이 있었다(함규진 2014, 24). 근대의 조약으로는 신성로마제국에서 일어난 30년 전쟁(1618~1648)과 에스파냐와 네덜란드 공화국 간의 80년 전쟁(1568~1648)을 마무리 지은 베스트팔렌 조약(Peace of Westphalia, 1648)이 국제법의 출발점이 되었고, 이 조약의 원인이었던 30년 전쟁을 우리는 근대국가가 형성된 이후에 발생한 '최초의 국제전쟁'이라고 부른다. 이후 제국주의가 확산되면서 식민지 쟁탈전이 벌어지고, 우월한 위치를 확보하기 위한 이합집산의 국가별 동맹은 무모한 힘의 경쟁을 초래했다. 얽히고 설킨 동맹의 결과로 제1차 세계대전(1914~1917)이 발발했고, 비극이 되풀이 되는 것을 막기 위해 1920년 국제연맹(League of Nations)이 결성되었다. 그러나 상대적 힘의 우위를 확보하기 위한 동맹으로 유지되는 불안한 평화의 패러다임은 제2차 세계대전의 발발을 막지 못했다. 총력전과 전면전의 양상을 띤 제2차 세계대전에서는 영토의 점령이 아니라 민족, 인종의 전멸을 초래하는 비인간적인 집단학살(Genocide)이 자행되었고, 반인륜적인 전쟁양상에 대한 비판은 새로운 국제질서 확립을 위해 국제연합(UN, United Nations)을 결성하는 요인이 되었다.

국제연합은 집단안보(Collective Security)라는 새로운 패러다임에 기초한 평화질서체계를 추구한다. 집단안보는 힘은 힘 이외의 것으로는 억제할 수 없다는 기존의 세력균형이 아니라 국가 간의 협정을 통해 인위적으로 조직된 지배적 힘에 의존한다. 따라서 평화와 질서를 수호하려는 월등한 힘에 의해 어느 나라도 평화와 질서를 교란시키는 시도를 할 수 없도록 한다는 점에서 특정 국가를 견제하기 위해 결성하는 공동방위동맹인 '집단자위'와 구별된다. 평화를 파괴하려는 그 누구에 대해서든 단체로 제재하는 집단안보는, 한 나라의 안전을 특정 국가나 국가집단을 겨냥한 동맹 조약이 아니라, 일국의 안보가 모든 국가의 관심사임을 인정하고, 집단안보체제에 속하는 모든 국가들이 평화를 파괴하려는 그 누구에 대해서도 단체로 제재할 것을 동의하는 일반조약을 통해 보장하는 것이다. 집단안보체제로서 국제연합은 1945년 10월 24일 제2차 세계대전의 종전과 함께 출범하였고, 국제법, 국제적 안보 공조, 경제 개발 협력 증진, 인권개선을 통해 세계평화를 유지하는 것을 목적으로 한다. 국제연합이 추구하는 세계평화의 모습은 설립 당시 UN총회에서 가입국 58개국 중 50개국이 찬성하여 채택한 인권에 관한 세계선언문(Universal Declaration of Human Rights)을 통해서도 잘 나타난다. 비록 이것이 직접적인 법적 구속력은 없지만, 대부분의 국가가 헌법 또는 기본법에 그 내용을 수용하고 있고[10], 1966년 체결된 국제인권규약은 세계 최초로 법적 구속력을 가진 세계 인권 관련 국제법이다.

1776년 6월에 미국의 버지니아 주가 선포한 헌법(버지니아 권리선언, Virginia Declaration of Rights)은 인간은 하늘로부터 자유롭게 독립적인 인권을 가지고 태어났음을 명시하였고, 그해 7월 미국의 독립선언서(The Declaration of Independence) 또한 인간이 평등하고, 불가양의 권리를 가지고 있음을 선언하였다. 자연법사상에 기초한 독립선언을 하고 미국은 영국의 식민지에서 독립하기 위한 전쟁(American

---

10) 국제법상의 헌법주의의 출발점을 UN헌장(UN Charter)으로 보는 견해들이 있다. 독자적으로 포괄적인 '세계헌법'으로서의 특징을 가지고 있는 UN헌장은 세계적인 헌법규범, 원리 그리고 규칙의 성립을 위한 자연적인 출발점이기 때문이다(박진완 2016, 40).

War of Independence, 1775~1783)을 시작하였다. 1789년 프랑스에서는 봉건제와 왕정의 구체제(Ancient Regime)를 폐지하는 프랑스혁명이 시작되었고, 프랑스 제헌의회는 인간과 시민의 권리선언(Declaration of the Rights of Man and of the Citizen)을 통해 시민적 평등과 인간의 천부적 권리로서의 인권을 확인하였다. 그러나 천부인권을 선언한 국가들도 식민지에 대한 차별을 용인하고, 노예제도를 부인하지는 않았다. 인간의 권리는 '시민의 권리'였고, 시민이 아닌 자, 그들 스스로 그들의 권리를 보호할 힘이 없거나 그들을 보호할 국가가 없는 이들에 대한 권리들까지 보호하고자 하는 것은 아니었다. 여성과 아동, 그리고 시민이 아닌 자들의 권리를 보호하기 위한 노력은 여전히 부족했고, 특히 시민(국민)이 아닌 자들의 권리를 시민(국민)으로 구성된 정치체제인 국가가 보호해야 할 어떤 이유도 찾지 못했다.

정치적 성원권이 확장되면서, 오늘날에는 정치적 의사를 전달할 수 있는 모든 주체에 대해 영토 내에서의 권리보장은 국가의 당연한 의무가 되었다. 그러나 법으로 보장된 권리를 보호해야 하는 책임을 진 국가는 일정한 영토 안에서 살고 있는 정치적 구성원인 국민들에 대해서 강제력을 가지고 있을 뿐이고, 영토에 대한 지배적 권력으로서 속지주의를 원칙으로, 다른 국가가 지배하고 있는 영토에 있는 정치적 구성원에 대한 영향력을 행사하는 속인주의는 보충적으로 채택하고 있다. 따라서 국가가 고권을 행사하는 영토 내의 정치적 구성원이 아닌 자와 정치적 구성원이면서 일정한 영토를 벗어난 자들에 대해서 주권에 기초한 강제력을 행사하는 데에는 근본적인 한계를 가지고 있다. 뿐만 아니라 '국제법'이라는 이유로 국가가 동의하지 않은 '법'에 기초해 국민이 아닌 자들의 권리를 보호해야 하는가, 특히 그것이 내국인의 권리 혹은 이익과 충돌할 경우에도 그러한가에 대해서는 여전히 생각을 달리하는 의견들이 있다.

세계공동체의 등장과 더불어 국가 간의 협력이 밀접한 시점에서 국제법을 준수해야 하는 이유는 다양하다. 그러나 고전적인 현실주의에서는 국제법이 국가의 행동에 아무런 영향을 미치지 못하고, 국가주권의 평등, 민족자결, 국내문제 불간섭 등의 원칙에 대해서도 회의적이다. 이들은 국제법이 국제사회에서 국가의 권력투쟁의 도구에 불과하며, 평화는 단지 수사(修辭)에 불과하다고 한다. 신현실주의는 국가는 국제관계에서 일방적으로 행동하는 단위이며, 국제협력은 해당 국가들 사이의 이익이 합치될 때에만 가능하고, 국제관계는 힘에 의해 편성된다고 한다. 국제법의 강제력의 근거를 국가의 동의에서 구하는 동의(consent)이론은 국가가 자신이 동의하지 않은 규범에 대해 복종할 의무가 없다는 전제에서 동의에 기초해 창설된 규범인 조약은 그 자신이 부여한 동의로부터 규범력이 발생한다고 지적한다. 그러나 동의가 구속력의 기초이기는 하지만, 구속력 자체를 담보하지는 않는다. 국제법의 생성과 준수에서 상호주의가 핵심적 역할을 한다고 보는 상호주의(reciprocity) 이론은 외교사절에 대한 특권과 면제, 교전국의 포로에 관한 처우 등이 이러한 상호주의에 의존하고 있으며, 국제경제법, 외국인법 등의 분야에서도 상호주의가 준법을 담보한다고 한다. 국제법의 보편적 규범력을 주장하는 입장으로 국제교류의 법률적 프로세스 이론은 국제사회의 여러 포럼에서 상호 교류하는 다양한 주체들이 국제법 규범을 모종의 경로를 통해 국내제도 내로 끌어들이고, 이것이 각국이 국제법 규범을 준수하는 이유가 된다는 것이다. 각국은 이익과 비용의 비교를 기초로 행동하며 국제법 규범은 국내의 제도와 규범에 흡수되어 관료적이고 심리적인 동인의 지원을 받아 습관적이고 지속적인 준수효과를 발생시킨다. 이외에 국제제도이론은 국제사회를 움직이는 1차적인 행동주체는 국가이지만, 국제제도는 국제사회에서 발생하는 문제들의 의미를 평가하는 비용을 줄이고, 국제법 위반에 대한 제재비용을 낮춘다고 한다. 뿐만 아니라 국제사회에서 국제법 주체들 간의 교류를 반복적이고 통상적인 성질의 것으로 만들어 줌으로써 국가 간의 협력을 가능하게 해준다는 것이다.[11)]

오늘날 많은 국가들이 자유와 평등 그리고 인권의 가치를 인정하고 있으며, 국가에 우선하는 개인의 권리로서 국가에 대해 요구하는 기본권 보장은 국내질서 뿐만 아니라 국제적 인권보장의 요구 속에서도 그대로 준용된다. 뿐만 아니라 국제인권조약과 헌법에 따라 보호되는 모든 권리들에 대하여 실질적인 법적 효력을 부여하기 위해 필요한 입법 혹은 다른 조치를 해야 할 일반적 의무를 포함하고 있어야 한다(박진완 2016, 67). 세계공동체 속에서 정치·경제·사회·문화 등 모든 분야에서 국가 간의 밀접한 관계가 형성되고 있고, 국경을 넘는 이주민이 증가하면서 그들이 비록 다른 국가에 체류하고 있다 하더라도, 국제사회의 구성원인 국가의 정치적 구성원이라는 점에서 국가 간의 상호주의 혹은 국제사회에서 통용되는 국제법상의 인권주의에 입각하여 그들이 체류하는 국가에 그들이 가진 정당한 권리를 보호해 줄 것을 요구할 수 있다고 하겠다.

### (2) 이주노동자보호를 위한 국제노동기구(ILO)의 설립

1914년 8월 제1차 세계대전이 발발하였다. 34개국이 전쟁에 참여하고, 2,000억 달러가 넘는 군사비와 7,000만 명 이상의 군인이 동원되면서 막대한 경제적 손실이 발생하였다. 더불어 자본의 집적 집중이 강화되면서 독점자본은 국가독점자본으로 전환되었다. 그 결과 자본은 더욱 이윤을 추구하고, 이에 대항하는 노동에는 국가의 억압이 강

11) 이에 대해서는 김화진(2004), 국제법은 언제, 왜 지켜지는가?, 서울대학교 법학 45(3), 212-249 참조할 것을 권한다.

제되었다. 이러한 억압에 대항하기 위해 제1차 세계대전 시기에 러시아, 프랑스, 영국 등의 군수공장에서 장기파업과 총파업이 발생하였고, 1917년 초에는 거의 모든 교전국가에서 반전운동이 발생하였다. 제1차 세계대전이 1918년 11월 11일 동맹국의 패전으로 끝나고, 러시아 혁명 등의 영향으로 국제사회에서 노동자 보호를 요구하는 목소리가 커졌다. 이에 따라 제1차 세계대전 전후 처리를 위해 1919년 1월 18일 열린 파리 강화회담에서 노동자 권리 보호를 위한 국제노동기구(ILO, International Labour Organization)의 성립이 합의되었고, 베르사유 조약(Treaty of Versailles, 1919) 제13장(제387조에서 제427조까지)에 국제적인 노동동맹과 노동규약을 담았다. 특히 제427조는 "각국에서 법률에 의해 정립된 노동조건에 관한 기준은 그 국내에 합법적으로 거주하는 모든 노동자의 공평한 경제적 대우를 적절하게 고려하여야 한다."고 규정하였다. 이에 따라 1919년 ILO가 출범했다. ILO는 1946년 UN의 전문기관으로 편입되었고, 1969년에는 노벨평화상을 수상하기도 했다.

ILO는 국제연맹규약 제23조제1항에 따라 사회복지의 향상과 노동조건의 개선을 위해 공평하고, 인도적인 노동조건을 확보하는 것을 목적으로 한다. 그러나 이주노동자가 처한 이주와 노동의 이중적 어려움을 포괄적 인권조약이나 ILO 협약으로 보호하는 것은 한계가 있다. 특히 정규 혹은 합법적으로 입국·체재하지 않는 소위 불법(체류) 노동자의 취약한 상황을 악용하는 노동조건은 인권을 비롯한 기본적 자유를 심각하게 위협하는 경우가 많아, 개별적인 협약을 통해 국제적 차원에서 보다 강력한 보장이 필요하다(채형복 2008, 341). 이를 위해 ILO는 사회보장분야에서 내국민과 외국인 간의 동등한 대우를 위해 1919년 '외국인 노동자 상호간 대우에 관한 권고', 1925년 '노동자의 재해보상에 관한 내외국인 균등대우에 관한 협약', 1935년 '이주민 연금을 받을 권리 유지에 관한 협약', 1962년 '사회보장에 관한 동등한 처우에 관한 협약'을 채택하였다. 또한 이주노동자가 직면하고 있는 문제들을 해결하기 위해 1949년 '고용 목적의 이주에 관한 협약'(이주노동자 개정협약), 1958년 '고용 및 직업에 있어서 차별대우에 관한 협약(차별대우 금지 협약), 1975년 불법이주 및 이주노동자의 기회와 대우의 균등 촉진을 위한 협약(이주노동자 보충협약) 등이 체결되었다. 이 협약들은 자국민이 아닌 자에 대한 노동생활 전반에 대한 지원, 이주민에 대한 차별금지 및 동등한 기회와 처우를 보장하여 이주노동자가 규정이나 행정행위 혹은 사적 행위로 인한 차별의 대상이 되지 않도록 하는 것을 목적으로 한다.

ILO 협약은 '어느 한 나라라도 진정으로 인간적인 노동체제를 채택하지 않는 것은 다른 나라들에서 노동자의 지위를 개선하려는 노력을 방해'하는 것이라고 선언했다. '진정으로 인간적인 노동체제'란 1944년 필라델피아 선언에서 제시한 것처럼 '노동자들이 최대한의 능력과 지혜를 제공하고 공동선에 최대한 기여할 수 있는 만족'을 노동자로부터 박탈하는 노동의 억압을 해소하는 것이다. 이것은 모든 사람들이 노동을 통해 자신의 존재를 실현할 수 있는 가능성, 즉 공동선에 기여하는 노동을 통해 자신의 인격을 향상시킬 수 있어야 한다는 것을 의미한다. 또한 ILO는 모든 경제정책과 금융정책이 '인종, 신앙, 성별과 상관없이 자유와 존엄과 경제적 안정 속에서 그리고 평등한 기회로써 자신의 물질적 진보와 정신적 발전을 추구할 모든 인간의 권리'를 방해하지 않고 촉진할 수 있도록 감독한다(Alanin Suplot 2019, 10-11).

제2차 세계대전 이후에 취업을 목적으로 하는 국제이주가 증가하면서, 강대국들 사이의 분쟁의 한 원인이 되었다. 선진국을 중심으로 복지국가를 지향하는 정책들이 힘을 얻으면서, 국가는 완전고용을 위한 광범위한 고용정책을 단순히 노동기회를 보장하는 것 이상으로 "근로자가 스스로 선택한 직업을 가지고 노동할 권리" 및 "적극적으로 사회에 기여하는 노동"의 실현을 목표로 추진하고 있다. ILO는 「고용정책에 관한 조약」 제1조에서 "경제발전과 성장을 자극하여 근로자의 생활수준을 향상하고 노동력 수요를 만족시키고 또한 실업 및 불완전취업을 극복하는 것을 목적으로 완전히 생산적이고 자유로이 선택된 고용을 촉진"하기 위한 적극적인 고용보장정책을 조약가입국에서 요구하고 있다(김교숙 2004, 5-6). 이와 함께 필라델피아 선언은 '노동은 상품이 아니다'라는 ILO의 기본원칙을 확인하고, '완전고용 및 생활수준의 향상'을 확인하면서, '일부의 빈곤이 전체의 번영에 위험한 것'이라고 선언하였다. 이와 함께 1949년 세계인권선언에서도 '실업으로 인한 생계곤란의 경우에 생활을 보장받을 권리'와 '공존하고 유리한 근로조건의 확보와 실업으로부터 보호받을 권리'를 선언하였다. 또한 1999년 ILO는 '노동에 관한 기본원칙과 권리의 선언'(Declaration on Fundamental Principles and Rights at Work)을 채택하였다.

ILO와 필라델피아 선언에서 밝히듯이 인간적인 노동체제를 채택하지 않는 일부 국가와 일부의 빈곤은 전체의 번영을 위협한다. 노동조건의 개선은 공동의 노력을 통해 달성되어야 하며, 이를 위한 연대는 역동적인 방식으로 이해되어야 한다. 이런 이유로 노동과 사회활동에서 발생하는 신체의 안전과 자유를 침해하고, 위협하는 문제에 대해 인간으로서 동등한 처우를 보장해야 한다는 ILO 협약은 국내법으로 준수되어야 하는 것이다(장복희 2008, 298-299). ILO의 회원국이 일부의 규범만을 비준하더라도 규범의 적용을 감독하는 데에는 모든 규범을 비준한 국가들과 동등한 자격을 갖는다. 그 결과 ILO가 추구하는 사명의 보편적 성격과 그것을 충족함에 있어서의 법적 무능력 사이에 간극이 존재한다. 따라서 ILO 협약에 대해 만인효(萬人效, erga omnes)를 부여할 필요가 있다. ILO총회에서 3분의 2의 다수결로 협약이 채택되었다는 것만으로도 부인할 수 없는 정당성이 협약에 부여된다. 또한 각 회원국이 채택된 협약의 비준 여부를 자유롭게 결정하더라도, 협약을 비준하지 않았다는 것이 비교우위를 누리는 수단이 되어서는 안 되며, 협약을 비준한 국가가 비준하지 않은 국가에 대해 불공정 경쟁을 이유로 자국의 시장에 들어오는 것을 제한할 수 있어야 한다. 더불어 노동은 임금노동을 넘어 비공식 노동과 경제적으로 종속된 노동 등 모든 형태의 노동을 포함하여야 하고, 선진국의 경험에 따른 편견이 전 세계에 투영되지 못하도록 국가마다 다른 사회경제적 상황과 노동의 경험이 민주적으로 표출될 수 있도록 해야 한다(Alanin Suplot 2019, 16-18). ILO를 통한 국제연대는 모든 국가의 협력과 연대에 기초한 규제 속에서 이루어질 수 있다. 만약 그렇지 않다면, 일부 국가에서 자행되는 부정의가 평화와 화합을 위협하고, 불평등과 불안정, 빈곤의 증가 그리고 이로 인한 대규모 이동으로 국가 간의 다양한 갈등이 초래될 수 있다.

### (3) 이주노동자권리협약 그리고 뉴욕선언

이주노동자 문제가 국제연합에서 본격적으로 논의된 것은 불법 혹은 밀입국노동자의 처우과정에서 나타난 인권침해 때문이었다(채형복 2008, 347). 더불어 이주노동자와 그 가족의 보호에 관한 국제연합 차원의 최초의 권고안은 1972년 경제사회이사회가 불법이동(밀입국)과 이주노동자의 착취를 근절하고 예방할 것을 호소한 결의안이었다. 1974년에는 모든 국가가 합법적으로 입국한 이주노동자에 대해 자국민과 평등한 처우를 할 것, 이주노동자의 불법적 거래를 방지하기 위해 국가 간 협정을 촉진할 것과 자국에 밀입국한 이주노동자의 인권을 확보하기 위한 적절한 조치를 취할 것을 회원국에 요청했다. 1975년 9

월에는 ILO 등이 제공한 자료에 기초하여 불법적 이주노동의 원인과 형태, 이주노동자의 기본적 인권의 침해와 차별적 대우를 없애기 위해 노동자 본국과 체재국이 취해야 할 조치에 대한 권고를 포함하는 보고서가 국제연합 인권소위원회에서 채택되고, 이어서 인권위원회에 제출되었다. 1976년에는 '소수자 보호와 처벌방지에 관한 소위원회'가 불법적이고 은밀한 인신매매와 유입국에서의 이주노동자에 대한 차별적 처우를 인식하고, 이주노동자의 권리에 관한 UN협약 작성을 권고하는 '불법적이고 은밀한 인신매매를 통한 노동착취에 관한 보고서'를 채택하였다.

1978년 제네바에서 인종주의와 인종차별에 대항하기 위한 컨퍼런스가 개최되고, 모든 이주노동자의 인권과 존엄을 보장하기 위한 조치에 관한 UN총회 결의안 33/163이 만들어졌다. 1979년 UN총회에서 채택된 결의안 34/172에 따라 1980년에는 UN회원국과 관련 국제기구들(인권위원회, 사회개발위원회, 국제노동기구, 국제연합교육과학문화기구, 국제보건기구)로 구성된 실무그룹이 협약 작성을 위해 설치되었다. 이러한 노력의 결과 1990년 12월 18일 UN총회에서 "모든 이주노동자와 그 가족의 권리 보호에 관한 국제협약"(이주노동자권리협약, International Convention on the Protection of the Rights of All Migrant Workers and Members of Their Families)[12]이 만장일치로 채택됨으로써 국제적 차원에서 이주노동자 보호를 위한 법적근거가 마련되었다. 협약은 출신국이 아닌 국가에 체재하는 이주노동자와 그 가

12) 협약은 제1부에서 제8부까지 모두 93개 조항으로 구성되어 있다. 제1부 협약의 적용범위와 정의, 제2부 차별 없는 권리보장, 제3부 이주노동자와 그 가족의 기본적 인권, 제4부 정규로 등록된 혹은 정규인 법적 지위에 있는 이주노동자와 그 가족에게 인정되는 추가적인 권리, 제5부 특별 형태의 이주노동자와 그 가족에 관한 규정, 제6부 노동자와 그 가족의 국제 이주에 관한 건전하고 공정하고 인도적인 동시에 합법적인 조건의 정비, 제7부 협약의 적용 그리고 제8부 최종규정으로 이루어져 있다.

족이 처한 인권침해를 방지하기 위해 이주노동자의 은밀한 이동과 불법거래를 방지하고, 미신고 또는 비정규직 이주노동자의 불리한 근로조건을 개선하기 위해 모든 이주노동자의 기본 인권을 광범위하게 승인하고, 이주노동자와 그 가족의 일정한 권리 보장을 촉구하고 있다. 특히 협약의 전문에서 이주노동자에게 보편적 국제인권조약에서 선언한 인간의 기본권을 보장하고, 차별금지협약의 적용, 기본권 보장을 위한 지역차원의 협약체결 및 미등록 이주노동자의 권리강화를 강조하였다. 이 협약은 실무그룹의 10년간의 노력과 1970년 이후 지속적으로 이루어진 UN의 토의와 보고, 권고의 결과라 할 수 있다(이경숙 2008, 207).

이주노동자권리협약은 이주노동자와 그 가족을 보호대상으로 하고 있다. 협약에서 이주노동자란 "국적국이 아닌 국가에서 유급활동에 종사할 예정이거나 이에 종사하고 있거나 또는 종사하여 온 사람"을 말하고, 그 가족은 "이주노동자와 혼인한 자 또는 해당 법률에 따르면 혼인과 같은 효력을 갖는 관계에 있는 자는 물론 피부양 자녀 및 해당 법률 또는 관계국 간의 양자 또는 다자 협정에 의하여 가족으로 인정되는 여타의 피부양자"를 말한다. 더불어 협약은 이주노동자에 월경노동자, 계절노동자, 선원, 해상시설노동자, 순회노동자, 특정사업노동자, 특별취업노동자 및 자영노동자 등을 포함하여 넓은 범위의 노동자를 보호하지만, 국제공무원, 외교관, 난민 및 유학생 등은 적용대상에서 제외한다. 그러나 면학 또는 연수를 목적으로 입국하여 체류하는 자가 유급활동에 종사하는 경우와 노동조건, 사회보장 등의 사항에 대해 기타 인권조약에 따라 보호받는가의 여부가 분명하지 않은 경우에 이들의 권리를 어떻게 보호할 것인가에 대해 주의를 기울일 필요가 있다(채형복 2008, 349-350).

이주노동자권리협약(제7조)에 따라 이주노동자와 그 가족은 "성,

인종, 피부색, 언어, 종교 또는 신념, 정치적 또는 기타의 의견, 민족적, 종족적 또는 사회적 출신, 국적, 연령, 경제적 지위, 재산, 혼인상의 지위, 출생 또는 다른 신분 등 어떠한 종류의 구별도 없이" 이 협약을 평등하게 적용받고, 이 협약에서 인정되는 권리를 존중받고 보장받는다. 협약은 자유권적 기본권과 사회권적 기본권 그리고 이주노동자라는 특별한 신분에 따른 권리를 함께 보장한다. 자유권적 기본권은 인신에 관한 자유권, 정신적 활동에 관한 자유권, 사생활에 관한 자유권 및 경제생활에 관한 자유권 등을 말한다. 사회권적 기본권은 경제적, 사회적 및 문화적 권리에 관한 국제규약이 보장하는 권리 가운데 보수 및 노동조건에 대해 취업국 국민과 평등한 대우를 받을 권리, 노동조합 및 기타 단체에 가입하고 그 원조 및 지원을 구할 권리 및 사회보장과 응급진료에 대한 권리 등을 포함한다. 더불어 사회보장에 있어 이주노동자와 그 가족이 취업국의 법률과 양자 및 다자조약에서 규정된 요건을 충족하면, 국민과 동등한 대우를 받아야 한다. 또한 응급진료는 체류자격의 합·불법과 취업여부와 관계없이 거절될 수 없다. 이주노동자는 이주노동자와 그 가족이 가진 문화적 독자성을 존중받고, 출신국과의 문화적 결합을 유지할 수 있도록 자체적으로 민족교육과 언어교육을 할 수 있는 권리, 소득과 저축 그리고 개인적 재산과 소지품을 국외로 이전시킬 권리 및 이 협약에 따라 발생하는 권리 및 입국조건, 해당국의 법률과 관행에 따른 권리와 의무, 행정절차 등을 준수할 수 있도록 통지받을 권리를 가진다. 그리고 이 같은 정보는 가능한 이주노동자가 이해할 수 있는 언어로 무료로 제공되어야 한다.

합법적인 이주노동자에 대해서는 체재와 취업의 허가에 영향을 미치지 않고, 일시적으로 출국하고 재입국 할 수 있으며, 취업국 내에서 이동의 자유와 주거선택의 자유를 보장해야 한다. 또한 이들에게는 노동자로서 결사의 자유 및 노동조합결성권이 보장되어야 하고, 그 권리의 행사가 국가안보, 공공질서 또는 타인의 권리 및 자유를 보호하기 위해 민주사회에서 필요한 것 이상으로 제한되지 않아야 한다. 그리고 자의적으로 추방되지 않고, 추방결정시에도 체재기간을 비롯한 인도적 고려를 해야 한다. 합법적인 이주노동자는 출신국의 법률에 따라 출신국에서 참정권과 선거권·피선거권을 행사할 수 있고, 취업국의 법률에 따라 정치적 권리를 행사할 수 있다. 또한 내국민대우원칙에 따라 취업국의 국민과 동등하게 교육기관과 서비스 이용, 직업소개·훈련, 사회·보건사업의 이용과 문화적 생활에 참가할 수 있으며, 해고에 대한 보호 및 실업수당 등의 권리에 대해서도 내국민과 동등하게 향유한다. 이주노동자는 취업국에서 배우자와 그 자녀와 재결합할 권리를 가진다. 그 자녀는 취업국의 지역사회 통합을 위해 필요한 교육을 받고, 모국어와 모국문화를 교육받기 위해 필요한 편의를 제공받을 권리를 가진다.

이주노동자권리협약은 비합법적인 상태에 있는 이주노동자의 고용을 방지하고, 이주노동자의 법과 절차의 준수를 통해 합법적인 이주노동자 상태를 촉진하는 것이 인권보장에 부합한다고 본다. 그러나 현실은 합법적인 이주노동자보다는 비합법적인 미등록 이주노동자들이 기본적 권리를 보장받지 못하는 등 불리한 입장에 있었다. 이처럼 협약이 현실적용에 문제점을 가지고 있었지만, 국제연합 차원에서 이주노동자와 그 가족의 권리에 대한 국제적 기준을 마련하였고, 이주민과 난민문제 해결에 도움을 줄 것이라고 기대되었다.

그러나 기대와 달리 이주노동자권리협약 이후에도 이주민과 난민문제 해결을 위한 노력은 더디게 진행되었다. 이에 2016년 9월 19일 이주민과 난민의 국제적 이동에 관한 포괄적이고 지속 가능한 대응책 마련을 위한 각국 정상들과 고위대표단의 합의에 따라 모든 난민과 이주민의 법적지위에 관계없이 안전, 존엄, 인권과 기본적 자유를 위한 평등한 인권보호, 이주민과 난민의 대규모 수용국의 지원, 인종혐오증·인종차별주의를 포함한 각종 차별에 저항하는 것 등을 내용으로 하는 난민·이주민의 권리보호를 위한 유니세프(UNICEF)의 '뉴욕선언'이 193개국 정상의 합의로 마련되었다. 그리고 2018년까지 UN난민협약(Global Compact on Refugees, GCR)과 UN이주협약(Global Compact of Migration, GCM)[13], 두 개의 전 지구협정을 채택하기로 합의되었다. 이 과정은 정부 간 협의와 교섭을 포함하여 3단계로 진행되었다. 첫 번째 협의단계는 2017년 4월에서 11월까지, 두 번째 평가단계는 2017년 11월부터 2018년 1월까지, 세 번째 정부 간 교섭단계는 2018년 2월부터 7월까지 진행되었다.

2018년 12월 10일에 164개국의 지지로 채택된 UN이주협약은 난민 수용국의 부담완화, 난민의 자립지원, 난민의 제3국 정착 기회 확대, 난민의 안전하고 자발적인 귀환지원을 주요 목표로 하고 있다. UN이주협약은 형식적으로 법적 구속력을 가지지는 않지만, 다수의 지지를 바탕으로 국제사회는 이를 공동으로 이행할 책임을 분담하게 되었다. UN이주협약과 함께 제시된 UN난민협약은 2018년 12월 17일 181개국의 찬성으로 통과되었다. UN난민협약은 UN이주협약(GCM)과 달리 '난민지위에 관한 국제협약'을 보충하는 부속문건의 성격을 가지고 있어 난민협약에 가입하지 않은 국가라도 국제사회, 즉 UN차원에서 난민 수용의무를 분담하자는 취지로 난민 수용 및 지원의무를 난민협약 가입국으로부터 UN회원국 전체로 확장하자는 취지가 담겨져 있다.

---

13) UN이주협약(Global Compact of Migration, GCM) 즉 '안전하고 질서 있고 정상적인 이주를 위한 전지구 협정'(Global Compact for Safe, Orderly and Regular Migrantion; GCM)은 회원국 상호간의 국제이주에 대한 모든 차원에서 일련의 원칙, 약속, 인식을 정하며, 인도주의, 개발, 인권 그리고 다른 쟁점들을 포함하는 국제이주의 모든 측면에 대응하는 것이다(최홍엽 2018, 250-251).

## 4. 이주노동자권리협약의 국내수용에 대한 논의 검토

국제연합에서 1990년 12월 18일 채택된 이주노동자권리협약은 20번째 비준서 또는 가입서의 의탁일로부터 3개월 이후 다음 달의 첫째 날부터 발효된다. 이에 따라 2003년 3월 14일 엘살바도르와 과테말라가 20번째 비준서를 UN 사무총장에게 위탁함에 따라 그해 7월 1일에 조약이 공식 발효되었다. 한국에서도 이주노동자권리협약의 비준을 요구하는 목소리가 점차 높아지고 있지만, 가입하지 않고 있다. 이주노동자권리협약을 비준한 국가들은 아프리카, 남아메리카 등 대부분 경제적으로 상당히 낙후되어 있는 국가들이거나, 임금수준이 매우 낮은 국가들이다. 이들 국가는 대부분 외국으로부터 노동자 유입이 거의 없는 반면에 노동자의 해외송출은 많은 국가들이다. 심지어 OECD 회원국인 멕시코의 경우도 접경국인 미국으로 노동자 송출이 많은 국가이다(채형복 2009, 32).

이주노동자권리협약은 1990년 채택되었지만, 비준국가가 2003년에 20개국, 2015년에 비준국가가 46개국, 서명국이 17개국에 불과했고, 2017년 4월 13일 현재에는 서명국이 38개국, 비준국이 51개국에 불과한 상황이다(CMW 2017). 유럽연합(EU)의 '경제사회위원회'는 2014년 1월 29일 국제이주노동자권리협약에 대한 견해를 제시하기로 하고, '고용, 사회문제 및 시민권부'로 하여금 유럽연합이 이주노동자권리협약을 비준하는 것에 대한 의견을 제시하도록 하였다. 이에 따라 2004년 5월 4일 유네스코는 '국제이주노동자권리협약 비준에 관한 장벽'에 대해 발표했고, 6월 30일 개최된 제410차 총회에서 그 견해를 채택하였다. 2007년에는 유네스코가 보다 상세한 논의 결과를 담은 "유럽에 있어서 이주노동자협약"이라는 제목의 보고서를 발간했다. 여기에서 회원국들이 협약을 비준하지 않은 이유가 협약이 개인의 입국과 체류

여부를 결정하는 국가의 주권적 권리를 제한하고 있으며, 합법적으로 체류하고 있는 모든 이주노동자에게 가족재결합권을 부여하고 있다고 오해하고 있기 때문이라고 밝혔다. 또한 협약 비준을 통해 회원국의 재정적·행정적 장애를 가져올 수 있다고 판단하고 있다는 것이다. 특히 협약 제47조제1항 "이주노동자는 그의 수입과 저축, 특히 가족부양에 필요한 금액을 취업국에서 출신국 또는 기타 국가로 송금할 권리를 가진다."는 규정과 제2항 "관계국은 송금을 용이하게 할 수 있도록 적절한 조치를 취해야 한다."는 규정이 관계국이 고율의 수수료를 부과하는 것을 제한할 수 있다는 것이다. 이와 함께 협약의 내용이 국제인권법과 유사하거나 국내법에 이미 폭넓게 보장되어 있어 불필요하다는 주장, 그리고 불법이주노동자에게 지나치게 많은 권리가 부여되어 있어 사회통합을 방해하고, 불법 이동을 조장하고 있다는 것이다.

이주노동자권리협약 비준이 저조한 가운데 이주노동자의 권리를 침해하는 사례가 많이 발생하고 있다. 1990년대 이후 한국에서도 이주노동자의 노동자성을 부인하는 외국인력 제도의 근원적 한계와 미숙한 제도운영으로 국내이주노동자의 인권침해가 매우 심각한 수준에 이르렀다(이경숙 2008, 206). 이에 대해 UN조약감시기구와 특별보고관은 2000년대에 들어오면서 한국 내 체류이주자의 수가 증가하고 있고, 이에 따른 인권침해 등의 사례가 UN인권기구에 보고됨에 따라 한국 정부의 이주노동자권리협약 비준을 권고하였다. 이 외에도 '아동권리위원회' 2003년 최종권고와 '인종차별철폐위원회' 2003년과 2007년 최종견해와 'UN이주민인권에관한특별보고관'의 '대한민국방문조사보고서'에서 한국의 이주노동자권리협약의 비준을 권고하고 있다(이경숙 2008, 215). 그러나 한국 정부는 이주노동자권리협약의 가입률이 저조하고, 이주민을 받아들이는 유입국 중 협약에 가입한 나라의 모델을 찾기 어렵다는 점 등을 들어 협약비준이 아직까지 시기상

조라는 입장이다. 실제로 협약에 따라 권리수여 대상이 미등록이주노동자와 이주노동자의 가족에까지 확장되는 것은 국가에 부담이 될 수 있으며, 이를 위한 국내법의 정비가 필요하다.

국제협약이 바로 국내법적 효력을 갖는다고 보기 어려운 측면이 있다. 그러나 국제규범 및 기구의 실효적 역할에 대해 주목하고 있는 학자들은 민주사회의 이민정책과 이주민에 대한 권리보장의 수준은 국제협약의 영향을 받고 있다고 보고 있다. 이주민의 권리에 대해 대부분의 사법적 판단이 국제인권규범보다는 국내의 시민권적 전통과 관련법 그리고 경제적 편익과 이해집단의 이해관계 등 국내 상황을 반영하고 있지만, 국제협약이 이주민의 권리보호와 관련하여 국가의 책임을 증가시키고, 국제인권규범을 반영한 사법기관의 판결이 이주민의 권리확대에 기여하는 등 이주민 수용국가가 그 정책의 수립·시행에 있어 국내의 상황이나 이해관계에 매몰되지 않도록 한다. 이주노동자 처우에 대해 다루고 있는 국제문서는 UN국제인권규약, ILO 협약 등 보편적 조약에서부터 지역차원의 유럽인권협약까지 매우 다양하다. 그리고 이들 중 일부는 법적 구속력이 없는 연성법(soft law)이지만 많은 국가들이 이들 문서를 국내정책에 적용하고, 행정행위에 포함시키고 있다(장복희 2008, 295).

국제인권담론이 가지는 '정치적' 교화에 대해서 소이잘(Soysal 1994, 44)은 이주민 수용국의 다양한 행위자들에게 이민정책과 관련된 자신들의 참여 형식과 내용을 제약하거나 정당화하는 인지적 준거점을 제공하고, 인권담론에 기초한 새로운 담론과 조직전략을 개발하여 이주민 권리와 관련된 정책의 개선과 변화를 촉구한다. 실례로 국제엠네스티, EU이주민포럼(EU Migrants' Forum)등 이주민 지원을 위한 조직들이 시민권과 개인의 권리에 대한 존중을 목적으로 채택한 '암스테르담 조약'(1997년 10월 2일 체결, 1999년 5월 1일 발효)은 이주민의 사회권 보호 및 강화를 위해 유럽의회가 유럽연합의 정책결정에 민주적 통제를 강화함으로써 유럽연합과 그 회원국을 압박할 수 있는 기회로 활용되었다.

한국의 사례를 살펴보아도 1990년 7월 10일부터 적용된 '국제연합의 경제적, 사회적 및 문화적 권리에 관한 국제규약'(이른바 '사회권규약' 또는 'A규약', 조약 제1006호) 제2조제2항은 "이 규약의 각 당사국은 이 규약에서 선언된 권리들이 인종, 피부색, 성, 언어, 종교, 정치적 또는 기타의 의견, 민족적 또는 사회적 출신, 재산, 출생 또는 기타의 신분 등에 의한 어떠한 종류의 차별도 없이 행사되도록 보장할 것을 약속한다."고 규정하고 있고, 이러한 사회권 규약에 따라 보장되는 권리에 '동등한 가치의 노동에 대한 동등한 보수를 포함한 근로조건을 향유할 권리'가 포함되어 있음으로 이러한 규약이 우리 헌법의 해석에서 고려되어야 한다. 하지만 사회권규약은 체약국이 입법조치를 비롯한 적절한 방법에 따라 권리의 완전한 실현을 점진적으로 달성하기 위해 자국의 가용자원이 허용하는 한도까지 조치를 취할 것을 약속하고(제2조제1항), 공공복리증진을 목적으로 법률에 따라서 그러한 권리를 제한할 수 있음을 인정(제4조)하는 일반적 법률유보조항을 두고 있다는 점에서 우리 헌법 제37조제2항에 따른 법률유보와 맥락을 같이 하고 있다.

〈표 1〉 한국의 ILO 핵심협약 비준현황

| 4대 원칙 | 8개 핵심협약 | 연도 | 비고 |
|---|---|---|---|
| 결사의 원칙 | 제87호 결사의 자유 및 단결권 보장에 관한 협약 | 1948 | |
| | 제98호 단결권 및 단체교섭에 대한 원칙적용에 관한 협약 | 1949 | |
| 강제노동금지 | 제29호 강제노동에 관한 협약 | 1930 | |
| | 제105호 강제노동의 폐지에 관한 협약 | 1957 | |

| 4대 원칙 | 8개 핵심협약 | 연도 | 비고 |
|---|---|---|---|
| 아동노동금지 | 제138호 취업 최저연령에 관한 협약 | 1951 | 1999. 1. 28 |
| | 제182호 가혹한 형태의 아동노동 폐지에 관한 협약 | 1958 | 2001. 3. 29 |
| 차별금지 | 제100호 동일가치노동에 대한 남녀노동자 동일보수에 관한 협약 | 1973 | 1997. 12. 8 |
| | 제111호 고용 및 직업상 차별대우에 관한 협약 | 1999 | 1998. 12. 4 |

이주노동자권리보호를 위한 한국의 노력은 많이 부족하다. 한국은 이주노동자를 포함한 노동자의 권리 보호를 위한 ILO에 1991년 151번째 회원국으로 가입하고, 1996년부터 24년 연속으로 ILO 이사국으로 선출되었고, 2003년부터 2004년까지 이사회 의장직을 수행했다. 또한 ILO 예산분담금은 2019년 기준 약 90억 원으로 회원국 중 납부규모가 13번째로 높다. 그러나 ILO 전체 협약 중 회원국은 평균 47개, OECD 국가는 평균 61개 협약을 비준했지만, 한국이 비준한 협약은 29개뿐이다(이조은 2019, 35). 더구나 핵심협약 8개 중에서 4개만 비준하였다. 한국이 비준하지 않은 ILO 핵심협약은 강요된 모든 노동을 금지하는 협약 29호(강제노동에 관한 협약), 강제노동 철폐를 위한 국가 차원의 조치를 요구하는 협약 105호(강제노동 폐지에 관한 협약), 누구나 자유롭게 노조를 설립하고 가입할 수 있도록 하는 협약 87호(결사의 자유 및 단결권 보장에 관한 협약), 노조활동을 했다는 이유로 고용을 거부당하거나 해고 등의 불이익을 금지하는 협약 98호(단결권 및 단체교섭권 원칙 적용에 관한 협약)이다. 기본협약 8개 협약을 모두 비준한 국가는 187개국 중 141개국이며, 결사의 자유 및 강제노동에 관한 협약 4개를 모두 비준하지 않은 국가는 한국, 중국, 마샬제도, 팔라우, 통가, 투발루 6개국 뿐이다. ILO의 핵심협약(core conventions)은 노동권에

관한 기본적 규율 원칙을 천명한 것으로 모든 ILO 회원국은 비준에 대한 사실상의 의무를 부담한다. 이에 따라 ILO는 미비준 회원국에 대해서 비준 전망 및 미비준 사유를 매년 보고하도록 하고, '결사의 자유'에 관해서는 비준유무와 관계없이 '결사의 자유 위원회'를 통하여 해당 회원국 정부에 '권고'할 수 있도록 한다(김근주 2017, 3).

## 5. 나가며

12월 18일은 UN이 정한 '세계이주민의 날'(International Migrants Day)이다. 1990년 UN총회에서 '이주노동자권리협약'이 채택되고, 필리핀 등 아시아의 NGO들은 1997년부터 협약의 의미를 기리고 그 정신을 알리기 위해 독자적인 행사를 펼쳤다. 이러한 노력의 결과로 2000년 4월 UN은 각국 이주노동자와 이주민 가족의 인권을 자국민과 동등하게 보호해야 한다는 취지로 '세계이주민의 날'을 정했다. 그러나 이러한 노력에도 불구하고 이주노동자에 대한 사회적 인식과 처우는 그다지 개선되지 않고 있다. 특히 국내 이주노동자가 급격히 증가하고 있음에도 불구하고, 외국인 인력관리 정책에 머물러 있는 한국정부는 "노동력을 요구했더니 노동자가 들어왔다"는 말을 되새겨 보아야 할 시점이다.

그동안 이주노동자에 대한 비차별을 통해 내국인과 동등한 대우를 요구하는 이민정책을 세계화하려는 UN의 노력은 세계 난민위기에 관한 정상회의 개최 등 미국 오바마 대통령의 난민이주정책에 대한 지지를 바탕으로 활발하게 추진되었다. 그러나 이민과 납세자에게 제공하는 혜택을 '인권'으로 전환하고자 하는 UN의 계획을 국경을 관리하는 국가의 주권적 권리를 훼손한다는 이유로 거부하는 국가들이 점차 늘고 있다. 오바마 대통령을 이은 트럼프 대통령은 UN총회에서 세계난민문제가 매우 심각한 문제이며, 불법이민은 민족주의와 국가정체성을 훼손한다고 주장했다. 이주노동자에 대한 부정적 시각은 자유한국당 황교안 대표가 2019년 6월 19일 공식석상에서 "외국인이 우리나라에 그동안 기여해 온 것이 없다"면서 "그런 외국인에게 산술적으로 똑같이 임금수준을 유지해줘야 한다는 건 공정하지 않다고 생각한다." 고 말한 것과 유사한 맥락이기도 하다.

비숙련저임금과 전문직고임금 노동시장의 직종·임금 분절, 정규직과 비정규직의 신분적 분절이 나타나게 된 것은 복지국가를 지향하였던 사회서비스 기반이 흔들리면서 노동시장에서 노동자 개인의 역량과 책임을 강조하기 시작한 것과 관계가 있다. 노동환경 개선을 위해 지불되어야 하는 사회적 비용이 노동자 개인에게 청구되면서 노동시장에서 계층상승의 전망은 어두워지고, 이중구조의 노동시장에서 이주노동자의 지위와 권리는 내국인노동자보다 더욱 취약하게 되었다. 그러나 이주노동자도 한국인과 마찬가지로 인간으로서의 존엄과 행복추구권을 누려야 한다. 이주노동자가 건강한 가운데 노동 능력을 유지·발전시킬 수 있는 삶을 영위할 수 있도록 제도를 개선하고, 잘못된 관행을 바꿀 필요가 있다(설동훈 2017, 36).

이주노동자에 대한 인식변화의 결과로 이주노동자조합설립이 2015년 8월 20일 서울경기인천이주노동자 노동조합을 시작으로 가능해졌다. 서울경기인천이주노동자 노동조합은 2005년 4월에 창립되고 설립신고를 했지만, 그해 6월 노동부가 설립신고를 반려하였다. 이어진 법정투쟁에서 2006년 2월에 1심 법원은 노동부의 손을 들어주었다. 그러나 2007년 2월에 고등법원은 '미등록 이주노동자라고 하더라도 결사의 자유는 보장되어야 한다는 취지의 판결을 함으로서 이주노동자 노동조합의 당위성을 인정하였다. 그리고 오랜 시간이 지나 2015

년에 대법원 전원합의체 선고를 통해 이주노동자 노동조합이 비로소 합법화하였다. 이 과정에서 이주노동자 노동조합의 법적 지위를 인정한 고등법원의 판결을 따를 것을 권고하는 2008년 6월 국가인권위원회, 2008년 9월 국제엠네스티, 2008년 10월 국제노총, 2009년 11월 UN 경제적·사회적·문화적 권리위원회의 권고가 있었다. 뿐만 아니라 ILO는 2009년 3월, 2010년 11월, 2011년 11월 "이주노조의 등록을 지체 없이 진행할 것"을 촉구했다. 그러나 한국정부는 "출입국관리법에 따른 국내 체류권이 없는 노동자로 이루어져 적법한 노동조합이 아니다"며 오히려 단속추방을 강행했다. 대법원 판결에 따라 노동부가 설립필증을 교부함으로써 이주노동자 노동조합이 합법화되었지만, 고용주가 노조에 가입한 이주노동자에게 탈퇴를 요구하는 것이 당연시되는 현실에서 이주노동자들의 결사의 자유가 보장되고 있다고 단언하기는 어렵다.

오늘날 이주노동자의 권리 보호를 위한 국가 간 협력의 필요성은 점점 높아지고, 범위는 확장되고 있다. 이에 따라 뉴욕선언에 이은 UN이주협약(GCM)의 영향력 또한 점차 확대될 것이다. 아직까지는 뉴욕선언과 UN이주협약이 법적 구속력이 약한 연성법의 단계이지만, 협정체결 노력을 통해 각국의 합의가 진전되면 새로운 조약이나 법규범으로 발전할 수 있을 것이다(최홍엽 2018, 275). 이주노동자의 정당한 권리에 관한 국제협약을 준수하지 않는 국가에서 발생하는 이주노동자의 열악한 처우는 국가경쟁력에 부당한 영향을 주고, 내국인 노동자의 처우개선 속도를 늦추거나 악화시킬 뿐만 아니라 모든 국가에서 추진되고 있는 노동자들의 노동환경 개선 노력을 약화시키는 결과를 가져온다. 이런 이유로 이주노동자권리협약을 포함한 국제인권규범이 가지고 있는 기본원칙 중의 하나인 모든 사람이 '국적'에 관계없이 기본적 권리를 향유할 수 있으며, 합리적 구별 이외에 다른 이유로 내국인과 비국적인 간의 차별을 금지하는 '비차별 원칙'(Principle of Non-Discrimination)은 모든 국가에서 준수되어야 한다.

이주노동자권리협약은 이주노동자의 광범위한 권리보호를 선언하고, 이를 준수하는 당사자국에 많은 재량을 부여하고 있다. 또한 협약을 비준하지 않았다고 하더라도, 자유권규약이나 사회권규약 그리고 다른 인권조약들이 보장하고 있는 권리들을 외국인에 대해서도 보장할 것을 명시하고 있어, 협약을 비준하지 않았다는 이유로 이주노동자와 그 가족의 권리를 보장하고 보호해야 할 의무와 책임이 없다고 할 수는 없다. 오늘날 이주노동자를 인권의 관점이 아닌 경제적 논리를 바탕으로 한 이주관리 혹은 노동정책으로 접근하고자 하는 국가들이 일부 있다. 그러나 이로 인한 이주문제와 노동문제, 특히 민족·인종갈등으로 인해 발생하는 혐오범죄는 이주노동자를 정당한 사회구성원으로 인정하고, 인권에 기초한 이주노동자 정책의 필요성을 보여준다.

이주노동자문제를 해결하는 근본적인 방법은 이주의 원인을 제거함으로써, 모든 사람들이 자신의 출생국에서 살 수 있도록 하는 것이다. 이를 위해 출생국을 떠나야 하는 전쟁, 내란, 기후변화, 재난, 경제적 빈곤 등이 발생하지 않도록 함께 노력하는 것이다. 그리고 현실적인 대안으로는 모든 정부가 이주자와 이주노동자 정책을 수립할 때 국제인권규범이 정하는 원칙을 충분히 이행하도록 하는 것이다. '이주노동자권리협약'의 당사국이 아니라 하더라도 UN회원국으로서 모든 사람의 보편적 인권을 존중하는 UN정신에 따라, 또한 각국이 비준한 국제인권규약의 기준에 따라 이주자에 대한 차별을 제거하고 이주자의 인권을 보호하기 위한 점차적인 노력을 기울여야 할 것이다(이경숙 2008, 216-217). 더 나아가 이주노동자를 포함한 세계의 모든 노동자들이 생존을 위한 모든 노동에 대한 정당한 대가를 보장받고, 그들의 건강과 생명을 위협받지 않는 안전한 노동환경을 가질 수 있도록, 이윤을 추구하는 자본의 논리가 아니라 공존과 화합을 위한 생명의 논리가 모든 공동체의 구성과 운영을 위한 기본원칙이 되어야 할 것이다.

## 참고문헌

김교숙(2004), 노동권의 현대적 재해석과 고용보장법, 노동법논총 6, 1-20.

김근주(2017), ILO 핵심협약 비준의 쟁점, 노동리뷰 11월호, 3-5.

김민옥(2014), 자본축적으로서 이주노동자 정책: 고용허가제, 사회과학연구(경상대) 32, 147-167.

박진완(2016), 국제법의 헌법화와 유럽의 인권보장체제, 법제논단 12월호, 36-75.

설동훈(2009), 한국의 외국인노동자 인권침해: 현황과 대책, 노사저널 826, 4-9.

설동훈(2017), 이주노동자의 노동 현실과 인권, 기독교사상 708, 27-36.

성재호(2017), 조약과 일반적으로 승인된 국제법규-헌법 제6조제1항 해석에 대한 국제법적 검토, 미국헌법연구 18(1), 109-145.

성재호(2019), 한국 헌법상 국제조약의 지위, 저스티스(170-2), 471-499.

이경숙(2008), 이주노동자 권리 보호를 위한 국제인권규범 수용에 관한 연구, 법학연구 11(2), 189-221.

이조은(2019), ILO 기본협약비준 이유 살펴보기, 월간복지동향(249), 33-38.

이주윤(2007), 독일국내법상 국제법의 지위, 법학연구 27, 433-458.

장복희(2008), 국제법상 이주노동자의 권리와 국내법제도 개선, 원광법학 24(4), 291-320.

채형복(2008), 국제이주노동자권리협약에 대한 고찰, 법학논고 29, 339-365.

채형복(2009), 이주노동자권리협약의 자유권 쟁점: 추방과 신체의 자유를 중심으로, 세계헌법연구 15(3), 439-474.

최홍엽(2018), 국제노동이주의 규율에 관한 최근의 논의-전지구 이주협정의 체결을 중심으로, 노동법논총 43, 247-284.

한승주(2010), 외국인노동자의 권리에 관련한 정책갈등, 한국행정학회 학술

발표논문집(2010. 4), 471-494.
전광석(2017), 한국헌법론, 집현재.
함규진(2014), 조약의 세계사-역사의 흐름을 바꾼 결정적 조약 64, 미래의 창.
한국은행(2017), 글로벌 외국인 고용현황 및 시사점, 국제경제리뷰 제 2017-34호.
Alain Supiot(2019), 사회정의의 현대적 의미 및 ILO의 미래, 국제노동브리프 17(6), 9-24.
Gianmarco I.P. Ottaviano, Giovanni Peri(2012), Rethinking the Effect of Immigration on Wage, Journal of the European Economic Association 10, 1 February 2012, 152-197
J. Salt.(1992), The future of international labour migration, The International Migration Review 26(4), 1077-1111
Soysal, Y.(1994), Limits of Citizenship: Migrants and Postnational Membership in Europe, Chicago: University of Chicago Press.
UN(2017), Report of the Committee on the Protection of the Rights of All Migrant Workers and Members of Their Families(CMW 2017 연간보고서).
UN(2017), International Migration Report 2017, UN.
UN(2018), World Migration Report 2018, UN.

제3장

# 이주민의 삶과 이민정책

# 2018년도 광주지역 혼인이주여성 상담사례의 도전과 의미

오현선 (공간엘리사벳 대표)

## 1. 시작하는 말

한국사회는 단일민족 순혈주의 정서로 인해 '국제결혼'이 자연스럽게 받아들여진 사회는 아니었다. 한국인과 다른 인종의 사람이, 또는 다른 어떤 나라 사람이라도 한국인 여성, 한국인 남성과 혼인을 하면 '국제결혼' 커플로 인식될 수 있었지만, 그들을 바라보는 한국민의 시선은 곱지 않았다. 한국전쟁 이후 미군의 한국주둔 시기를 지나면서 '국제결혼'에는 편견이 덧입혀졌기에, 농어촌 등 국내 소외지역 장기독신 남성들의 외국인 여성과의 결혼은 이 '국제결혼'과는 구분되어야 하는 심리사회적 욕구가 있었다. 특히 가부장 중심의 장자혈통을 중시하는 한국사회가 필요로 한 것은 한국인 남성(아들)과 인종적으로 유사한 아시아 여성(며느리)의 혼인이었기에 이 가정을 '국제결혼'이라는 용어가 있었음에도 '다문화가족'으로 다르게 호명하였다. 같은 국제결혼이지만 국제결혼 1세대와는 구별되며, 그들과 동일시 할 수 없는 다른 유형의 혼인 가족 이미지가 '다문화가족'으로 만들어졌다.

수십 년간 정부가 도시와 비도시 간, 산업 간 불균형적 지원을 장기화해 온데다, 성차별, 지위차별, 학력차별, 인종차별, 신체차별, 도농차별, 직업차별 등 다양한 차별 정서를 극복할 국민의식 개혁에 무심해 왔던 탓으로 다양한 사회문제들이 발생했다. 그 가운데 생산활동인구 부족, 출생률 감소는 심각한 당면문제가 되었다. 이에, 자발적 만혼, 비혼자를 제외하고, 혼인과 출산을 희망하지만, 자본주의화된 혼인 시장에 유입될 만큼 경쟁력을 갖지 못한 혼인 소외자들의 욕구를 또 다른 자본축적의 시장으로 이용한 직업적 결혼 브로커의 등장은 필연적이었던 것으로 보인다. 지극히 가부장적이며 자본주의적인 표현이지만 "딸은 부잣집으로 보내고 며느리는 가난한 집에서 데려와야 한다."는 말에서 나타나고 있는 것처럼, 한국에서 태어나고 성장한 선주민 여성은 아니더라도 그들과 인종적으로 유사하며, 혼인을 희망하는 남성의 국가/집보다는 가난한 국가/집의 여성들을 '며느리'로 '데려오는' 브로커의 적극적 개입에 의한 혼인 형태가 '다문화가족' 형성의 배경이 되었다.

2019년 6월 현재 '국민의 배우자(결혼이민자)' 가운데 여성이 차지하는 비율은 82.9%로서 134,736명이다. 2011년 이후 F-2-1, F-5-2, F-6 비자 타입에 따른 배우자들이 따로 통계대상으로 구분되어 보고되고 있다.[1] 여기에 국민의 배우자와 혼인 이후 한국귀화자가 된 사람들은 통계에서 따로 분리되어 다문화가족의 통계 영역에서 제외되고 있음을 감안하면 전체 수는 더 많다고 이해할 수 있다. 국민의 배우자는 물론 남성도 있지만, 83%에 해당하는 성이 대부분 여성이라는 점은 '다문화가족'으로 개념화된 커플의 이미지는 주로 한국남성과 외국인 여성의 결합인 것을 보여주고 있다.

---

1) 출입국외국인정책본부, 출입국·외국인정책 통계월보 2019년 7월호, 27쪽.

노동활동인구의 부족 문제는 아시아 사람을 노동자로 받아들이는 노동이주로, 인구감소 문제는 아시아 여성을 혼인이주민으로 받아들여 문제해결을 하려는 서투른 봉합이 시도된 지 오래다. 노동이주와 혼인이주가 시작된 지 30년, 한 세대가 지나고 있지만 이주민들을 단순히 노동력이나 출산며느리로 취급하는 수준에서 벗어나, 서로에게 필요해서 우리 사회에 함께 살러 온 '사람들'로 인식하는 시민사회의 성숙은 시간이 더 필요하다고 본다.

이 글은 다누리콜광주센터 2018년 상담사례들로부터 정리보고 된 이주여성들의 문제를 탈식민 페미니즘 관점으로 분석하여 거기에 담긴 의미와 도전을 성찰해 보려는 글이다.

## 2. 2018년도 '다누리콜1577-3266광주센터' 주요 상담통계 내용과 주목점

2014년 '다누리 콜센터'로 통합되기 이전, 2009년 설립된 '광주이주여성긴급지원센터(권현희 센터장, 이하 '광주센터')'는 개소부터 2018년까지 총 38,614건을 상담했다. 광주센터에는 한국, 중국, 베트남, 몽골, 우즈베키스탄, 필리핀계 한국인 전문상담활동가가 한국어와 활동가들 자신의 모국어로 상담 활동을 하고 있다. 2018년에는 총 6,969건의 상담을 진행하였고, 이는 2017년 6,710건의 상담 건수에 대비 3.7%가 증가한 수치라고 보고되었다.[2)]

2018년 혼인이주여성의 수가 132,391명[3)]으로 보고되었던 법무부

2) 다누리콜1577-1366광주센터, 2018년 다누리콜1577-1366광주센터 상담자료집(비간행자료집, 광주: 다누리콜광주센터, 2018), 1쪽.
3) 출입국외국인정책본부, 출입국·외국인정책 통계월보 2018년 12월호 27쪽. http://www.immigration.go.kr/viewer/skin/doc.html?rs=/viewer/result/bbs/

자료를 근거로 살펴보면 전체 혼인이주여성의 상당수가 상담을 한 것으로 볼 수 있다. 물론 귀화한 혼인이주여성은 국민의 배우자로서의 혼인이주여성 수에서 탈락하여 포함되지 않는 상황으로 인해, 그리고 센터에서 이 두 주체 영역을 따로 통계정리 하지 않은 이유로 인해 국민의 배우자로서의 이주여성과 혼인귀화자가 된 이주여성의 상담 수와 비율을 각각 분석하기는 어려운 것으로 판단된다. 2018년 전체 상담총계와 월별 통계 상황은 다음과 같다.4)

〈표1〉 2017, 2018년 광주센터 상담 통계

| 년도 | 구분 | 총계 | 1월 | 2월 | 3월 | 4월 | 5월 | 6월 | 7월 | 8월 | 9월 | 10월 | 11월 | 12월 | 월 평균 |
|---|---|---|---|---|---|---|---|---|---|---|---|---|---|---|---|
| 2018 | 건수 | 6,969 | 513 | 438 | 670 | 695 | 675 | 604 | 637 | 661 | 642 | 613 | 443 | 378 | 580 |
| 2017 | 건수 | 6,710 | 458 | 502 | 691 | 619 | 570 | 611 | 695 | 531 | 619 | 534 | 466 | 414 | 559 |

〈표1〉에 의하면 월평균 580건의 상담이 이루어졌다는 것을 볼 수 있다. 보고서에 의하면 전화 상담이 가장 많은 88.3%(6,153건)을 차지하였다. 그 다음으로 면접상담 7.0%(488건), 방문상담 1.9%(133건), 인터넷 매개상담 1.3%(91건), 번역상담 1.2%(82건), 기타상담 0.3%(22) 순이다. 면접상담이란 내담자가 사무실로 찾아와 대면으로 이루어진 상담을 말하며, 방문상담이란 상담자가 피해 여성과 관련한 기관을 직접 찾아가 통역지원이나 피해자 지원을 하는 경우를 말한다.

이 글에서 주목하고자 하는 것은 여성폭력 사례들에 관한 것인데 그 이유는 진행된 상담 중에서 가정폭력, 성폭력, 성매매를 포함하여

227&fn=temp_1548714002869100, 2019년 6월 현재는 134,763명이다. 출입국외국인정책본부, 출입국·외국인정책 통계월보 2019년 6월호, 27쪽.

4) 다누리콜1577-1366광주센터, 2018년 다누리콜1577-1366광주센터 상담자료집(비간행자료집, 광주: 다누리콜광주센터, 2018), 2쪽.

여성에게 가해진 '폭력상담'이 2,224건(25%)으로 가장 높은 비율을 차지하고 있기 때문이다. 그리고 2018년의 경우 2017년에 비해 3.3%가 증가한 것으로 보고되었다.

법무부 출입국·외국인정책 통계자료에 의하면 국민의 배우자 수는 계속 증가해 왔다. 2016년에 152,374명, 2017년에 155,457명, 2018년에 159,206명, 그리고 2019년 7월 말 현재 163,104명이다. 최근 3년 동안 평균 2~2.4% 증가추세를 보이고 있고, 2019년 7월 말을 작년 같은 달과 비교했을 때 3.6% 증가했다.[5] 국민의 배우자는 2018년의 경우 남성이 16.8%, 여성은 83.2%로서 여성의 수가 압도적이다. 광주센터의 상담은 이주여성에 한하여 진행되고 있는데, 이주민 본인 그리고 본인과 관련한 기관이 상담을 해 오는 경우가 전체의 81.4%이다. 통계 결과를 볼 때 이주여성으로서 배우자 수의 증가가 상담사례 건수의 증가와 유의미한 연관관계를 보이고 있다고 판단할 수 있다. 또한 국제혼인 가족의 폭력문제는 피해자가 대부분 여성이며, 폭력이 상시적으로 발생하고 있는 상황이라고 볼 수 있다.

전체 상담의 1/4를 넘는 '폭력'상담 외, 다른 상담사례 유형은 다음과 같다. 광주센터의 보고서는 상담유형을 분석하면서 하나의 상담사례가 하나의 형태로만 유형화될 수 없는 경우에는 중복 체크하여 아래 표와 같이 기록하고 있다.[6]

---

5) 국민의 배우자는 중국, 베트남, 한국계(조선족), 일본, 필리핀, 태국, 캄보디아, 몽골에서 온 이주 배우자가 86.4%, 그리고 그 외의 국가배우자가 13.6%로 나타나고 있다. 출입국외국인정책본부, 2019년 7월호. http://www.immigration.go.kr/viewer/skin/doc.html?rs=/viewer/result/bbs/227&fn=temp_1566279527530100

6) 위의 글, 5쪽.

〈표2〉 2017, 2018년 광주센터 상담사례 유형 (단위 : 건, %)

| 년도 | 계 | 가정폭력 | 일반폭력 | 성폭력 | 성매매 | 부부갈등 | 가족갈등 | 심리정서 | 이혼문제 | 일반법률 | 체류문제 | 노동 | 생활 | 의료 | 쉼터 | 국제결혼피해 | 기타 |
|---|---|---|---|---|---|---|---|---|---|---|---|---|---|---|---|---|---|
| 2018 (중복체크) | 8,887 | 1854 | 163 | 340 | 30 | 575 | 134 | 415 | 967 | 1050 | 824 | 425 | 989 | 541 | 510 | 2 | 68 |
| | 100% | 20.9 | 1.8 | 3.8 | 0.3 | 6.5 | 1.5 | 4.7 | 10.9 | 11.8 | 9.9 | 4.8 | 11.2 | 6.1 | 5.7 | 0.0 | 0.8 |
| 2017 (중복체크) | 8,156 | 1612 | 67 | 150 | 3 | 738 | 161 | 207 | 823 | 1236 | 808 | 278 | 1066 | 404 | 491 | 15 | 97 |
| | 100% | 19.8 | 0.8 | 1.8 | 0.1 | 9.0 | 2.0 | 2.5 | 10.1 | 15.2 | 9.9 | 3.4 | 13.0 | 5.0 | 6.0 | 0.1 | 1.2 |

여성폭력에 있어 중복체크가 될 만한 분명한 내용 외에도 부부갈등, 가족갈등, 심리정서, 이혼문제, 체류문제 역시 직간접적으로 폭력과 연관된 문제라고 볼 때, 상담사례 전체의 반 이상이 폭력적 상황으로부터 발생하고 있다는 점에 주목해야 한다.

올해 7월에도, 베트남 혼인이주여성이 한국인 남편에 의해 지속적으로 폭력을 당해온 사건이 동영상을 포함하여 보도되었다.[7] 사건이 발생하면 잠시 주목받다가 다시 쉽게 잊혀지는 것이 이주여성에 대한 폭력, 인권침해 사건이다. 실제로 2007년부터 2017년까지 가정폭력으로 살해당한 혼인이주여성은 20명으로 조사되었고, 혼인이주여성의 가정폭력 피해상황은 매우 심각하지만 이에 관한 종합적 실태조사는 2010년에 멈춰있다고 알려져 있다.[8] 생명을 잃는 사건이 발생해야 주

7) 임준형, 노동자연대, 2019.7.10. "베트남 결혼이주여성 폭행사건: 체류위해 남편에 의존해야 하는 제도가 낳은 비극" https://wspaper.org/article/22463?fbclid=IwAR2VVn0vm9u5PNedOvDjx3WFhd8Z16lba_t_QpHPsRsIw5iKFYATLeMr8FE

8) 한국이주여성인권센터, 「아무도 몰랐던 이야기」 (서울: 오월의 봄, 2018), 73쪽.

목하는 사회이지만, 이렇게 비극적으로 사건을 키우지 않으려면 작은 갈등사건이나 상담사례에도 관심을 가지고 대처하는 사회적 환경이 마련되어야 할 것이다.

법률상 가정폭력은 '가정 구성원 사이의 신체적, 정신적 또는 재산상 피해를 수반하는 행위'로 정의된다.[9] 한국인 정서상 집안문제는 당사자 간 집안에서 적당히 해결하도록 방치되는 경우가 많아 여성 폭력사건이 사회적 이슈로 드러나거나 근원적 해결이 방해 받고 있는 것은 주지의 사실이다. 혼인이주여성이 겪는 폭력사건 역시 대부분 한국인 남성과 혼인한 이주여성으로 구성된 가정 구성원 사이에 발생하기에, 가정사로 무시하기보다는 한 개인이 당하는 인권침해로 인식해야 하며, 나아가 남성 중심의 가치가 깊이 내면화되어 있는 가부장 윤리체계에 대해 비판적 의식을 가지고 사건을 해결해 가야 한다.

다른 인종, 다른 성, 다른 문화, 다른 가치를 가진 두 사람의 혼인관계에서 발생하는 폭력은 사적 공간에서 우연히 일회적으로 일어난 사건이 아니라 한 개인, 가족에 관통되고 있는 왜곡된 사회문화적 가치가 한 개인, 가족을 황폐화하는 공적 사건이라고 봐야 한다. 사람이 사람을 폭행하는 것은 어떤 이유로도 정당화될 수 없다. '사람'이라는 그 이유 하나만으로도 폭행을 가하거나 폭행을 당해서는 안 될 뿐더러, 앞으로도 증가하고 지속될 국제결혼, 혼인이주여성의 인권과 존재의 안전을 위해서도 이 폭력의 본질과 시사하는 바를 면밀하게 비판적으로 분석, 해결해 가야 한다.

9) 가정폭력 범죄의 처벌 등에 관한 특례법 제2조 제1호

## 3. 혼인이주여성에 대한 폭력에 내재하는 식민화과정

대한민국 헌법 제36조 제1항에는 "혼인과 가족생활은 개인의 존엄과 양성의 평등을 기초로 성립되고 유지되어야 하며, 국가는 이를 보장한다"라고 쓰여 있다. 그리고 세계인권선언 제16조 제2항에도 "결혼은 양 당사자의 자유롭고도 완전한 합의에 의하여만 성립"된다고 되어 있다. 개인 존엄성 유지, 양성평등 실천, 양 당사자 합의를 추구하는 혼인 생활은 누구에게도 예외 없이 적용되어야 한다. 그리고 그 가치들이 균열하는 지점에서 혼인 관계는 당사자의 자율적이며 주권적 판단에 따라 다양한 형태로 진행될 수 있어야 한다.

한국에서 태어난 선주민 한국인으로만 이루어진 가정에서도 여성들은 혼인성립, 가족생활, 임신, 출산, 양육, 혼인 후 사회경력 유지 면에서, 개인에 따라 차이는 있겠지만 일반적으로 남성들보다 취약한 상황에 처해 있다. 젠더정의 등 성평등 차원에서 남성보다 열등한 위치에 놓일 때가 많은 것이다. 더군다나 한국보다 경제력이 약한 아시아나 아프리카에 속한 국가로부터 한국으로 이주한 여성들이 한국에서 태어난 남성들과 혼인하여 가족을 이룰 때, 이 여성들은 선주민 여성들에 비해 더 쉽게 차별적 환경에 노출될 가능성이 높다. 이주여성의 생물학적 성은 선주민 여성과 같을지라도 인종적으로는 차별을 경험하게 되면서, 한국 선주민 남성에 비해 여성으로서는 열등하며 또한 남녀 불문하고 인종적으로 하위에 위치하는 중복차별을 경험할 수 있는 환경에 놓이는 것이다.

일찍이 킴벌리 크렌쇼(Kimberle W. Crenshaw), 벨 훅스(bell hooks), 애나 줄리아 쿠퍼(Anna Julia Cooper), 파울라 기딩스(Paula Giddings), 엘리너 플렉스너(Eleanor Flexner) 등은 서구사회 교차적 차별을 발생시킨 상황에 대해 주목하면서 비판적 연구를 해 온 페미니스트 연구가들이다. '인종'과 '젠더'라는 두 이슈가 교차적으로 존재하는 '흑인여성'에 대한 차별사건들을, 인종이든 젠더든 일차원적 틀(single axis framework)만으로 기준 삼아 차별을 영구화하고 있는 경향에 대해 문제를 제기한 것이다.

예를 들어 크렌쇼는, 흑인 여성들에게 비친 세계가 마치 '백인 여성과 흑인 남성만으로 구성된 것'처럼 왜곡된 차별 현실을 구체적 사법 사례 연구를 통해 비판하였다. 즉, 흑인 여성 성차별 문제에 백인 여성에게 공평했던 판례를 적용하여, 흑인으로서 당한 인종차별 문제는 희석했던 것을 비판하였다. 또한 흑인 여성의 인종차별 문제는 흑인 남성에게 공평했던 인종평등 판례를 적용하여, 여성으로서 당한 차별을 덮었던 사례들을 비판하였다. 이러한 연구들은 '여성은 죄다 하얗고, 흑인들은 죄다 남자'라고 인식하고 있었던 차별프레임에 논리적으로 저항하는 계기가 되었다.[10]

흑인 여성이 겪는 차별 교차성에 주목한 서구 학자들처럼 인도학자 찬드라 탈파드 모한티(Chandra Talpade Mohanty)도 제3세계 여성의 자아가 어떻게 구성되고, 그들의 행위가 어떻게 이루어지는지를 분석하였다. 모한티는 제3세계 여성이 겪는 차별 교차성을 식민구조와 연결하여 인식하면서 식민국가 체제에서와는 달리 현대 자유주의 자본주의 국가 체제 하에서 겪는 여성들의 '젠더(gender)'와 '인종(race)' 문제는 "두드러지지 않는" 담론을 통해 작동한다고 주장하였다.[11] 한국에 있는 이주여성 상황을 모한티의 관점을 빌어 표현해 본

10) 킴벌리 크렌쇼, 웹진 인-무브 페미니즘 번역모임 역, "인종과 성의 교차점 탈주변화하기: 반차별 독트린, 페미니즘 이론, 반인종주의 정치에 대한 흑인 페미니즘의 비판" (Demarginalizing the Intersection of Race and Sex: A Black Feminist Critique of Antidiscrimination Doctrine, Feminist Theory and Antiracist Politics, 1989) https://en-movement.net/173?categpry=718342

11) 찬드라 탈파드 모한티, 문현아 역, 「경계 없는 페미니즘」 (서울: 도서출판 여이연, 2005), 102쪽.

다면, 직접적 영토의 확장으로 지배력을 정당화한 식민지 제국주의가 아니더라도, 즉, 영토의 직접적 강탈과 집권체제의 강점형태가 아닌 상태로도, 21세기 신자유주의 체제 대한민국 가정 안의 이주여성들은 마치 식민지 주민으로 살아가고 있다는 논리가 가능하다. 비남성, 비백인, 비서구, 비한국 출신성에 대치되는 지점에서 특권층을 서열화한다면 남성, 백인, 서구, 한국태생 인이라는 4가지 요소를 발견하게 된다. 이런 특권요소들을 사적 권력의 요소로 악용하는 사람들에 의해 이주여성들은 물리적, 정서적 통제 하에 놓이게 된다. 그리고 이들이 일상에서 경험하는 차별은 '두드러지지 않게 주목받지 못한 채로' 정당화되곤 한다.

식민지 체제 종식 후, 정치독립을 이룬 후에도 식민잔재를 청산하지 못한 한국사회는, 오늘날에도 편의에 따라 내면화된 사대주의와 노예의식에 머물러 있음을 자주 드러내곤 한다. 예를 들면, 자신과 타인 사이에 있는 유사요소와 차이요소를 발견한 후, 차이점을 미세한 부분까지 주목하여 서열화한다. 서열화에 차용하기로 합의된 차이요소는 차용자와 그 집단의 권력이 되고, 서열화될 수 없는 유사성은 집단 내 친밀감으로 구성되어 집단권력으로 작동되는 일이 일상적으로 일어나고 있는 것이 한국사회이다.

경제력, 전문직, 젠더, 인종, 국적, 학력, 신체능력, 직위, 나이, 외모, 종교 등의 요소 외에도 출신지역, 출신학교(학과), 군번, 학번, 졸업년도, 지인관계, 가족과 친인척관계, 경험내용(혼인, 자녀양육, 여행, 군복무, 봉사 등) 등 수많은 내용에서 발견되는 상호 '유사성'은 비교하는 양자 간 친밀함의 정도로 환원되는 동시에, '차이점'은 두 존재 간 서열화를 수용하게 하는 강력한 요소로 작동한다. 이렇게 '계산된 관계서열 문화'는 한국사회에 여전히 존재하는 식민문화, 식민의식이라고 이해된다.

이주와 관련하여, 이런 식민사고가 반영된 대표적인 예가 '다문화'라는 용어이다. 한국 사회는 '서구·백인·남성·영어사용자' 중심의 '글로벌화' 또는 '국제화' 개념과는 구별하여 '비서구·비백인·비남성·비영어사용자'들을 '다문화'라는 개념으로 분리, 사용하고 있다. 비서구지역, 아시아와 아프리카 출신의 비백인으로, 백인과 다른 피부색을 가진 혹은 피부색이 짙은, 남성이 아닌 여성으로서, 영어가 모국어가 아닌 사람들을 '다문화인'으로 규정하고, 사람을 서열화하는 차별이 노골적으로 드러나는 지점이라 하겠다. 그래서 백인 남성의 범죄에는 상대적으로 관대하고, 유색인종 여성의 피해사건에는 주목하지 않는 이중적 시선을 극복하지 못하고 있다. 강자에게는 약하고, 약자에게는 강한 식민 습성은 다문화가정의 폭력사건 속에도 작동하고 있기에 다문화가정의 폭력문제는 가정 내 갈등 이상의 의미를 지니는 것으로 인식해야 하며, 그 폭력의 해결 역시 가정 내 폭력 당사자의 화해를 넘어서 사회적 인식변화와 더불어 진행되어야 한다.

이와 같이, 다문화가정 안에 관통하고 있는 식민화 과정은 몇 가지 예를 통해 발견할 수 있다. 첫째, 이주여성들이 가족과 이웃으로부터 받는 "한국 사람이 되어야 한다"는 요구[12]는 한국 선주민들의 이주민에 대한 식민통제의 욕망이 드러난 예로 볼 수 있다. 이주여성의 문화와 언어가 존중받는 예는 매우 드물다. 한국문화와 한국어 사용을 우선적으로 강요하고, 심지어 맹목적으로 따르게 하는 경우도 많다. 두 나라, 두 문화, 두 존재의 만남임에도 불구하고 한국 자국민 중심의 생활방식과 문화를 우월한 것으로 인식하는 태도가 당연시 되고 있다. 한국사회의 적응을 위해 한국 음식과 생활예절 문화를 이해하고, 한글을 공부하고 익히는 것은 필요한 일이다. 그러나 이 모든 일이 상호성

12) 이명선 외, 이화여자대학교 아시아여성학센터 집필팀, 「서울특별시, 그래, 이제는 성평등: 이주여성 본격 서울살이 가이드」(서울특별시 발행, 2018), 30쪽.

을 전제로 한 것이 아니고, 한국 선주민 중심의 일방적 과정이 된다면, 이것은 한국사회 적응을 위한 조언이 아니라 우월한 한국문화를 상대에게 이식하는 행동이 된다. 성찰적이지도 않고 비판적 사고 과정도 없는 선주민 우월태도는 역설적이게도 선주민의 식민화된 의식이 드러난 것이라 할 수 있다.

둘째, 이주여성들은 종종 가족 울타리 밖으로 드나드는 일에도 눈치를 봐야 하는 등 자유롭지 못한 상황에 처하는 경우가 많다. 외부와 단절, 고립시키려는 선주민 가족의 의지는 이주여성의 주체성을 인정하지 않고 자유로운 행동을 통제, 억압하는 노예화 과정이라 볼 수 있다. 모든 이주여성의 가족이 그런 것은 아니지만 남편과 시가족은 이주여성을 소유한 것처럼 이주여성을 대등한 가족성원으로 충분히 신뢰하지 않은 채 통제하며 살아가는 경우가 많다. 한국사회 적응에 필요한 정보로부터 여성들을 차단하거나 지역 문화센터, 다문화가족지원센터 등 이주여성 스스로 참여 가능한 사회활동들이 제한받기도 한다. 아내를 소유물로 여기거나 통제하는 남편들의 인식이 곧바로 폭력으로 이어진다고는 볼 수 없지만, 물리적, 신체적 폭력 등이 수반되기는 매우 쉽다.[13] 남편보다 매우 어리고 한국사회가 아직 낯설기에, 아내를 보호한다는 이유로 아내의 취업 욕구를 억압하거나 교육기회마저 허락하지 않으며, 고향 친구를 만나는 기본적인 사회생활조차도 통제받는 고통을 호소하는 이주여성을 만나는 일은 어려운 일이 아니다. 2015년 한국이주여성인권센터의 〈전국다문화가정실태조사〉에서 30% 이상의 혼인이주여성이 도움을 요청하거나 의논할 상대가 없다고 보고되고 있듯이,[14] 이주여성들의 관계적, 물리적 고립은 심리 정

13) 한국이주여성인권센터, 「아무도 몰랐던 이야기」(서울: 오월의 봄, 2018), 73쪽.
14) 위의 글, 76쪽.

서적 고립으로 이어지고 있으며, 이런 관계 고립과 활동 통제적 환경은 한 인간을 식민화하는 과정과 다르다고 할 수 없을 것이다.

셋째, 혼인이주여성들의 취업기회나 경제활동 상황에서 발생하는 문제이다. 혼인이주여성들도 노동이주자처럼 경제활동 욕구가 있다. 스스로 일을 하고 돈을 벌고 싶어 한다. 고향의 가족을 지원하고 싶은 욕구도 있고, 자녀와 가족에게 또 자신에게 떳떳한 한 사람으로 독립적 존재임을 보여주고 싶은 욕구도 있다. 혼인이주여성 대부분이 이와 같은 이유로 경제활동을 하고 싶어 한다. 혼인이주여성의 취업 비율은 국내 여성 전체 고용률 44.9%에 비해 10%가 높은 것으로 나타나기는 하지만, 언어, 기술 등의 제한이 있기에 노동현장에서 다양한 직업기회를 얻기가 어려운 것이 현실이어서 혼인이주여성 30% 이상이 단순 노무업무에 종사하고 있다.[15] 취업현장에서도 상대적으로 열악한 노동조건에서 가장 값싼 노동력으로 동원되는 신식민주의 경제체제하의 피착취 노동자와 같은 삶을 살아간다. 제조업 분야의 여성 이주노동자 역시 5인 미만의 사업장에서 일하는 비율이 높고 근로계약서 작성비율은 낮으며, 임금이 낮고 시간 외 수당은 없고, 임금 체불의 경험은 더 많이 겪는 것으로 보고되고 있다.[16] 노동현장만이 아니라 남편과 시가족을 통해서 경제적 착취를 당하기도 하고, 이웃과 동네에서 이주여성들에게 일거리를 준다며 소개하여 싼 임금으로 이주여성의 노동력을 부리는 경우도 많다. 이들을 하나의 인격적 존재로 인정하지 않고, 일방적으로 불쌍하게 여겨 친절을 베푸는 종교단체, 시민, 주민들의 시혜적 나눔도 이주여성 주변에 존재하는 '착한 얼굴의 착취자'이다.

넷째, 합법적 체류자격을 얻기까지 그 과정 자체에 내재된 문제는 이주여성에게 매우 차별적이며 억압적이다. 중개업체를 통해 혼인에

15) 위의 글, 53쪽.
16) 위의 글, 53-55쪽.

이르는 과정에서 이주여성의 인권이나 과정의 평등성이 보장되지 않는다는 것은 주지의 사실이다. 게다가 이주 후 영주자격이나 귀화자격을 얻기까지도 여성들은 권리행사에 있어 많은 소외를 경험하고 있다. 혼인이주여성의 한국 내 체류자격, 체류연장, 영주나 귀화자격, 이혼 후 체류자격 등은 모두 혼인이주자의 내국인 배우자에 의존할 수밖에 없도록 규정한 현행 출입국관리법에 따라 결정되기 때문이다.

예를 들면, 광주센터에 의뢰한 상담 가운데 이주여성이 본국에서 의뢰한 상담이 포함되어 있는데 2017년에 150건, 2018년에는 224건으로 증가하고 있다. 광주센터는 이를 출입국법의 변화와 국민의 배우자인 이주여성의 비자 절차가 강화되는 상황에서, 이주여성의 한국 입국이 지연되고 있는 것이라고 지적하였다.[17] 그리고 혼인관계를 정리하기 전에 출국하였거나, 혼인관계를 정리했지만 관련 판결문을 발급받지 않고 돌아간 이주여성의 혼인정리 관련 법률상담이 늘어나고 있는 것은 혼인과정, 혼인관계 정리 후의 체류, 본국 귀국 후 적응, 재입국 등에 있어서 법률관계 상의 어려움을 겪고 있는 것으로 평가하였다.

2018년 유엔인종차별철폐위원회는 혼인관계 종료사유, 자녀양육 여부, 한국인 배우자 가족부양 여부와 상관없이 이주여성의 체류자격을 변경하여 혼인관계가 종료된 이후에도 한국에 체류할 수 있도록 할 것을 권고하고 있다. 그러나 이주여성의 어려움은 지속되고 있고, 국민의 배우자 F-6자격이 상실된 미등록 체류자 수는 2017년에 1,334명, 2018년에 1,161명으로 나타나고 있는 상황이다.[18] 부부가 함께 살다 보면 여느 부부처럼 다문화가정 부부도 자녀를 낳을 수 있고 그렇

17) 다누리콜1577-1366광주센터, 2018년 다누리콜1577-1366광주센터 상담자료집(비간행자료집, 광주: 다누리콜광주센터, 2018), 7쪽.
18) 김영화, 2019.8.6. 시사인, “결혼이주여성 옥죄는 이상한 나라의 법들” https://www.sisain.co.kr/news/articleView.html?idxno=25247

지 않을 수도 있다. 또 오랫동안 함께 살 수도 있고 헤어질 수도 있다. 그 모든 과정에서 혼인이주여성들은 한국 현행법 하의 내국인 중심 혼인계약관계로 인해 예속적 위치에 있는 것이 현실이다. 2011년에 이주민 아내를 위한 귀화신청 시 내국인 남편의 신원보증서가 필요했던 제도는 폐지되었으나, 여전히 이주민 여성은 혼인, 혼인생활, 이혼, 이혼 후 생활에서 평등권이나 주체적 권리를 가지지 못하는 법률체계 하에 살아가고 있다.

내국인 문화우월주의에 근거한 이주민 문화에 대한 비하와 차별, 이주여성의 사회적 관계를 단절하고 나아가 고립시키는 폭력적 상황, 그로 인한 심리적 우울과 자기불안, 가족과 사회의 노동착취, 그리고 내국인 배우자에 의존하도록 구성된 체류와 체류연장 구조 등은 한국사회에 여전히 존재하는 식민화 과정이라 할 수 있다. 식민화된 인간은 자신이 받은 억압에 대하여 비판적으로 사고하거나 합리적인 저항을 하지 않고, 자신보다 열등하다고 생각하는 존재를 향해 억압을 재생산하는 행동을 취한다. 자신의 존재 의미를 확인하는데 있어서 가장 평등해야 하는 가정이 최후의 식민지가 되고 있다. 그 폐해가 다문화가정을 통해 드러나고 있음을 인식할 때, 이주여성이 당하고 있는 폭력의 본질을 보다 근본적 시각에서 분석하고 해결책을 마련해 가야 할 것이다.

## 4. 혼인이주여성에 대한 폭력에 내재하는 가부장문화

한국사회를 꾸미는 대표적인 말은 '위계적'이며 '가부장적'이라는 말이다. 앞서 서술하고 있는 것처럼 우리사회는 청산되지 않은 식민의식으로 인하여 우월한 사람과 열등한 사람이 나뉘어 있다는 것을 암묵적으로 합의하면서, 이주민과 선주민, 여성과 남성의 다름을 차별요소로 인식하고 있다. '다문화'라는 말이 '글로벌'이라는 말과는 다른 차별적 개념이지만 차별이미지를 은폐하고 있듯이, '다문화가정'도 한국사회 남성중심의 가부장적 사고를 기초로 하여 형성된 말이지만 그 선명한 가부장성을 은폐하고 있다.

한국사회는 호적법이 개정되었어도 정서적으로 남성중심의 혈통을 여전히 중시하고 있다. 인구감소라는 사회상황을 지속적으로 목도하고 있으면서도 이 상황을 쉽게 극복하지 못하는 이유는 가부장 문화를 극복하고자 하는 사회 전반의 의지결핍 때문으로 보인다. 인구감소의 주된 요인은 생명 출산 당사자인 여성의 생명을 중시하고 그들의 건강권을 증진하는 일, 남성인권과 평등하게 존중받는 여성인권, 평등한 교육과 취업기회, 혼인과 출산으로 인한 여성의 경력단절에 대한 사회적 해결책과 대안모색, 임신과 출산, 양육, 그리고 가사노동에 임하고 있는 사람에 대한 사회적 임금체계와 그 일에 대한 적합한 보상, 여성이라서 받는 어떠한 성적 위험이나 공포, 폭력을 걱정하지 않는 사회적 안전장치 마련 등과 같은 성평등 정책의 결핍에 있다. 생명생산은 사적 관계와 공간에서 일어나는 일이지만 그 생명을 둘러싼 사회적 지지와 양육지원 체계의 부족은 인구감소라는 사회적 결과로 이어졌다.

한국사회는 서둘러 인구증가와 생산활동 인구증가 대책을 마련하고자 고심하였고, 그것이 곧 이주노동자를 통한 노동력 수입과 외국인 여성과 내국인의 혼인을 통한 생명생산력 수입이었다. 한국사회는 위계서열에 근거하여, 자신보다 열등한 타자를 통제하고자 하는 천한 식민자본가 인식에서 벗어나지 못한 채, 우리보다는 가난한 나라의 시민을 노동자로, 외모가 내국인과 비슷하고 우리보다는 가난한 나라의 여성을 한국남성 중심의 혈통을 잇고 생명을 생산하는 존재로 보고, 이주노동자와 혼인이주여성의 이주를 기획 수행한 것이다.

중대도시로부터 떨어진 지역에서 자본결핍을 앓고 있던 시민들은 혼인시장에서도 탈락률이 높아 만혼자와 비혼자가 많았고, '농촌총각 장가보내기'라는 다소 낭만적으로 보이는 구호아래 진행된 혼인사업에는 21세기형 가부장적 식민주의에 근거한 이주여성에 대한 억압이 가려져 있었다. 다문화가정은 인구증가를 위한 한국 정부와 사회의 욕구, 돈벌이 수단이 필요했던 혼인자본 브로커들의 탐욕, 혼인시장에서 탈락된 내국인 남성들의 개별적 욕구가 만나는 지점에서 구성된 결과물이다. 물론 어려움을 극복하고 부부간의 신뢰와 사랑을 키우고, 행복한 가족생활을 유지하면서 자녀출산과 양육을 책임 있게 해 나가고, 건강한 시민사회 성원으로 생활하는 가족들도 많다. 하지만 여전히 여성이라는 이유로, 가난한 나라에서 온 이주민이라는 이유로 차별과 폭력 속에 있는 여성들을 기억해야 하며, 가부장 문화의 억압에 맞서 이들도 보편적 인권을 누릴 수 있도록 사회적 지지 시스템을 마련해야 할 것이다.

앞서 서술했듯이 한국사회는 선주민 여성을 향해서는 성차별을, 이주민 여성을 향해서는 착취에 가까운 성차별을 합법적으로 진행하고 있는 사회이다. 이주여성이 겪는 가정문제의 근원은 한국사회 전반에 스며있는 신자유주의 식민의식과 무책임한 정부정책에 기인하지만, 개별 가정에서 이주여성이 겪는 폭력 행위들은 가부장이자, 남성으로서 가질 수 있는 초라한 특권을 포기하지 못하는 비인간화된 남성들의 무지한 탐욕과 관련이 있다.

2018년 다누리콜1577-1366광주센터 상담 자료집에는 혼인이주여성의 가정폭력 사건과 그에 따른 여성폭력 상담 비율이 매우 높은 것으로 보고되었다. 폭력으로 인해 긴급 피난처가 필요한 입소자는 월평균 10.4명으로 나타났으며, 피해자는 필리핀 이주여성이 가장 많았고, 그 다음으로 베트남, 중국, 우즈베키스탄, 캄보디아, 몽골, 러시아 순으로 보고되었다.[19] 국민의 배우자 자격으로 이주해 온 이주여성들이 가장 많이 호소하는 문제는 가정폭력 문제이며 이는 매년 증가하고 있다. 광주센터가 정리한 각국의 상담사례를 요약해 보면 다음과 같다.[20]

- 베트남 상담의 경우 전체 건수의 30.5%가 가정폭력 관련 상담이었고 부부와 가족 간 신뢰부족, 가부장적 사고, 경제활동 통제 등의 갈등요인이 가정폭력으로 이어진 것으로 조사되었다.
- 중국 여성 상담의 경우 가정폭력 피해자 상담은 18.4%로 상담 내용 가운데 역시 가장 많은 비율을 차지하였다. 과거에는 욕설과 협박, 집안가구를 부수고 던지는 행위를 단순 부부갈등으로 생각하고 있었는데 최근에는 가정폭력에 대한 인식이 높아져 이런 행위를 가정폭력으로 인식하고 경찰에 도움을 요청하는 사례가 늘고 있다.
- 우즈베키스탄 출신 혼인이주여성의 경우 2018년에 상담 건수가 대폭 증가하였다. 가정폭력, 성폭력, 성매매에 이르는 폭력사건이 총 상담의 25% 이상을 차지했는데 특히 이런 경우 의료, 심리적, 정서적 문제의 의뢰를 위해 비밀유지가 가능한 신뢰할 만한 기관에 대한 요청이 증가하고 있는 추세이다. 지속적인 가정폭력으로 인해 이혼요구와 이혼결정 의뢰 상담이 증가하고 있다.
- 몽골 이주 여성의 경우 역시 가정폭력 상담 요구와 더불어 지속된 부부갈등으로 인해 심리상담, 정신과 치료를 요청하는 경우가 증가하고 있다.
- 필리핀 상담 역시 증가하고 있는데 그 내용은 여성폭력, 심리·정서적 어려움으로 인한 지원을 호소하고 있다. 전년과 비교하여 가

19) 다누리콜1577-1366광주센터, 2018년 다누리콜1577-1366광주센터 상담 자료집(비간행 자료집, 광주: 다누리콜광주센터, 2018), 7-8쪽.
20) 위의 글, 8~10쪽.

> 정폭력 사례는 지속적으로 늘어나고 있다. 특성으로는 동거인, 친부, 애인에 의한 성폭력, 혼인 외 자녀, 미성년 자녀 임신, 친생자 관계 확인 등 매우 다층적이고 복잡한 문제들을 지니고 있다.

이주여성의 혼인, 임신, 출산, 혼인생활 모두가 혼인과 동시에 당사자 이주여성의 문화, 인종, 종교, 혈통에 상관없이 한국남성 부계혈통에 종속되는 다문화가정 안에서 가부장적 남성중심성이 심할수록 가정폭력 발생률이 높아질 것은 자명하다.

혈통과 족보에의 종속은 가부장의 힘이 형성되는 과정이라고 인식한 프랑스 페미니스트 철학자 뤼스 이리가라이(Luce Irigaray)의 분석은 매우 설득력이 있다. 그녀는 남성위주의 문화로 구성된 사회는 남성 외 다른 성이 가져온 차이를 배제하고 서열화한다고 주장한다.[21] 한국사회의 다문화가정은 국가의 인정 하에 한국남성의 주체적 행위로 이루어진 가정이라고 할 수 있다. 그들이 아내로 삼기로 한 이주여성의 나라를 방문하고, 혼인중개자가 소개한 여성들 가운데 한 여성을 선택하여 짧은 기간이지만 남녀의 만남을 통해 자발적으로 혼인과정을 수용하고 이룬 가족이다. 언어소통의 어려움, 문화적 차이에서 오는 어려움을 모르고 속아서 한 결정들이 아니다. 폭력을 행사하여 문제가 된 남성은 "언어가 안 통한다, 한국문화를 모른다"는 것을 폭력행위의 원인으로 설명한다. 부부가 서로의 언어와 문화를 함께 배워야 함에도 불구하고, 오히려 남성인 남편의 문화와 언어에 동화되지 않은 여성인 아내에 대한 원망과 불평을 폭력의 이유로 말하고 있다. 노예생활로 부부관계를 이해하지 않는 한 표현할 수 없는 말이다. 소통이 안 되고 문화를 모른다는 이유로 맞아야 한다는 논리라면 아내의 말과 문화를 알려

21) 뤼스 이리가라이, 박정오 역, 「나, 너, 우리」(서울: 동문선, 1998), 47쪽.

고 애쓰지 않는 내국인 남성 남편이 더 많이 맞아야 할 것이 아닌가.

2017년 국가인권위원회가 혼인이주여성을 대상으로 한 설문조사 결과를 보면, 응답자 중 38%가 남편에게 폭력적 위협을 당했으며, 심지어 약 20%는 흉기로 위협을 당했다고 한다. 또한, 한국식 생활방식을 강요(41.3%)하고, 생활비나 용돈을 주지 않으며(33.3%), 성행위를 강요하는(27.9%) 등의 고통을 겪고 있다고 나타나 있다.[22] 이런 가부장적 통제행위들은 아내인 이주여성을 자신의 소유물로 여기지 않으면 할 수 없는 행동들이다. 폭력은 불평등한 관계맥락에서 발생하고, 부부 사이에서의 불평등한 관계는 성폭력을 일으키고, 이 성폭력은 다시 성의 불평등 관계를 지속시킨다. 성적으로 불평등하고 인종차별적인 가정 또는 사회에서 여성들은 성폭력 피해에 대한 두려움을 갖게 된다. 성폭력은 여성의 행위를 통제하고 여성의 활동을 위축시키는 강력한 통제행위이다.[23]

그리고 앞서 말한 체류 자격의 불안정성까지 더해지면 이주여성들은 이 모든 폭력을 감내해야하는 약자의 위치에서 행위통제, 자기존재비하, 사고위축, 심리불안정을 겪는 강력한 통제 상태로 고립된다. 통제 하에 있지만 아내, 엄마, 며느리로서 당장 주어진 역할을 수행해야 하기에 혼인이주 가정에 폭력, 갈등이 알려져도 "살아가는 일이 다 그렇지…" 하는 안일한 가족과 이웃의 태도로 여성들이 당하고 있는 폭력의 심각성은 공공연한 비밀처럼 취급당하기 쉽다. 또한 대부분의 혼인이주여성은 혼인과 동시에 임신, 출산, 양육을 담당하는 사람으로서

---

22) 임준형, 노동자연대, 2019.7.10. "베트남 결혼이주여성 폭행사건: 체류위해 남편에 의존해야 하는 제도가 낳은 비극" https://wspaper.org/article/22463?fbclid=IwAR2VVn0vm9u5PNedOvDjx3WFhd8ZI6lba_t_QpHPsRsIw5iKFYATLeMr8FE

23) 이명선 외, 이화여자대학교 아시아여성학센터 집필팀, 「서울특별시, 그래, 이제는 성평등: 이주여성 본격 서울살이 가이드」(서울특별시 발행, 2018), 157-158쪽.

모성실천을 우선적 과제로 부여받는다. 이는 부부 당사자 간 이해와 신뢰구축을 위한 기간이 여느 다른 부부처럼 이루어져야 함에도 불구하고, 만혼기 국내남성과 그 가족의 혈통보존 욕구가 그 어떤 다른 과제보다 최우선시 되기 때문이다. 모성 혹은 어머니 역할 수행은 의미 있는 사회적 재생산 활동이기에 무시할 수 없는 일이지만, 당사자의 자기결정권이 존중되지 못한 채로, 의무로 요구되는 임신, 출산, 양육책임은 혼인이주여성들에게 심각한 압박요소가 되고 있다. 그런 점에서 모성실천에 대하여 여성의 신체와 주체성에 관한 법적 권위를 부여받아야 한다고 주장한 이리가라이는 매우 설득력이 있다.

> 어머니라는 직업은 다른 무엇보다도 지적이며 섬세한 일이다. 여성이 스스로 정체성의 이익을 충분히 얻는다고 한다면 이 일은 분명 더욱 잘 행해졌을 것이다. 그러나 오늘날까지도 생명을 낳고 지키는 자에게 생명의 권리가 없다. (중략) 여성은 때로 종의 재생을 위한 인질 밖에 되지 않는다. 그녀들이 생명의 권리를 요구하는 것은 스스로 신체의 주체성에 대한 법적 권위를 갖기 원하는 것이다.[24]

피임과 낙태, 여성에 대한 공적/사적 폭력, 신체/이미지/언어를 성차별적으로 사용하고 광고나 포르노를 목적으로 한 여성신체 남용, 강간/유괴/살인 그리고 어린이 착취 등 이 모든 것이 여성의 삶을 둘러싼 문제들인데, 이런 문제들을 일시적으로 제한하거나 표면적으로 처벌하는 등과 같은 적당한 노력은 여전히 식민지 가부장체제를 운용하는 남성 지배를 지속하려는 거짓에 불과하다고 비판하고 있다.[25]

가정폭력은 개인의 문제가 아니며 '사소한' 문제도 아니다.[26] 혼인

---

24) 뤼스 이리가라이, 위의 글, 82쪽.
25) 위의 글, 83-86쪽.

이주여성을 가정 안에서 임신, 출산, 양육, 가사노동의 수행자로서만 인지하는 한국사회의 가부장적이며 차별적인 폭력을 멈춰야 한다. 피해자 개인과 당사자들의 노력만으로 해결될 수 없다. 사회적 차원의 해결과제로 삼는 적극적 관심이 필요하다. 가장 차별받기 쉽고 억압받는 소수의 인권이 소중하게 여겨지는 사회가 '다문화사회'이다.

## 5. 마치면서: 문제해결을 위한 제언

제3세계 여성들의 노동이주와 혼인이주가 지속적으로 증가하고 있는 상황에서 인종차별과 성차별을 통해 이주여성을 식민화하는 한국사회의 민낯은 더 드러나게 될 것이다. 혼인이주가 활성화된 지 20여 년이 지나도 더 심각해지는 이주여성에 대한 폭력은 개인의 폭력을 넘어 기획된 식민화 폭력이다. 폭력은 어떤 가정, 어떤 개인이 겪는 문제라도 간과해서는 안 될 문제이며 특히 혼인이주여성이 당하는 폭력은 그 맥락의 복합성을 이해하여 해결해 갈 과제이다. 해결을 위한 제언을 몇 가지로 요약하면 다음과 같다.

첫째, 여성폭력피해의 발생방지와 폭력사건의 해결을 위해 관계 법률 체계와 제도에 관한 근본적 재고와 수정이 필요하다. 여기에는 혼인이주여성만이 아니라 이주여성 노동자의 상황도 함께 고려되어야 한다. 노동이주 여성들은 다문화가정에 유입될 잠재적 가능성은 있으나, 생명생산을 위해 직접 동원되는 노동력이 아니기에 남성이주 노동자와 혼인이주여성 사이의 교차공간에서 이중 차별을 겪고 있는 소외계층임을 인식해야 한다. 그런 의미에서 2019년 7월 21일에 경찰대학

26) 한국이주여성인권센터, 「아무도 몰랐던 이야기」 (서울: 오월의 봄, 2018), 76쪽.

교 부설 치안정책연구소가 발표한 '농촌 여성이주노동자 성폭력피해 관련 경찰의 대응방안' 보고서는 이들에 대한 주의를 기울이도록 돕고 있는 면에서 중요하다고 본다. 이 보고서는 노동이주 여성을 심층 면접한 보고서인데 노동이주 여성들 또한 혼인이주여성만큼 아니 그들보다도 더 심각한 피해를 받고 있다고 보고하고 있다.[27]

노동이주 비전문취업자(E-9), 계절노동단기취업이주자(C-4)로 일하는 여성들은 같은 이주여성이지만 사회적 관심도 상대적으로 적어 인권 사각지대에 놓여있다. 2019년 6월 고용노동부는 성폭행 사건을 겪는 여성이주 노동자를 위해 '긴급사업장변경제도'를 도입했지만, 제도를 활용하고 숙지하도록 안내하거나 사업장교육을 얼마나 하고 있는지는 모호하며, 제도를 통해 현장의 여성폭력방지가 얼마나 구현되고 있는지 역시 모호하다. 법 제정과 더불어 시행할 수 있는 시행세칙이나 구현방식에 대한 구체적 제안이 함께 병행되어야 한다. 신체접촉, 외설적 농담과 시선, 직접적 성폭력 등 폭행 사건이 발생하더라도 법이 얼마나 이들을 보호하고 있는지, 경찰 등 치안서비스가 얼마나 가능한지, 치안정보를 얼마나 숙지하고 있는지는 여전히 피해당사자의 몫으로 남아있기 때문이다.

언론보도에 따르면 노동이주 여성의 법적 체류 문제와 별도로 결혼이민 비자(F-6)는 1~2년에 한 번씩 체류 자격을 갱신해야 하며, 영주 또는 귀화를 신청하는 여성의 경우를 비롯하여 모두 내국인 배우자 의존도가 매우 높다. 특히 귀화의 경우 소득에 관한 조건을 충족해야 하기에 내국인 배우자의 협조가 없으면 신청 자체가 어렵다. 혼인으로 이주한 외국인이 한국국적을 취득하려면 한국배우자와 법률상 혼인신고

27) 이현주, 한국일보, 2019.7.22. "고립된 환경서 성폭력 위험 노출, 결혼이주여성 피해보다 더 심각" https://news.naver.com/main/read.nhn?mode=LSD&mid=sec&oid= 469&aid=0000407326&sid1=001&fbclid=IwAR0FQ3qz0_BC18jzMfX-gWpjVtC7ga9a_lyLXQHKwlMiMJYJ3KTO7UkvHYU

를 하고 한국에 주소를 두고 2년 이상 혼인 생활을 하고 있으면서 3,000만 원 이상의 재산이 있어야 한다. 혼인유지 중에 있는 이주민은 출신국 국적도 보유할 수 있는데, 이혼한 경우에는 이를 허용하지 않는다.[28] 이혼한 경우에 귀책사유가 내국인 배우자에게 있음을 이주여성이 재판에서 입증할 수 있어야만 체류연장, 영주, 귀화신청이 가능한데, 매번 일어나는 폭력상황 때마다 배우자인 아내 입장에서 그것을 입증할 자료나 근거를 마련하는 것은 매우 어려울 수밖에 없다. 가정폭력의 경우 신고를 해도 가정사로 치부해 기소도 하지 않는 가부장 문화의 폐해로 인해 기록근거가 남지 않는 경우도 허다하다. 협의 이혼의 경우에도 자녀가 없으면 체류자격을 잃기 쉽고 본국으로 돌아가거나 미등록 체류자로 남게 된다. 이런 이유 등으로 혼인이주여성의 미등록 비율이 증가하고 있는데 해마다 1,000명씩 발생하고 있다고 한다.[29]

폭행 사건에 대한 강력한 처벌기준이 마련되고 내국인 남성 배우자 중심의 해결이 아니라 공평하고 정의로운 법 집행, 나아가 회복적 정의에 의한 시민사회와 가정의 회복이 이루어져야 한다. 무엇보다도 내국인 남성 배우자와 자녀출산에 의존도를 높이는 체류보장 현실을 해소하고 이주여성에게도 공평한 사법적 정의가 행사되도록 안정적 체류보장 등에 관한 법률이 개정되어야 할 것이다.

둘째, 혼인이주여성의 폭력피해사건은 가부장 문화가 낳은 젠더부정의, 인종차별과 계급차별이 교차하는 지점에서 발생한 식민화된 폭력의 결합으로 발생한 문제라는 인식을 사회적으로 공유하며 해결해

---

28) 한국이주여성인권센터, 「아무도 몰랐던 이야기」 (서울: 오월의 봄, 2018), 123쪽.

29) 임준형, 노동자연대, 2019.7.10. "베트남 결혼이주여성 폭행사건: 체류위해 남편에 의존해야 하는 제도가 낳은 비극" https://wspaper.org/article/22463?fbclid=IwAR2VVn0vm9u5PNedOvDjx3WFhd8ZI6lba_t_QpHPsRsIw5iKFYATLeMr8FE

가야 한다. 즉 내국인 다수자 선주민, 외국인 소수자 이주민 모두 탈식민 인식을 위한 사회적 재학습이 필요하다. 차별요소가 단일요소가 아니라 여러 요소가 교차할수록 일상적 억압은 가중되고, 억압이 드러나 사건을 해결해 가는 과정에 들어선다 해도 정작 피해 당사자들은 다중 전선에서 싸워야 하는 또 다른 차별을 각오해야 한다. 여성이 겪는 젠더차별 이외에 동시에 맞서야 하는 여러 차별이 누락될 가능성이 크기 때문이다.[30] 예를 들면, 서구에서 흑인여성이 인종차별을 경험하는 경우 성이나 계급에 있어 특권을 가진 백인여성들과 관련될 일로 처리되어 흑인으로서 당하는 인종차별의 특성을 지워버리는 경향이 있고, 흑인여성이 성차별을 당하는 경우 인종적으로나 계급적으로 특권 위치에 있는 흑인남성들에게 기준을 맞추어 여성으로 당하는 젠더차별을 해소해 버리는 식으로 불이익을 당한다.[31]

한국에 거주하는 혼인이주여성들은 가부장 구조에서 여성으로서, 인종적으로는 비한국계 아시아, 아프리카인으로 차별대상이 된다. 계급과 경제적 구조라는 측면에서는 가난한 나라 출신의 노동자 혹은 전업주부로서 사회와 가정에서 차별대상이 된다. 이런 복합적이며 교차적인 차별요소들로 인하여 불리한 위치에 놓여 있는 이주여성을 우리 사회의 한 시민으로, 주체적 존재로 존중하고 포용하려면, 식민화된 한국사회의 가치를 비판적으로 성찰하고, 차이의 정체성을 평등하게 존중하는 타당한 법률을 보편화하고, 탈식민화 의식구조 개혁 작업을 사회의 보편적 과제로 공유해야 한다. 모든 인간은 살아있는 여성과

30) 킴벌리 크렌쇼, 웹진 인-무브 페미니즘 번역모임 역, "인종과 성의 교차점 탈주변화하기: 반차별 독트린, 페미니즘 이론, 반인종주의 정치에 대한 흑인 페미니즘의 비판" (Demarginalizing the Intersection of Race and Sex: A Black Feminist Critique of Antidiscrimination Doctrine, Feminist Theory and Antiracist Politics, 1989), 1쪽. https://en-movement.net/173?categpry=718342

31) 위의 글, 2쪽.

남성이므로 우리의 정체성은 이 차이를 존중하는 수평적인 시야 없이는 건설될 수 없다.[32)]

후기 근대의 시간을 지나고 있는 우리 사회는 과거 그 어느 때보다도 대외의존적 정치사관, 경제구조를 개혁하기 위해 고통의 시간을 보내고 있다. 탈식민, 탈가부장적 사고의 학습은 보이지 않았던 소수자의 존재를 시민사회와 역사에 동참하도록 하는 의지적이며 실천적 노력 없이는 불가능하다. 치안정책연구소가 제안한 범죄예방교육, 성폭력 피해 대응과 신고방법 개선, 경찰서 이미지 제고, 이주여성 맞춤형 치안정보 제공, 통역 인력과 통역비 현실화, 이주여성 폭력피해 원스톱 지원책 등의 해결방식은 여전히 이주여성을 주된 대상으로 삼는 동화주의적 시각과 소극적 예방책에 머무는 한계를 보이고 있다.

이주민을 한국사회로 수입하고 활용하는 태도가 아니라, 함께 공존하기 위한 초대와 상생의 의미를 내면화하는 전 국민 대상의 탈식민 교육이 필요하고 이를 실행할 법적근거 마련이 필요하다. 특별히 혼인이주여성 당사자의 배우자와 시부모 가족 구성원에 대한 다문화, 이주민 이해교육은 매우 중요하다. 이주여성의 폭력사건에서 내국인 배우자는 이주여성폭력의 가해자이기도 하지만, 장기화된 한국사회의 불평등한 정치, 경제, 문화의 발전과정에서 소외계층으로 주변화된 피해자이기도 하다. 그들의 피해경험이 폭력적 피해의식으로 형성되어 더 약한 이주여성에게 피해의식을 투사하는 방식으로 더 식민화되지 않도록 적합한 사회적 지원과 탈학습, 재교육 지원사업을 함께 고려해야 한다.

셋째, 이주여성의 자기주체성 격려와 형성을 위한 페미니즘 연대가 필요하다. 다문화 혼인이주여성의 가족은 다른 문화권으로 이주하여 새

32) 뤼스 이리가라이, 위의 글, 87쪽.

로운 가족구성원과 시민이 되는 여성의 일방적 동화과정이 아니라, 선주민 가족과 시민이 함께 동화(assimilation)와 조절(accomodation)을 교류하는 새로운 인식의 발달과정임을 인식해야 한다. 상대적 소수자인 이주여성이나 다수자인 선주민 모두가 새로운 다문화적 사회지형에서 살아가면서 서로 간의 인식불균형 상태를 평형화(equiliburium)하는 과정이 반드시 필요하다.

이주여성은 스스로가 신자유주의 자본주의 사회의 흐름이 개인의 삶과 연관성을 가지게 된 점, 스스로 이주했지만 이주의 여성화를 몰고 있는 국제적 가부장제의 폐해 가운데 자신이 존재하고 있는 점, 한국사회의 식민화 과정이 자신의 혼인과정과 삶 속에서 재생산되고 있다는 점을 인식하고, 이에 대한 비판적 저항인식을 자기의 주체적 인식의 요소로 담아내는 노력을 해야 하고, 한국사회 페미니즘운동의 진영 연대와 지지가 매우 필요하다. 이주노동자를 향한 노동인권운동진영의 연대가 필요하듯 이주여성들의 반가부장, 반식민화 연대가 요청된다. 가능한 연대의 방식과 내용을 제안한다면 다음과 같다.

- 이주여성의 특성을 고려한 전문상담이 제공되는 이주여성 전담 가정폭력상담소 전문기관이 필요하다. 현재 한국사회로의 동화 차원에서 제한적 서비스를 제공하는 다문화가족지원센터, 건강가족지원센터 등의 형태를 넘어 반가부장적, 반식민주의적 사고를 가진 페미니즘 관점의 여성지원기구가 필요하다. 정부는 이주여성긴급센터를 다누리콜센터와 통합하여 젠더차별, 인종차별의 관점을 가진 기존 센터들의 전문성을 약화시키고, 이주여성의 성폭력이나 폭력사건이 생활상담의 수준으로 취급될 가능성을 열어두는 결과를 빚었다. 이주여성의 삶의 문제를 다중적 교차적 차별이 가져온 문제로 인식할 수 있는 상담활동가의 역량 강화,

배치, 활동을 격려하는 국가 시스템이 필요하다.

- 혼인이주여성에 대한 교육이 한국사회 적응에 필요한 교육, 그리고 여성으로, 시민으로 존재하기 위해 필요한 자기주체성 교육이 되도록 다양한 시민연대 활동이 필요하다. 이중 언어가 가능한 이주민을 양성하고 그들 스스로가 교육 주체로 자국민을 교육하고, 교육재생산을 할 수 있는 시스템 구축을 위해 다양한 시도가 이루어져야 한다.
- 젠더 정체성에 관한 가부장적 인식에 저항하기 위해 차이인식에 근거한 평등적 사고를 격려하는 페미니스트 관점이 더욱 강조되어야 한다. 성 정체성 자체를 해체하려는 사상가들의 시도가 있지만, 남성 중심 사회에서 자신의 위치를 확보하지 못한 타자화된 여성에게 그것이 적용될 경우 아직 제3세계 여성들의 정체성과 그들의 가능성이 배제될 위험을 비판적으로 바라 본 이리가라이의 관점이 아직은 우리 사회에서 필요하다. 여성이 여성으로서의 주체성을 지닐 수 있도록 노력하고, 그 목적을 위하는 한 해체 전략을 이용한다는 이리가라이의 관점은 아직 우리 사회와 상관성이 있다고 본다.[33)]

페미니즘을 고민하는 제3세계 여성의 저술들이 사회적, 정치적 주변화라는 경험에 기반해서 억압의 동시성이라는 개념에 집중했고, 인종차별주의와 제국주의 역사 속에서 페미니즘 정치학의 기틀을 잡으려 시도하고 있는 것처럼,[34)] 이러한 불가능해 보이는 시도를 우리는 끊임없이 말하고 쓰고 주장해야 할 것이다.

---

33) 신경원, 니체 데리다 이리가레의 여성(서울: 소나무, 2004), 16-19쪽.

34) 찬드라 탈파드 모한티, 문현아 역, 「경계 없는 페미니즘」(서울: 도서출판 여이연, 2005), 85쪽.

## 참고도서


다누리콜1577-1366광주센터, 2018년 다누리콜1577-1366광주센터 상담자료집, 비간행자료집 (광주: 다누리콜광주센터, 2018).

뤼스 이리가라이, 박정오 역, 「나, 너, 우리」(서울: 동문선, 1998).

신경원, 니체 데리다 이리가레의 여성(서울: 소나무, 2004).

이명선 외, 이화여자대학교 아시아여성학센터 집필팀, 「서울특별시, 그래, 이제는 성평등: 이주여성 본격 서울살이 가이드」(서울특별시 발행, 2018).

찬드라 탈파드 모한티, 문현아 역, 「경계없는 페미니즘」(서울: 도서출판 여이연, 2005).

한국이주여성인권센터, 「아무도 몰랐던 이야기」(서울: 오월의 봄, 2018).

Crenshaw, Kimberle W., 웹진 인-무브 페미니즘 번역모임 역, "인종과 성의 교차점 탈주변화하기: 반차별 독트린, 페미니즘 이론, 반인종주의 정치에 대한 흑인 페미니즘의 비판" (Demarginalizing the Intersection of Race and Sex: A Black Feminist Critique of Antidiscrimination Doctrine, Feminist Theory and Antiracist Politics, 1989) https://en-movement.net/173?categpry=718342

출입국외국인정책본부, 출입국·외국인정책 통계월보 2018년 12월호.

출입국외국인정책본부, 출입국·외국인정책 통계월보 2019년 7월호.

김영화, 시사인, 2019.8.6. "결혼이주여성 옥죄는 이상한 나라의 법들" https://www.sisain.co.kr/news/articleView.html?idxno=25247

이현주, 한국일보, 2019.7.22. "고립된 환경서 성폭력 위험 노출, 결혼이주여성 피해보다 더 심각" https://news.naver.com/main/read.nhn? mode=LSD&mid=sec&oid=469&aid=0000407326&sid1=001&fbclid=IwAR0FQ3qz0_BC18jzMfX-gWpjVtC7ga9a_lyLXQHKwlMiMJYJ3KTO7UkvHYU

임준형, 노동자연대, 2019.7.10. "베트남 결혼이주여성 폭행사건: 체류위해 남편에 의존해야 하는 제도가 낳은 비극" https://wspaper.org/article/22463?fbclid=IwAR2VVn0vm9u5PNedOvDjx3WFhd8ZI6lba_t_QpHPsRsIw5iKFYATLeMr8FE

# 정치이념과 이민정책

## 독일의 2019년 전문인력이민법을 둘러싼 정치적 논쟁을 중심으로

김수진 (정책학 박사)

## 1. 글을 들어가며

독일어로 '이민'에 해당하는 단어는 Migration, Zuwanderung, Einwanderung 등이 있다. Migration이 장기적으로 고국을 떠나서 생활기반을 옮긴다는 일반적 의미에서 이민이라면, Zuwanderung은 독일에 추가(zu)된다는 의미가 강조된 이민이며, Einwanderung은 독일에 와서 정주함으로써 독일 시민과 동등한 권리를 요구할 자격이 주어진다는 것을 강조한 이민이다.[1] 독일의 1950년대 '초청(손님)노동자(Gastarbeiter)' 정책은 외국 노동자들이 단지 제한된 기한 동안만 독일에 들어와 일한 후 본국으로 돌아가는 한시적 이민

1) Spiegel online, 2018.9.18. "Migration nach Deutschland. Warum wir endlich ein echtes Einwanderungsgesetz brauchten" (https://www.spiegel.de/forum/politik/migration-nach-deutschland-warum-wir-endlich-ein-echtes-einwanderungsgesetz-brauchen-thread-804070-1.html)

(befriste Zuwanderung)을 의미했다. 이런 차원에서 당시 정책은 잠시 머물다 가는 '손님(Gast)'이라는 의미가 부각되었다. 초청노동자의 한시적 이민(Zuwanderung)에는 독일에 정주하여 궁극적으로 독일 시민사회로 통합될 이민자라는 인식이 들어있지 않다. 1970~90년대를 거치며 보수연립정부는 이주노동자의 유입을 원칙적으로 제한했으나 결과적으로는 이주노동자의 장기체류가 이어지면서 2005년 이민자들의 독일 사회로의 통합정책이 수립되었다. 그리고 2019년 6월 전문인력이민법(Fachkräfteeinwanderungsgesetz)이 연방의회와 연방상원에서 의결되었고 이 법을 통해 전문인력의 이민이 거의 전면적으로 개방되었다. 이로써 독일은 명실상부 '이민국가(Einwanderungsland)'로 나아가는 "역사적 전환점"[2)]을 마련했다. 2019년 전문이력이민법을 통해 명시적으로 이민정책에 Einwanderung이라는 용어를 사용함으로써 독일에 들어오는 전문인력이 궁극적으로 독일에 정주하여 독일 시민권을 획득하는 것을 염두에 두었다. 연방정부(기민/기사당 및 사민당), 자민당, 녹색당은 향후 독일의 경제적 부와 복지사회 기반을 유지하기 위해 독일이 전문인력 이민자에 의존할 수밖에 없는 '이민국가'가 되어야 한다고 강조한다.[3)]

돌이켜보면 독일의 이민정책의 변화는 단순한 제도 차원을 넘어 독일 사회의 삶의 형태와 정치사회적 논쟁의 결과물이다. 정치철학자 샹탈 무페(2006)는 민주주의적 합의가 이성의 합리적 산물로서의 동의

2) 전문인력이민법에 대한 법안심의독회(Lesung)에서 연방내무부 장관(Horst Seehofer, 기사당)의 표현

3) 2019년 현재 독일연방의회에 진출한 정당의 전체 이름과 약어는 다음과 같다. 기독민주당(기민당 CDU), 기독사회당(기사당 CSU), 사회민주당(사민당 SPD), 자유민주당(자민당 FDP), 좌파당(die Linke), 녹색당(Bündnis 90/die Grünen), 독일을 위한 대안(AfD). 기민당과 기사당은 자매정당으로 기민당이 전국정당이라면 기사당은 바이에른 주에서만 활동한다. 두 정당이 자매정당이기 때문에 이 글에서 많은 경우 기민/기사당으로 표시한다. 2019년 현재 독일은 기민/기사당과 사민당이 대연정을 구성하여 집권하고 있다.

가 아니라 공통된 삶의 형태 속에서 전제되는 목소리들의 융합임을 강조한다. 즉, 민주시민은 "자유민주주의적 제도에 구현된 합리성에 관한 주장을 제시함으로써 창출"되는 것이 아니라 "민주적 가치에 대한 동일화를 강화하는 제도, 담론, 그리고 삶의 형태를 증가시킴으로써 가능해질 수 있다"는 것이다(위의 책, 149). 샹탈 무페가 제시한 제도(institution), 담론(discourse), 삶의 형태(Lebensform)라는 차원에서 독일의 이민정책을 살펴보는 것은 유용하다. 왜냐면 독일 이민정책의 제도적 차원이 다른 국가에 단순히 이식될 수 없는 독일만의 독특한 맥락이 존재하기 때문이다. 또 이민정책을 둘러싼 최근의 정치적 담론을 분석함으로써 난민과 노동이민을 둘러싼 독일 정당의 다양한 시각과 논쟁점, 그리고 정당 정책이 추구하는 방향성을 엿볼 수 있다. 여기서 특히 정치 담론이 중요한 이유는 "다원 민주주의에서 정치 정당은 사람들이 자신이 속한 사회적 세계를 이해하고, 이 세계의 단층선들을 인지하도록 하는 담론적 틀을 제공"하기 때문이다(샹탈 무페, 2019, 90). 그렇다면 독일의 이민정책을 둘러싼 구체적 정치 담론이 우리에게는 어떤 의미를 지니는가? 한국 사회도 독일과 유사한 인구통계학적 변화를 겪고 있고 외국인 노동자가 증가하고 있다. 이 사실을 고려할 때 독일 사례는 우리가 앞으로 고민하고 숙고해야 할 정치적 논쟁거리를 미리 살펴본다는 점에서 의미가 있다. 더 나아가 세계적으로 난민이 증가하고 다문화사회가 보편화되고 있는 시대에 시민사회 차원에서 난민을 포함한 이민문제에 대한 다양한 쟁점을 이해한다는 점에서 유용하다.

이민정책을 둘러싼 정치적 논쟁을 살펴보기 전에, 우선 2장에서는 이민이 각인시킨 독일의 삶의 형태(Lebensform)를 이민자 현황, 이민에 대한 독일 시민사회의 반응, 그리고 난민에 대한 정당 입장을 통해 들여다본다. 3장에서는 독일 이민정책의 주된 제도(institution)인 노동이민 정책의 변천 과정을 살펴본다. 4장에서는 전문인력이민법의 구체적 내용과 이를 둘러싼 정치적 논쟁을 분석하고, 5장에서는 전문인력이민법을 둘러싼 정치 논쟁을 토대로 노동이민에 대한 정치 담론(discourse)을 구성한다. 그리고 마지막 장에서 독일의 노동이민에 대한 정치적 논쟁이 한국사회에 던지는 시사점을 도출한다.

## 2. 삶의 형태(Lebensform)

### (1) 이민자 현황[4)]

인구 통계학적으로 볼 때, 2017년 현재 독일 인구는 약 8,300만 명으로서 이 가운데 1,930만 명이 이민 배경을 지니고 있다. 전체 인구의 약 25% 즉, 4명 중 1명이 이민 배경을 지녔다는 측면에서 독일은 이미 '이민국가'이다. 터키 출신이 280만 명으로 가장 많이 차지하며, 그 다음에는 폴란드에 뿌리를 둔 사람이 약 210만 명이다. 이민 배경을 가진 사람들 중 1/3은 유럽연합(EU) 회원국에, 1/3은 EU 회원국이 아닌 유럽 국가, 나머지 1/3은 그 외 국가들에 뿌리를 두고 있다. 연방 주별로 이민자 분포는 차이를 보이는데, 헤센, 바덴-뷔르템베르크 주는 이민자 비중이 30% 이상으로 높은 반면, 구동독 지역의 경우 주민의 약 6.8% 정도만 이민자로 독일 전체 평균보다 훨씬 낮다.

독일 이민국가의 역사는 17세기 프랑스 위그노 교도의 종교적 망명으로 거슬러 올라간다. 19세기 산업화 시기에 남유럽과 동유럽에서 이

---

4) Malteser, Migrationsbericht(이주현황보고서) 2017; Fakten zur Einwanderung in Deutschland(독일 이민 현황), Sachverständigenrat deutscher Stiftungen für Integration und Migration (2018.12.12.)

주노동자가 독일로 들어왔고, 2차 세계대전 후부터 1950년까지 이전에 독일의 동쪽 영토였던 지역에서 약 1,190만 명이 독일로 넘어왔다. 이 이민자들은 독일 경제 부흥기의 노동력으로 투입되었고 이것은 성공적인 이민 역사로 평가되고 있다. 그리고 1961년 베를린 장벽이 세워지기 전까지 동독에서 서독으로 약 270만 명이 넘어왔다. 독일계 재외동포(Aussiedler)의 이주도 독일 이민 역사의 한 부분을 차지한다. 1993년부터는 동유럽에 거주하는 독일인 또는 소수 독일 민족을 행정적으로 후기 독일계 재외동포(Spätaussiedler)로 규정했다. 1970년부터 1973년까지 서독은 동독, 구소련, 폴란드, 그리고 체코슬로바키아와 일련의 불가침 및 긴장 완화 협약(Ostverträge)을 체결했고 이들 지역에 거주하는 독일인들이 서독으로 이주하기 시작했다. 1980년대 말까지 150만 명이 이주했고 1988년과 1998년 사이에 약 250만 명이 이주했다. 이 중 40만 명은 동서독 통일이 되던 해에 독일로 이주했다. 이후 재외독일동포의 독일로의 이주는 줄었다. 1993년 전쟁에 의해 어쩔 수 없이 구소련 지역으로 이주한 사람들만을 이 '후기 독일계 재외동포'로 인정하고 2006년에는 1992년 이전에 태어난 사람들만으로 한정했기 때문이다. 1999년과 2014년 사이 이 그룹에 속한 이주민은 약 49만 명이다. 전체적으로 1950년과 2015년 사이 동유럽에 살고 있던 독일 해외거주자 약 450만 명이 독일로 이주했다.

유럽연합 통합과 확대도 독일에서의 이민자 확대에 영향을 끼친 주요 요소이다. 노동자의 거주 자유가 단계적으로 확대되면서 오늘날 유럽연합 28개 회원국의 시민은 어떠한 제한 없이 회원국에 이주하여 일하고 기한의 제약 없이 그 곳에 체류할 수 있다. 1995년과 2015년 사이 유럽 국가에서 독일로 1,390만 명이 이주했고, 독일에서 다른 유럽국가로 1,110만 명이 이주했다. 동유럽으로 유럽연합 회원국이 확대되면서 폴란드, 루마니아, 불가리아 등 동유럽 출신 국가의 독일 이주가 크게 늘었다. 2008년과 2009년의 금융, 경제 위기 이후에는 남유럽 국가에서 독일 이민이 늘어났다. 유럽회원국 시민은 여권이나 비자 없이 독일에 입국할 수 있다. 단 3개월 이상 체류 시에는 일자리나 또는 생활을 위한 충분한 재정 수단을 증명해야 한다. 이에 반해 EU 회원국이 아닌 경우에는 비자를 통해 체류목적을 증명해야 하고, 체류목적이 끝나면 비자도 자동 만료된다. 2017년 전체 이주자의 약 절반 이상인 54%는 유럽연합 회원국 시민이었다. 2015년과 2016년에는 망명 신청자가 급격히 증가하여 이 기간 동안 신규 이민자 중 제3국 출신 비중이 50%를 넘어섰다.

망명 신청을 통한 이민은 취업이민이나 재외독일동포 이민과 비교할 때 그렇게 큰 부분을 차지하지 않았다. 망명 이민은 독일을 둘러싼 주변국의 정세에 따라 부침을 거듭했는데, 1980년 당시 터키에서 군사 쿠데타가 일어나면서 망명 이민이 늘어났고 1980년대 말에는 동구권의 공산당이 몰락하고 유고슬라비아가 붕괴하면서 망명 이민자가 증가했다. 또 터키의 쿠르트 지역에서 갈등이 심화될 때도 독일로 망명자가 늘었다. 2000년대 이후 북아프리카와 중동에서의 망명자가 증가하고 있다. 2004년과 2009년 사이 독일에 들어온 순 유입 이민은 10만 명 미만이었으나 2011년 이후 지속되고 있는 시리아 내전으로 망명 관련 이민은 급속히 증가했다. 아프리카 사하라 사막 남쪽, 특히 에리트레아, 나이지리아, 소말리아 등 정치적으로 매우 불안정하고 경제적으로 낙후된 지역에서 난민 유입도 증가했다. 연방이주난민청(BAMF)에 따르면, 2015년과 2016년에 총 120만 명의 난민이 독일로 왔고 난민 비중이 가장 큰 국가는 시리아이다. 그 다음으로 비중이 큰 국가는 아프가니스탄, 이라크, 이란, 에리트레아 순이다. 독일 연방정부와 주정부에서 발칸국가를 '안전한 출신국'으로 규정한 이후 2015년 발칸 국가의 난민은 크게 감소했다.

2017년 155만 명이 독일로 이주하고 114만 명이 독일을 떠났기 때문에 전체적으로 40만 명의 순 이주가 발생했다. 외국인만 고려하면 50만 명의 순 이주가 발생했다. 1957년 이후로 몇몇 시기를 예외로 하면 독일로 유입되는 이민이 항상 독일을 떠나는 이민보다 전반적으로 더 많았다. 독일의 노동시장 환경이 좋기 때문에 EU 시민들이 일자리를 찾아 독일로 많이 이주하였는데, 2017년 이주자 10명 중 6명은 EU 시민이다. 2017년 비EU 국가에서 가장 큰 비중을 차지하는 이민 이유는 망명 신청이다. 2017년 약 19만 명이 시리아, 이라크, 아프가니스탄 등지에서 망명을 이유로 독일로 입국했다. 연방이민난민청은 2017년 6만 건 이상의 망명신청서를 심사했고, 망명신청자 중 약 43%의 망명이 인정되었다. 비EU 국가에서 독일로 이주하는 이유 중 두 번째로 많은 비중은 가족이민이고 세 번째가 취업이민이다. 2017년 비EU 국가 또는 제3국가에서 약 6만 명이 취업 목적으로 독일로 입국했다. 전문인력이민법은 EU 지역 외 제3국가의 독일 취업이민에 대한 장애를 낮추는 것을 목적으로 하고 있기 때문에 향후 제3국가의 취업이민이 증가할 가능성이 높다.

### (2) 난민을 둘러싼 사회정치 지형

현재 유럽 사람들이 생각하는 사회정치적으로 가장 큰 도전은 난민 문제이다. 전쟁, 내전, 빈곤 등의 이유로 아프리카, 중동 지역에서 유럽으로 살 길을 찾아 떠나는 난민은 끊이지 않고 있다. 지금도 지중해를 건너 유럽으로 들어가는 위험한 길목에서 목숨을 잃는 난민이 발생하고 있다. 중부 유럽 국가는 장벽을 세워 난민의 이동 통로를 막고 있고 동유럽 국가들은 난민 수용에 부정적이며, 지중해를 통해 유럽으로 들어오는 관문에 해당하는 그리스와 이탈리아 등 남유럽 국가는 더블린협약에 따른 망명절차를 진행하고 난민을 수용하는 데 많은 부담을 지고 있는 형편이다. 전반적으로 유럽 국가 대부분이 자국의 재정과 인력의 한계로 난민을 적극적으로 수용하지 않고 있다(조의행, 2015). EU는 난민 문제 해법을 둘러싸고 "심각한 의견 충돌과 분열이 발생"하면서 쉽게 해법을 찾지 못하고 있다(최진우, 2016). 이런 가운데, 독일의 메르켈 총리는 2015년 8월 터키 해변에서 익사체로 발견된 3살짜리 시리아 아이 아일란 쿠르디의 모습을 본 후 시리아 난민을 아무런 조건 없이 수용하기로 결정했다. EU의 망명체제인 더블린협약에 따르면 처음으로 입국하는 국가에서 망명신청 절차를 진행해야 했지만, 이 조건을 따지지 않고 80만 명이 넘는 시리아 난민이 독일 땅을 밟도록 한 것이다. 물론 2개월 여 후에 다시 더블린조약 체제로 돌아가긴 했다. 그럼에도 불구하고 지금 유럽에서 독일은 난민에 대해 상대적으로 가장 관대한 입장을 취하며 난민 문제에 대한 EU 차원의 해결책을 찾기 위해 노력하고 있다.

독일 시민사회에서 형성된 난민에 대한 '환영문화(Wilkommenkultur)'를 김영술(2018)은 세 가지 측면으로 분석한다. 첫째, 독일 시민사회는 난민 수용과 난민 보호를 보편적인 인권과 인도주의적 원칙에 기초한 규범적 의무로 간주한다. 이러한 인권과 인도주의에 기초해 난민을 대상으로 한 자원봉사자 사업 및 프로젝트가 크게 증가했고, 난민의 통합과정코스를 위해 전국적으로 연합 단체나 교회에서 자발적으로 어학과정을 조직하여 운영하고 있다. 시민들은 베를린 오라니엔 광장의 불법 난민 임시캠프장 철거를 저지하기도 하고 난민인정 투쟁을 벌이기도 했다. 이러한 행동들이 독일 언론의 주목을 받으면서 난민에 대한 인식변화와 사회적 관심을 고조시켰다. 둘째, 난민에 대해 독일 시민의 관용적 태도는 과거 나치의 유대인 학살에 대한 참회의 마음이 표현된 것으로 파악한다. 독일은 과거의 왜곡된 극우주의 이데올로기를 극복하고 유럽연합에서의 연대와 협력이라는 가치를 구현하기 위해 노력하고 있다. 셋째, 저출산 고령화 사회인 독일에 특히 젊은 난민이 노동시장으로 들어옴으로써 독일 경제에 긍정적인 영향을 줄 것이라는 점도 난민 수용에 긍정적으로 작용했다. 독일은 2030년 경이 되면 전문기술 분야에서 전반적으로 인력부족 현상이 심화될 것으로 파악하고 있는데, 경제 및 노동시장 관련 대부분의 연구기관은 난민 수용이 독일의 부족한 노동력 확충에 기여할 수 있다고 분석하고 있다. 이런 차원에서 연방사회노동부는 난민을 위한 직업교육과 직업활동 관련 독일어 과정에 예산을 배정하고, 연간 약 2만 명까지 근로계약 또는 직업훈련생 계약을 맺어 노동허가를 발급할 수 있도록 계획하는 등 난민을 독일 노동시장에 편입시키기 위한 정책을 적극적으로 추진하고 있다(이승현, 2016).

그러나 이렇게 '환영문화'로 이어진 시리아 난민 수용은, 다른 한편으로는 독일에서 극우정당(AfD)이 득세하는 계기로도 작용했다. 유럽의 극우 정당은 경기불황과 이에 따른 실업률 증가의 원인을 이민자에게 돌리며 1980년대부터 지지층을 모으기 시작했으며, 2000년대부터는 경제적 불황 여부에 상관없이 이러한 반이민 정서를 활용하여 제도권의 주된 정치 행위자로 부상하기 시작했다(오정은, 2015). 독일에서도 독일국민민주당(NPD)이라는 극우정당이 1960년대부터 생겨나 활동했으나 상대적으로 독일에서는 세력이 약했다. 2000년대 내내 1%대의 지지율로 독일 연방의회에 진입하지는 못했다. 하지만 최근 독일로 들어오는 난민이 늘어나면서 '독일을 위한 대안'이라는 이름을 내걸고 신생 극우정당인 AfD가 생겨났다. 2017년 가을 치러진 연방의회 선거를 통해 제2차 세계대전 이후 70년 만에 독일 정치역사상 처음으로 극우정당이 의회에 진입했다. AfD는 기민/기사당과 사민당 다음으로 많이 득표하여, 19대 연방의회의 기민/기사당-사민당 대연정 하에서 녹색당, 자민당, 좌파당을 제치고 제1야당의 자리를 차지하고 있다.

AfD가 이렇게 부상하자 바이에른 주에 집권기반을 두고 있는 보수당인 기사당은 2018년 가을 주의회 선거를 앞두고 AfD가 득세할 것을 우려해 메르켈 총리를 압박하여 난민 포용정책을 후퇴시켰다. 즉, 독일-오스트리아 국경에 난민 심사 시설을 만들고 다른 국가에서 망명신청 절차를 거친 난민의 경우 해당국과 협의해 돌려보내도록 하는 데 메르켈 총리가 합의하도록 만들었다. 그동안 메르켈 총리는 이러한 조치가 EU 내 자유로운 이동을 보장하는 쉥겐조약을 위배한다고 반대했다.[5] 극우정당의 부상은 난민 수용을 둘러싸고 독일 사회를 더욱 분열시키고 있으며 연립정부의 난민 포용 정책의 후퇴를 초래하는 정치적 힘으로 작용하고 있다.

난민정책에 관한 한, AfD가 독일 의회 정당 중 이민자에 대해 가장 배제적이며 기사당, 기민당 순으로 보수적인 입장을 취한다. 자민당은 기민/기사당 보다는 국경 폐쇄 문제 등에서는 좀 더 개방적이고, 사민당과 녹색당은 난민 추방, 송환, 가족이민에 있어 자민당보다 더 포용적이며, 좌파당은 난민에 대해 가장 진보적 입장을 취한다.[6]

AfD는 유럽 공동의 망명시스템을 기본적으로 부정하고 유럽연합의 난민 정착 계획을 거부하며 독일의 국경을 폐쇄할 것을 주장한다. AfD는 통제되지 않은 대량 이민을 종결하고 가족이민도 폐지할 것을 주장

---

5) 중앙일보, 2018. 07. 03. “독일 대연정 붕괴위기 해소…메르켈 난민 포용책 본격 후퇴”; 한겨레, 2018. 07. 03. “메르켈, 기사련에 ‘백기’…연정붕괴 위기 간신히 봉합”

6) 2017년 9월 독일연방의회 선거와 2019년 5월 유럽의회 선거에서 나타난 난민/이민정책에 대한 정당별 프로그램을 비교한 언론 기사 참조
(“Was steht in den Europawahl-Programmen?” 2019.5.11. https://mediendienst-integration.de/artikel/was-steht-in-den-europawahl-programmen.html; “Welche Fluechtlingspolitik die Parteien wollen“, 2017.9.12. https://www.tagesschau.de/inland/btw17/programmvergleich/programmvergleich-fluechtlinge-101.html)

한다. 기민/기사당은 독일로 유입되는 난민의 수를 가능한 적게 유지하기 위해 난민이 유럽에 넘어오지 않고 EU 국경 밖에 머물기를 원한다. 이를 위해 EU-터키 협약처럼 EU가 아프리카 국가와도 난민 수용에 대한 협약이 필요하다고 본다. 기민/기사당은 망명신청을 원천적으로 봉쇄하는 이른바 '안전한 출신국' 확대를 지지한다. 망명이 거부된 사람을 송환하되, 송환되었을 때 난민이 위험해질 수도 있는 아프가니스탄 등 위험지역도 이러한 송환에 예외를 두지 않는다. 자민당은 난민에 대한 인도주의적 차원의 수용은 찬성하되 망명신청 거부자에 대한 추방에 대해서는 사민당, 녹색당 및 좌파당보다 단호한 입장을 취한다. 자민당은 정치적 박해자에 대한 망명권을 인정하고 이에 따라 망명자 수의 상한을 규정하는 것은 반대한다. 자민당은 전쟁난민은 인도적 차원에서 보호하되 전쟁기간 동안만 보호할 것을 주장한다. 체류허가를 받지 못한 사람은 추방하고 '안전한 출신국'의 망명신청자는 핫스팟(1차 난민등록소)에서 신속히 결정해서 돌려보내는 조치를 취해야 한다고 자민당은 강조한다. AfD가 독일 국경을 장기적으로 통제해야 한다는 입장이라면, 기민/기사당은 EU 경계에 대한 통제를 더 강화하되 독일 국경도 필요하다면 일시적으로 통제할 수 있다는 입장이다. 이에 반해, 자민당, 사민당, 녹색당 및 좌파당은 유럽 국가 간 국경 통제를 중지하고 EU 외부 경계에 대한 통제를 개선해야 한다는 입장이다.

사민당과 녹색당은 전쟁, 박해, 폭력, 그리고 기후위기 등과 같은 난민의 발생 원인을 퇴치하기 위해 노력해야 한다고 강조한다. 그리고 망명신청이 거부된 사람들에 대해서는 자발적 귀국을 유도하고, 송환할 경우 난민이 위험해질 수 있는 지역으로 강제 송환하는 것을 반대한다. 녹색당은 안전하고 합법적인 망명과 신속하고 공정한 망명절차를 강조하고, 동시에 망명권리를 까다롭게 심사하는 것과 난민을 받아들이는 데 연간 상한선을 규정하는 것을 반대한다. 좌파당은 난민에 대해 가장 포용적 정치 입장을 대변한다. 좌파당은 망명신청이 거부된 사람에 대해서도 송환 자체를 근원적으로 거부한다. EU 차원에서의 난민 분배에 대해서도, 기민/기사당은 기본적으로 더블린협약을 고수하며 난민 수용에서 발생하는 부담에 대해 유럽의 연대적인 분담을 주장하고, 사민당, 녹색당 및 자민당은 유럽 국가의 수용능력과 이민역사의 친밀성을 고려해서 EU 차원에서 난민을 분배할 것을 주장한다. 이에 반해 좌파당은 난민이 어디에 거주할지는 난민 스스로 결정해야 하며 이 결정에 따라 모든 유럽연합 회원국이 난민을 수용해야 한다는 입장이다. 자민당, 사민당, 녹색당 모두 망명에 대한 기본권이 훼손되어서는 안 된다는 입장을 견지하지만, 좌파당은 더 나아가 도움을 요청하는 사람들에게 유럽 경계가 열려 있어야 한다고 말한다. 이런 맥락에서 좌파당은 '안전한 출신국'에 대한 규정을 폐지할 것을 주장한다. 가족이민에 대해서도 보수적인 기사당이 망명이 인정된 자에 한해서만 가족이민을 인정해야 한다는 입장이라면, 사민당과 녹색당은 가족이민을 지지하고 좌파당은 더 나아가 가족의 결합을 막는 장애를 없애자고 주장한다.

최근의 여론조사는 독일 국민의 정치적 성향에 따라 이민과 난민에 대한 입장 차이가 존재함을 보여준다.[7] 전체 응답자의 약 25%는 스스로 '국가 지향적'이라고 간주하고, 약 25%는 '열린 세계를 지향'하며, 나머지 절반은 이 둘 사이 유동적인 중간 입장이라고 간주한다. 전체 응답자의 53%는 이민(Einwanderung)을 기회라고 보는 것에 동의하고 29%는 반대한다. '열린 세계를 지향'하는 응답자의 대다수는 이민을 기회로 바라보는 데 반해, '국가 지향적' 응답자의 절반 이상은 이

7) Spiegel Online, 2019.3.19. "Studie, So denken die Deutschen ueber Migration"(https://www.spiegel.de/politik/deutschland/studie-der-friedrich-ebert-stiftung-so-denken-die-deutschen-ueber-migration-a-1258485.html)

견해에 찬성하지 않는다. 응답자의 2/3는 전문인력 부족에 대응하기 위해 외국인 전문인력이 필요하다고 보는데, '국가 지향'적 성향의 응답자는 여기에 38%만 동의하는 반면 '열린 세계 지향'적 성향의 응답자는 82%가 동의한다. 절반 이상의 응답자들은 독일이 난민을 너무 많이 받아 정치적 부담이 초래되고 있기 때문에 더 이상 난민을 받아들이면 안 된다는 견해에 찬성한다. '국가 지향' 응답자의 91%가 이 견해를 찬성하는 데 반해, '열린 세계 지향' 응답자는 21%만 찬성한다. 전반적으로 응답자의 절반 이상은 경제적 이유나 가난을 이유로 독일로 피난 오는 사람들을 더 적게 수용해야 한다는 입장이지만, 대다수는 전쟁과 내전으로 발생한 피난민은 받아들일 준비가 되어 있다고 인식한다. 응답자 대다수(78%)는 독일 사회에 잘 통합되고 일자리가 있거나 직업교육을 받고 있는 난민에 대해서는 비록 출국의무가 있다 하더라도 독일에 체류하는 것이 가능해야 한다는 입장을 보였다. 흥미롭게도 이 입장에 대해서는 '국가 지향' 응답자의 2/3가 찬성했다. 응답자들이 난민에 관해 가장 크게 우려하는 것은 난민으로 인해 극우주의와 인종주의적 폭력이 증가하고 이로 인해 사회가 분열되는 것을 꼽았다. 응답자 중 27%는 사회적 형평성(22%)과 기후변화(13%) 문제보다 난민문제를 향후 10~20년 동안 독일 사회의 가장 큰 도전이라고 인식했다.

요약하면, 독일 국민의 절반 이상은 독일로 이민자가 유입되는 것을 긍정적으로 바라보고 특히 전문인력 이민에 대해서는 상당수 국민이 필요성을 인정한다. 하지만 난민 수용은 제한이 필요하다고 인식하며 난민으로 인해 사회가 분열되는 것을 대다수가 우려하고 있다.

## 3. 노동이민 정책의 제도적 변천

독일은 전통적으로 미국, 호주, 뉴질랜드와 같은 이민국가(Einwaderungsland)는 아니지만 경제적 상황과 노동시장 수요 상황에 맞추어 필요한 노동력을 해외에서 적극적으로 유치한 대표적인 국가이다(김기선, 2016). 독일에서 외국인 고용이 처음 시작된 것은 이미 1880년대 독일제국 산업화 시대로 거슬러 올라가며, 이런 이유로 외국인 고용은 이미 오래 전부터 "독일 사회생산 시스템의 일부로 규격화"되었다(이용일, 2003).

독일은 1955년부터 이탈리아, 스페인, 그리스, 터키, 튀니지 등과 인력송출을 위한 양국 간 협정을 체결하기 시작했다. 1955년 약 8만 명 정도에 불과하던 이주노동자는 1971년 220만 명으로 증가했고 독일 내 전체 노동자의 10%를 넘어섰다. 1973년 들어 260만 명의 외국인 노동자가 독일로 들어와 노동시장이 거의 포화 상태에 이르자 독일 정부는 외국인 노동자 모집중지 조치를 취한다(강수돌, 2005, 3). 1955년부터 1973년까지 초청노동자 정책을 통한 외국인 고용은 전후 독일 경제의 본격적인 성장기에 노동력 부족을 해결하는 중요한 기제였다(이용일, 2003). 1970년대 실업이 증가하면서 이주노동자 모집을 중단하고 1980년대 보수연합정부 하에서는 초청노동자로 독일에 파견된 노동자의 본국 귀환을 종용하는 정책을 실행했다. 그러나 역설적으로 이러한 정책은 오히려 독일에 있는 외국인 노동자들로 하여금 독일에 장기체류할 유인으로 작용하게 되었다. 독일을 떠나면 다시 독일로 들어오지 못할 것이라는 두려움으로 이들은 그들의 가족을 독일로 데리고 왔다. 애초에 독일은 한시적 기한을 설정하여 제한된 이민(befristige Zuwanderung) 정책으로 '사람'이 아니라 '노동자'만 '초청'했으나[8], 1960년대 고도 성장기에 모집된 이주노동자 중 상당수가 독일에 정주하기로 결정하면서 "한시적 노동시장 문제는 장기적 이민문제로 발전"했다(이용일, 2007, 307). 자연스럽게 노동시장정책의 일환으로만 간주되었던 이민정책은 사회정책의 영역으로 확대되었다. 독일로 초청된 노동자들의 체류기간이 늘어나고 그들의 가족이민과 이민자 2세대가 독일에서 태어나면서 단순히 노동(고용)정책 차원의 문제를 넘어 이민자들의 사회통합이 관건이 되었다. 여기에 냉전이 종식되고 동유럽 지역에서 독일계 해외동포의 독일 귀환이 증가하고, 1990년대 구 유고슬라비아 연방에서 일어난 전쟁으로 난민 유입이 증가하면서 독일의 이민정책은 다시 새로운 국면을 맞이하게 된다.

2000년 독일 국적법은 독일이 그동안 고수한 속인주의 원칙에서 벗어나서 이민자의 독일 국적 획득을 용이하게 만들었다. 독일은 그때까지 혈통주의에 기반해 독일 국적을 부여했기 때문에 독일에서 태어난 이민자 2세대는 독일어를 유창하게 하더라도 독일 국적을 받지 못한 반면, 동유럽에서 오랫동안 살면서 독일어를 전혀 하지 못하더라도 독일로 이주하면 독일 국적을 쉽게 획득하는 모순적인 상황이 발생했다. 이민자에게 불리하게 작용하는 독일의 속인주의 국적원칙은 2000년 국적법을 통해 속지주의 원칙을 정부가 일부 인정하면서 이후 점차적으로 이민자들이 독일 국적을 획득하는 길을 확대하는 방향으로 발전한다. 당초 독일정부는 이중국적을 인정하지 않았으며 일정 연령대가 되면 국가를 선택해야 하는 의무규정을 두었으나, 2014년 국적법 개정을 통해 국적선택의 의무가 삭제되면서 이민자는 평생 이중 국적을 유지할 수 있게 되었다. 2000년대 들어서면서 독일에서는 저출산과 고령화에 따른 인구통계학적 변화와 이에 따른 전문인력 부족에 대응해야 한다는 필요성이 제기되기 시작했다. 그래서 노동이민을 제한하

8) 스위스 작가 막스 프리쉬가 "우리는 노동자를 불렀으나 사람이 왔다"고 표현한 데서 인용함.

는 정책에 예외를 두어 2001년부터 IT업종의 전문가를 유치하기 시작했다. 그리고 2005년부터 발효된 이민법(Zuwanderungsgesetz)을 통해 본격적으로 전문인력에 대한 이민의 문호를 개방하기 시작했다.

2005년 이민법은 전문인력 이민을 개방하기 시작했다는 사실과 더불어, 처음으로 이민정책과 이민자의 독일사회 통합(Integration)정책을 포괄하면서 이민사회로의 진입에 있어 통합의 필요성을 법체계에 명시했다는 측면에서 의의가 있다. 독일어와 독일 문화에 대한 의무 이수 규정이 마련되었고, 이후 연방정부 차원에서 통합에 관한 국가실행계획이 수립되었다. 2005년부터는 독일 대학에서 공부를 마치고 학위를 받은 사람은 독일에서 일정 기간 체류하면서 일자리를 찾을 수 있게 되었다. 그 이전까지는 독일 대학에서 공부를 마치면 체류목적(학업)이 종료되면서 체류허가가 종료되었으나, 이제는 비자의 체류목적이 일자리를 찾는 목적으로 바뀌어 한시적이나마 체류를 연장할 수 있게 되었다. 이 기간도 처음에는 12개월에서 시작하여 이후 법 개정을 통해 18개월로 늘어났다. 여기에 기업경영진, 과학자, 고급전문인력(Hochqualifizierte)의 경우, 유럽연합의 '블루카드' 지침이 독일에서 실행되면서 독일에서의 무제한 취업체류가 가능해졌다(여기에는 최저임금에 대한 제한이 있다). 그리고 전문인력(qualifizierte Fachkräfte)의 독일 취업이민의 길도 열렸다. 하지만 전문인력의 취업이민은 특정 분야의 직종에 한정되었고 우선권심사(Vorrangprüfung)의 대상이 되었다. 즉, 해당 일자리 분야에 독일 내국인이나 EU 시민이 있는지 여부를 심사한 후 연방고용공단(Bundesagentur für Arbeit)의 동의를 받아야 했다(김기선, 2016).

이렇게 독일에서 일자리를 얻어 이주한 전문인력은 독일에서 5년 동안 일하면서 체류한 후에는 체류기한이 제한되지 않고 무제한으로 독일에 정주할 권리를 가진다. 이 권리를 가진 후 3년이 지나면 본인이 원할 경우 독일 시민권을 획득할 수 있다. 이에 반해 미숙련노동자 또는 전문적 기술 요건을 갖추지 않은 노동자에 대한 이민은 이전처럼 제한되었다. 이들은 한시적 노동계약의 형태로만 독일에 들어오는 것이 허가되었기 때문에 전문인력처럼 독일에 무제한 정주할 기회는 원칙적으로 제한된다. 2005년 이민법은 전문인력에 대한 취업이민의 길을 열고 통합을 강조했다는 점에서 독일 이민정책의 일대 전환을 가져왔지만, 여전히 제한적이고 배제적 성격을 내포했다. 전문인력에 대한 직종 제한과 우선권심사를 전제한다는 측면에서 제한적이었고, 미숙련인력의 노동이민은 원칙적으로 차단한다는 측면에서 배제적이라고 볼 수 있다.

## 4. 전문인력이민법

이 장에서는 2019년 의결된 전문인력이민법의 내용과 이를 둘러싼 정당 간 입장 차이를 살펴본다. 그리고 5장에서는 이러한 정치 논쟁을 바탕으로 노동이민에 대한 정치 담론을 분석한다.

### (1) 전문인력이민법(Fachkräfteeinwanderungsgesetz)[9)]

전문인력이민법은 2005년 이민법에서 독일 대학에서 학업을 마치고 학위를 받은 외국인에게 적용하던 규정을 전문기술인력으로 확장

9) 전문인력이민법의 내용에 대해서는, 연방내부무의 전문인력이민법에 과한 질문과 답변(https://www.bmi.bund.de/SharedDocs/faqs/DE/themen/migration/fachkraefteeinwanderung/faqs-fachkraefteeinwanderungsgesetz.html), 연방정부의 전문인력이민법에 대한 정보(https://www.make-it-in-germany.com/de/visum/arten/arbeiten/fachkraefteeinwanderungsgesetz/), http://www.fachkraefteeinwanderungsgesetz.de 등 참조

한 것이라 볼 수 있다. 이 법은 EU 국가 이외의 이른바 제3국 출신 전문인력에 대한 독일 이민을 촉진하기 위해 만들어졌다. 이 법을 통해 전문인력에 대한 개념을 명료하게 정의했다. 독일 내에서 전문직업교육을 받았거나 또는 이와 동등한 수준의 전문직업교육을 외국에서 받은 사람과, 독일의 대학 졸업자 또는 독일 대학 졸업과 비견될만한 외국의 대학 졸업학위를 가진 사람을 법적인 차원에서 전문인력으로 규정했다. 단, IT 분야의 전문인력에 대해서는 예외 규정을 두었다. 대학 졸업학위나 직업교육에 대한 공식적인 증빙 없이도 최소 3년 동안 IT 분야에 종사했고 월급이 최소 4,020유로 이상(이 월급 수준은 매년 조정됨)이면, 연방고용공단의 자격 심사를 통과한 후 독일에서 전문인력으로 취업할 수 있다.

2005년 이민법에서 전문인력에 대한 이민이 특정 직종에 한정되고 우선권심사를 전제했다면, 2019년 전문인력이민법에서는 전문인력으로 인정되는 사람은 모든 직종에 취업이민을 신청할 수 있다. 이때 독일이나 EU 회원국 또는 유럽경제권 내 국적자가 해당 취업분야에 있는지를 검토하는 우선권심사는 포기된다. 비록 특정 직업분야와 특정 지역에서 노동시장의 변화 상황에 따라 우선권심사를 신속하게 재도입할 수 있다는 규정을 두긴 했지만 원칙적으로 전문인력에 대해 전면적으로 취업이민의 가능성을 열어놓았다. 2005년 이민법에서는 부족직업(노동력이 부족한 직업)에 기초해 전문인력에 대한 노동시장이 부분적으로 개방되었다면, 이제 직종에 상관없이 우선권심사 없이 전문인력 자격을 인정받은 자에게 노동시장을 완전히 개방한 것이다. 고용계약은 기본적으로 사회보험이 가입된 고용이어야 하고 최소 주35시간 일하는 것을 전제한다. 고용계약서 없이도 독일어와 독일에서의 생계지원 가능성을 증빙하면 독일에 입국하여 6개월 동안 체류하면서 전문인력에 대한 자격 인정 절차를 진행할 수 있다. 하지만 정식 일자리를 찾는 기간 동안 독일 내에서 일할 수는 없고 독일의 사회보장급여를 요청할 수 없다.

이 법은 앞서 언급했듯이 전문인력이 독일에서 궁극적으로 정주하는 것을 염두에 두기 때문에 독일의 사회보장시스템에서 규정하는 복지비용과의 연계를 처음부터 고려한다. 전문인력 취업 지원자의 나이가 45세 이상인 경우, 최소 월급 수준(현재로서는 3,685유로) 이상을 받아야 하거나 합당한 노령연금을 증명해야 한다. 45세 이상인 경우 연금 기여 기간이 짧기 때문에 이들이 나중에 노인기초보장(Altersgrundsicherung) 수급자로 될 가능성을 애초에 차단하기 위해서이다. 기사당 소속 연방내무부 장관의 다음과 같은 발언에서 이를 엿볼 수 있다. "우리는 우리의 사회복지시스템으로 들어오는 이민을 원치 않으며 일자리를 찾아 들어오는 이민을 원한다. 이것이 우리의 목표이다. 이러한 방식으로 불법이민을 어느 정도 차단할 수 있다."[10]

한편, 전문인력 이민절차를 간소화하기 위해 취업이주 입국을 담당하던 연방주의 업무가 중앙 외국인청으로 통합되었다. 전문인력이민법은 2020년 초에 발효될 예정이며, 우선 5년 동안 시범 시행한 후 검토를 거칠 예정이다. 독일 연방정부는 이 새로운 법 규정으로 매년 약 2만5천 명의 전문인력이 추가로 독일에 이민을 신청할 것으로 기대하고 있다.

독일 정부가 전문인력 이민이 필요하다고 판단하는 근거는 다음과 같다[11]. 첫째, 글로벌 경쟁이 갈수록 치열해지고 디지털화가 가속화되는 상황에서 독일 경제의 미래는 전문인력의 확보에 달려 있다고 간주한다. 둘째, 경기호황을 지속하고 있는 독일 경제를 뒷받침하기 위

10) http://www.fachkraefteeinwanderungsgesetz.de
11) 연방정부의 전문인력전략(Fachkräftestrateige der Bundesregierung)에 관한 연방의회 인쇄물(Deutsche Bundestag, Drucksache 19/6889. 2018.12.20.) 참조

해 전문인력 확보가 필요하다고 판단한다. 현재 실업자 수는 동서독 통일 이후 가장 낮은 수준이며 사회보험에 가입된 피고용자 수는 가장 높은 수치를 기록하고 있다. 그래서 이미 일부 직종과 몇몇 지역에서 기업이 필요한 인력을 확보하는 데 어려움을 겪고 있다. 연방고용공단의 부족직업 분석(Engpassanalyse)에 따르면, 특히 보건 및 돌봄 관련 직업, 수공업, 그리고 몇몇 기술 직업 분야에서 전문인력 부족이 두드러지고 지역별로는 동독 지역에서 두 개 사업장 중 한 곳이 전문인력 수요를 채우지 못하고 있다. 그리고 시간이 지날수록 부족직업(Enpassberufen) 분야에서 일자리 공백 기간이 길어지고 있다. 연방노동사회부의 전문인력 모니터링에서도 보건 및 돌봄 분야, 그리고 이른바 MINT 분야(수학, 정보학, 자연과학 및 기술)와 수공업 분야 등에서 전문인력이 부족한 것으로 나타났다.

셋째, 독일정부는 고령화와 저출산이라는 인구통계학적 변화 추세를 감안할 때 이러한 전문인력 부족현상이 앞으로 더 심화될 것으로 보고 있다. 따라서 경제구조의 전환에 대응하기 위해 전문인력을 확보하고 노동자의 취업능력을 향상시켜야 한다. 전문인력 유치를 위한 독일연방정부의 최우선 목표는 독일의 성공적인 이중 직업교육시스템(Duale Ausbildung 교육과 실습/훈련의 병행)을 활용하여 국내의 전문인력 잠재력을 최대한 확보하는 데 있다. 그 다음으로 EU 회원국의 전문인력을 최대한 확보한다는 전략이다. 그러나 유럽 내의 전문인력 흐름은 출신 국가의 경제 변동과 독일의 경제 역동성에 따라 변동성이 상당히 크고 또 중장기적으로 유럽연합의 다른 국가들도 독일과 유사한 인구통계학적 변화를 겪을 것이기 때문에, 독일정부는 EU의 젊은 전문인력을 유치하는 데는 한계가 있을 수밖에 없다고 간주한다. 이런 이유로 독일정부는 독일 국내와 유럽의 전문인력 유치를 우선적으로 고려하지만 이와 병행하여 제3국의 전문인력 이민도 필요하다고 인식하고 있다.

### (2) 전문인력이민법을 둘러싼 정치적 논쟁[12)]

독일 연방정부가 연방의회에 제출한 전문인력이민법은 야당의 거센 비판을 초래했다. 이 비판은 두 가지 상반되는 주장으로 요약된다. 하나는 정부의 법안이 제3국의 전문인력을 유치하기에 충분하지 않다는 입장이며, 다른 하나는 정부가 전문인력 이민을 부족직업 분야를 넘어 전체 직업분야로 과도하게 확대한다는 입장이다. 전자는 녹색당과 자민당의 입장이며, 후자는 역설적이지만 정치적 이념 성향이 매우 상이한 두 정당 즉, 극우정당인 AfD와 연방의회에서 이민문제에 관한 한 가장 진보적인 목소리를 내는 좌파당이 취하는 입장이다. AfD와 좌파당은 정당이념이 상이한 만큼이나 이민과 난민을 바라보는 시각도 대립적이다. 극우 포퓰리즘이 기존 정당에 맞서 특히 이민자의 '배제'를 통해 인민(people)의 범위를 좁히는 전략을 쓴다면, 샹탈 무페(2019)가 강조하는 좌파 포퓰리즘은 평등의 가치를 기반으로 인민의 범위를 확대한다. 좌파당은 연방정부의 전문인력이민법안이 근원적으로는 좌파 정치이념이 지향하는 노동이민의 자유를 확대한다는 측면에서 "유럽연합 밖의 국가와 사람들에게 노동시장을 개방하는 것이 올바른 방향"이라고 인정하지만, 결과적으로는 전문인력 유치 확대를 거부하는 입장을 피력한다. 이러한 입장은 좌파당의 또 다른 신념인 평등의 가치를 훼손할 수 없다는 것과 맞물려 있다. 즉, 국내의 약자인 실업자를 고려할 때 노동이민의 확대를 마냥 환영할

12) 전문인력이민법에 대한 야당의 입장은 야당이 연방의회에 제출한 법률안이나 제안서를 참고했으며 AfD의 경우 법률안이나 제안서가 따로 없기 때문에 연방의회의 법안심의독회(Lesung)에서의 발언 참조함. 전문인력이민법 관련 법안 심의독회 연방의회 사이트(www.bundestag.de)와 관련 인쇄물 자료 참고함. 인쇄물 자료는, 19/9052(좌파당, 2019.04.04.), 19/9855(좌파당, 2019.05.03.), 19/7058(녹색당, 2018.01.16.), 19/6542(녹색당, 2018.12.14.) 19/6541(녹색당, 2018.12.14.), 19/9924(자민당, 2019.05.07.)임.

수만은 없기 때문이다.

우선, 야당들이 전문인력이민법에 대해 비판하는 서로 상반되는 주장을 살펴보자. 좌파당은 연방정부가 전문인력 부족에 대한 원인을 잘못 짚었다고 지적하고 전문인력이 필요한 분야를 과도하게 "일괄적으로" 확대했다고 비판한다. 좌파당은 보건 및 돌봄 분야 직업에서 필요한 인력이 부족한 것은 그 분야의 전문교육을 받은 인력이 부족해서 발생한 것이 아니라 오히려 해당 분야의 노동조건이 열악하기 때문에 발생한 현상이라고 주장한다. 연방정부가 경제 호황으로 인해 채워지지 않은 일자리가 백만 개에 이른다고 강조하는 반면, 좌파당은 독일 내 실업자와 불완전피고용인을 합한 수가 채워지지 않은 일자리의 3~4배에 이른다고 반박한다. 또 제3국 이민자의 실업비율이 12.1%로 독일의 현재 평균 실업률(2019년 2월 현재 5.3%)보다 2배 이상 높다는 것에 대해서도 정부가 침묵한다고 비판한다. 좌파당은 144개의 일자리 그룹 중 7개만 실제로 전문인력 부족 상태에 있다고 간주하며, 연방정부가 주장하는 현재 채워지지 않은 일자리에 대해서는 전문인력이 전혀 부족하지 않다고 진단한다.

연방정부는 현재 실업률이 동서독 통일 이후 최저라고 강조하는 반면, 좌파당은 현재의 독일 노동시장은 메르켈 총리가 2025년까지 달성하겠다고 약속한 실업률 3%미만의 완전고용과는 여전히 거리가 멀다고 말한다. 무엇보다 '지금' 경기가 좋다는 것을 전문인력 유치의 근거로 정부가 제시하지만, 오히려 경기불황국면이 시작될 가능성도 존재한다고 좌파당은 지적한다. 연방정부가 2018년 가을에 2019년 경제 성장률을 1.8%로 전망했지만 2019년 1월 말 1%로 전망치를 낮추었다는 사실을 좌파당은 그 근거로 제시한다. 이런 이유로 좌파당은 정부의 전문인력이민법에 맞서 "양질의 일자리를 만들고 완전고용을 실현하는" 노동정책을 제시한다. 좌파당은 노동시장에서의 경쟁이 격화되고 임금덤핑이 일어나는 것을 방지하기 위한 구체적인 조치와 제도를 도입해야 한다고 주장한다. 최저임금 인상, 파견노동(Leiharbeit)에 대한 '동일노동 동일임금' 원칙, 장기적 파견 노동 금지, 미니잡을 포함한 모든 노동 시간에 사회보장과 납세의 의무 부과, 법적 노동허용 시간을 48시간에서 40시간으로 감소시키는 것 등이 그것이다. 좌파당은 기본적으로 그동안 정부와 기업이 직업교육(Ausbildung)과 향상교육(Weiterbildung)에 투자하지 않았기 때문에 전문인력 부족 현상이 초래되었다고 간주하고, 정부의 법안에서 직업능력 향상을 위한 조치들이 빠져있다고 비판한다.

AfD도 좌파당과 마찬가지로 연방정부의 전문인력 이민 확대 정책을 반대한다. AfD는 이민자 확대로 노동시장에서 임금덤핑이 일어날 것을 우려하며 사회보장시스템의 혜택을 누리려는 이민자를 반대한다고 밝힌다. AfD는 2천만 명에 달하는 유럽 청년 실업을 거론하며 해당 직업에 대해 EU 시민에게 우선권을 부여하는 우선권심사를 정부가 포기한 것을 비판하고, 노동력이 부족한 일자리에 대해 독일에 살고 있는 사람이 우선적으로 고려되어야 한다고 강조한다. 이렇게 임금덤핑에 대한 우려와 독일 실업자에 대한 고려는 좌파당의 입장과 비슷한 측면이 있다. 그러나 AfD 주장은 근원적으로 '낯선' 이민자에 대한 거부에 기반한다. AfD는 전문인력 이민을 부족직업(Mangelberuf) 분야로 제한시키지 않고 전 직업분야로 이민 가능성을 열어 놓음으로써 "낯선 문화의 이민자가 증가하게" 될 것이라고 비판한다. 뿐만 아니라 AfD는 이 법이 악용되어 결국 아프리카로부터의 빈곤 이민을 증가시키게 될 것이라고 주장한다. AfD는 아프리카로부터 "가짜 전문인력"이 들어와서 저임금 분야에서 임금덤핑을 초래하며 독일 노동시장 상황을 악화시키고 주거시장에서 주택부족을 초래할 것이라고 말한다.

AfD와 좌파당은 전문인력 이민 확대에 대해 결과적으로는 동일하게 반대 목소리를 내지만 그 근거가 완전히 다르기 때문에, 미숙련/저숙련 노동이민에 대해 상반된 입장을 보인다. 좌파당은 전문인력이민법이 미숙련/저숙련 노동자에 대한 이민의 가능성은 전혀 완화시키지 않았다고 비판하는 반면, AfD는 전문인력이민법이 미숙련/저숙련 노동이민을 확대시킬 수 있다고 비판한다.

좌파당이 정부의 전문인력 부족 원인이 왜곡되었고 잘못된 전망에 따른 무분별한 확대라고 비판한다면, 녹색당과 자민당은 전문인력 부족 원인에 대해서는 연방정부와 입장을 공유한다. 녹색당은 전문인력 부족이 300만 명에 이르며 이민으로 유입되는 전문인력이 없을 경우 2060년까지 약 630만 명의 전문인력 결핍이 생길 것이라는 노동시장 및 직업연구소(IAB 2018)의 연구결과를 인용한다. 자민당도 향후 전문인력 부족이 수백만 명에 이를 것으로 전망한다. 이렇게 녹색당과 자민당은 연방정부와 전문인력 부족에 대한 전망을 공유하지만, 연방정부가 제시한 전문인력 이민정책은 전문인력 부족을 메우기에 턱없이 부족하다고 비판한다. 이런 이유로 녹색당은 정부의 전문인력이민법안을 "성의가 없는" 것으로 비판하고, 자민당은 정부의 전문인력이민법이 좀 더 "대범해져야" 한다고 말한다.

둘째, 이민정책은 이른바 보수정당과 진보정당이라고 분류되는 정당들 사이에서도 간극을 드러낸다. 독일에서 오랫동안 연정 파트너로 많은 부분에서 정책이념을 공유해온 기민/기사당과 자민당은 경제이민 분야에서는 차이를 드러낸다. 기민/기사당이 보수 우파 정당으로서 이민에 대해 전반적으로 소극적인 데 반해, 자민당은 자유주의 경제 가치를 중시하는 정당이념에 입각해 노동이민에 대해서는 기민/기사당보다 훨씬 적극적이고 개방적이다. 보수주의는 기본적으로 사회복지시스템에 초래되는 복지비용을 고려할 때 노동이민은 경제적으로 도움이 되지 않는다고 간주한다(한스 베르너 진, 2007). 이에 반해,

자민당은 독일의 객관적 이해관계를 지향하는 분명한 기준을 만들어 이민국가의 길을 추구해야 한다고 강조한다. 자민당은 독일이 세계시장에서 다른 이민국가들과 우수한 전문인력을 두고 경쟁관계에 있으며 이 경쟁에서 이기기 위해 독일의 노동시장이 이민자들에게 충분히 매력적인 기회로 인식되어야 한다고 강조한다. 이런 이유로 자민당은 기민/기사당과 달리 영주권과 독일 국적 취득 기준을 완화하고 귀화 가능성에 대해서도 연방정부가 적극적으로 홍보해야 하며 투자이민의 기준도 지금보다 더 낮추어야 한다고 주장한다.[13)]

진보적 가치를 추구하는 정당으로 분류되는 녹색당과 좌파당도 전문인력이민을 바라보는 관점에서 근원적 차이를 드러낸다. 좌파당은 전문인력이민법이 인권이나 보편적인 인도주의의 관점은 배제한 채 오로지 경제적 이해관계만 고려한다고 비판한다. 좌파당은 정부의 전문인력이민법안이 이민자에 대해서는 거의 고려하지 않은 채, 오로지 이민 수용국의 유용성 기준에 입각하여 독일 경제계 또는 기업의 이해만을 일방적으로 반영한다고 비판한다. 또 전문인력이민은 송출국가의 발전을 저해할 수 있기 때문에 송출국의 사회경제적 발전이 함께 고려되어야 하고 이를 위해 송출국과 교류하는 절차도 필요하다고 말한다. 이에 비해 녹색당은 독일의 "경제적 가치를 생산하는 데 잘 교육받은 최고의 전문인력의 노하우가 매우 중요한 자원"이라고 간주하고, 독일의 경제적 복지를 지속가능하게 유지하기 위해 장기적으로 전문인력의 지속적인 이주가 필요하다고 강조한다. 녹색당도 좌파당처럼 이민 문제에서 세계적인 지속가능성을 고려한다. 가령 송출국가의 보건 분야에서 전문인력이 유출되어 그 사회에 부정적인 역할을 끼친

---

13) 체류 3년이 지나면 영주권을 부여하고 무기한 체류 허가 후 독일에서 2년을 거주하면 독일 국적 신청이 가능하도록 한다. 투자금액이 125,000유로 이상이고 3개 이상의 일자리를 창출하면 투자이민이 가능하도록 한다.

다면, 그 국가에 대해서는 녹색당이 주장하는 전문인력 이민자를 위한 '능력카드(Talentkarte)' 신청을 제한하자고 말한다. 그러나 녹색당의 전문인력 이민정책의 최우선 목적은 결국 독일의 경제적 부를 장기적으로 유지하는 데 있다. 이런 이유로 녹색당은 인구의 고령화 추세, 경제의 디지털화와 더불어 경제 및 사회의 생태적 전환에 대응하기 위해 포괄적인 이민법(Einwanderungsgesetz)이 필요하며 이 법안의 목적은 독일의 노동력 수요를 충족시키는데 있다고 분명히 밝히고 있다.

셋째, 녹색당과 자민당은 독일이 해외에서 전문인력을 적극적으로 유치하기 위해 현재의 법체계가 훨씬 유연하고 비관료적이고 간소해져야 한다고 강조한다. 전문인력을 효율적으로 유치하기 위해, 녹색당과 자민당 모두 점수제(Punktensystem) 도입을 주장한다. 점수제는 취업이민 신청자들에게 그들의 나이, 교육정도, 전문성, 독일어, 경력, 노동시장에서의 전문인력 수요 현황 등 다양한 요인에 따라 점수를 부여하고 이를 종합적으로 반영하는 제도이다. 자민당은 일자리를 공급받은 전문인력 이민자에 대해서는 '블루카드'를 제공하고, 일자리를 찾기 위해 독일로 입국하는 사람의 비자 발급을 조정하는 수단으로는 점수제에 기초한 '기회카드(Chancekarte)'를 도입하자고 주장한다. 이와 유사하게 녹색당은 노동 공급자 중심의 점수제에 기초해 '재능카드(Karte)'를 도입하고, 인구변화 추세에 맞추어 필요한 이민을 최대 20만 명까지 효과적으로 조절하기 위해 연간 배분되는 재능카드의 수는 제한하자고 제안한다. 이에 반해 연방정부는 이 '점수제'가 오히려 전문인력 선발과정을 장기화시키고 새로운 관료주의를 초래할 수 있다고 반박한다.[14)]

---

14) 연방내무부의 전문인력이민법에 관한 질문과 답변 https://www.bmi.bund.de/SharedDocs/faqs/DE/themen/migration/fachkraefteeinwanderung/faqs-fachkraefteeinwanderungsgesetz.html

한편, 녹색당과 자민당이 공유하지 않는 입장도 있다. 녹색당은 임금덤핑과 노동조건이 악화되지 않도록 좌파당과 마찬가지로 임금협약이 강화되어야 한다고 말한다. 이에 반해 자민당은 경직된 최저임금제를 없애고 임금을 현실적인 수준에 맞게 낮추어야 한다고 말한다.

넷째, 자민당은 경제적 자유주의의 신념에 기초해 전문인력의 이민을 적극적으로 유치하고, 경제 이민과 난민 정책은 철저히 분리되어야 한다는 입장을 견지한다. 이런 이유로 자민당은 경제적 이민정책에 대해서는 녹색당과 유사한 입장과 정책을 제시하지만, 난민 문제에 있어서는 녹색당과 좌파당의 인도주의적 입장과 차이를 보인다. 자민당이 박해받는 사람에 대한 인도주의적 의무를 강조한다고는 하지만 자민당의 인도주의는 명백한 한계를 드러낸다. 자민당은 정치적 망명자와 전쟁 피난민에 대한 보호는 고국에서 전쟁이 지속되는 기한에만 유효해야 한다고 주장한다. 또 자민당은 한시적으로 인도주의적 보호를 받거나 보충적 보호를 받는 난민(subsidiäre Schutzberechtigte)에 대해서는 가족이민을 배제한다.

자민당은 불법이민을 보다 철저히 단속하고 망명신청절차를 신속히 이행할 수 있는 제도적 조치를 강조하며 다음과 같이 구체적 대안을 제시한다. 자민당이 제시하는 안에 따르면, 망명자에 대한 신청과 보호 체류에 대한 모든 문제는 연방정부가 책임지고 주정부는 망명이 인정된 사람들의 통합과정을 책임진다. 망명신청절차를 신속히 진행하고 불법이민을 방지하기 위해 중앙의 난민수용시설에서 망명신청과 등록이 이루어지고, 모든 법적인 이의에 대한 대응과 의료적 지원 서비스도 수용시설에서 일괄적으로 진행한다. 또 이곳에서는 오로지 현물로만 지원한다. 안전한 출신국에서 온 망명신청자의 경우 망명신청절차를 1주일 내로 진행시키고, 지난 5~10년 동안 망명신청인정률이 5% 미만으로 낮은 국가를 추가적으로 안전한 국가로 지정하는 방안을 적극적으로 모색한다. 망명신청에 대한 이의 제기를 신속하게 진행하기 위해 연방행정법원의 판결이 '선도적 결정(Leitentscheidung)'으로 기능하여 하급심 재판에 판단기준이 되어야 한다. 망명신청이 거부된 사람에 대해서는 추방이 비록 비자발적이고 당사자에게 위협적으로 간주되더라도 추방을 집행해야 한다. 자민당의 이러한 입장은 녹색당 및 좌파당의 입장과는 차이를 드러낸다. 녹색당과 좌파당은 기본적으로 인도주의 및 보편 인권의 차원에서 난민에 대한 가족이민을 찬성하고, 특히 부모를 동반하지 않은 미성년자들의 경우 핵심가족의 개념이 형제자매로 확대되어야 한다고 주장한다. 그리고 망명신청이 거부된 자들의 추방에 대해서도 자발적 귀국을 원칙으로 하며, 아프가니스탄 등 위험한 국가로의 추방을 반대한다. 무엇보다 좌파당은 난민수용시설로 난민의 숙박을 제한하는 것을 반대한다.

자민당이 이렇게 경제 이민과 인도주의적 이민을 철저히 구별하는 것은, 이민에 대한 사회적 수용성 확대가 중요하다는 인식에 근거한다. 이것은 독일 사회의 여론을 어느 정도 반영하는 측면도 있다. 즉, 앞서 살펴본 대로 대다수 독일 국민은 난민의 유입은 제한해야 한다는 입장인 반면, 전문인력의 이민에 대해서는 긍정적이기 때문이다. 자민당은 난민이 최근 대규모로 유입되어 불안정을 초래하고 난민 문제로 인해 독일사회가 분열되었다는 점을 지적한다. 따라서 전문인력과 인도주의적 차원의 이민이 폭넓은 사회적 수용성을 획득하기 위해서는 이 이민을 규정하는 법 규정이 보다 명확해질 필요가 있다고 말한다.

다섯째, 난민 문제에 있어서는 자민당이 좌파당이나 녹색당보다 보수주의적 입장을 견지하지만, 세 정당 모두 이민자의 독일사회 통합에 대해서는 연방정부의 법안보다 더 개방적이다. AfD를 제외한 세 야당은 영주권, 국적 취득, 복수국적 인정 등의 이슈에 대해서는 연방정부의 안보다 더 개방적이고 완화된 조치를 요구한다. 무엇보다 연방정부의 법안에는 포함되지 않은 사항으로, 세 야당 모두 난민과 망명신청자들이 독일 체류 목적을 근원적으로 전환할 수 있는 '궤도변경(Spurwechsel)'이 가능해야 한다고 주장한다. 오랫동안 적법한 체류지위가 부여되지 않은 채 '체류용인(Duldung)'의 상태로 불확실한 체류지위가 지속적으로 연장되는 이른바 '연쇄체류용인(Kettenduldung)' 문제에 대해서는 시민사회단체뿐만 아니라 기업도 비판적인 입장을 보인다.[15] 기업의 입장에서는 난민의 체류지위가 안정적으로 보장되지 않으면 직업교육이나 고용 안정성이 저해되기 때문이다. 자민당은 독일의 노동시장에 이미 진입해 있으며 생계를 스스로 책임질 수 있고 독일의 사회시스템에 의존하지 않고 독일사회에 잘 통합된 난민에 대해서는 독일 노동이민을 가능하게 하는 '궤도변경'이 보장되어야 한다고 말한다. '체류용인' 문제에 대해 자민당이 경제적 이해관계에 초점을 맞추어 비판적 입장을 피력한다면, 좌파당과 녹색당은 인도주의적 차원에서 '체류용인'을 비판한다. 즉, '체류용인' 상태를 지속적으로 반복하며 난민에게 합법적인 체류권한을 부여하지 않으면 난민들이 통합프로그램의 수혜자가 될 수 없어 사회적 통합이 어려워진다고 말한다. 녹색당은 '체류용인'은 단순히 추방을 유예한다는 것을 의미하는 것으로 체류 불확실성을 가중시키고 일상생활에서도 가족결합을 어렵게 한다고 주장한다. 뿐만 아니라 '체류용인' 상태에서는 특정 장소에 주거할 의무가 부과되고 주택을 구하는 데 어려움을 겪는 등 일상생활에서 일종의 사회적 낙인찍기를 경험하게 된다고 녹색당은 말한다.

요약하면, 녹색당과 자민당은 연방정부가 주장하는 전문인력 이민의 필요성과 동일한 관점을 견지하지만 연방정부가 제시한 전문인력

---

15) '체류용인'에 대한 사회단체의 비판에 대해서는 http://www.diakonie.de/wissen-kompakt/bleiberecht/ 참조

이민법안은 매년 20만 명 정도의 전문인력을 유치하기에는 충분하지 않다고 비판한다. 이에 반해 좌파당은 정부의 전문인력 부족에 대한 입장을 공유하지 않으며 정부의 주장이 상당부분 과장되어 있다고 비판한다. 좌파당은 전문인력의 이민이 늘어나면 결국 노동시장에서 노동력 예비 공급력이 증가하여 기업 입장에서는 임금을 낮게 유지하고자 하는 이해관계가 반영될 수 있다고 우려한다. 이것이 임금덤핑과 장기적으로 노동조건을 악화시킬 수 있다고 간주한다. AfD는 낯선 문화에 대한 거부와 빈민 이민 증가에 대한 우려로 전문인력이민법을 반대한다. 자민당과 녹색당이 전문인력 유치를 위해 유사한 정책을 제시하는 부분도 있지만, 임금 정책의 경우 녹색당은 임금협약 강화를 주장하며 좌파당과 입장을 공유한다. 난민과 관련된 정책에서는 녹색당과 좌파당이 보다 많은 입장을 공유하며 자민당과 구별된다. 역설적이게도 전문인력 이민의 확대 여부만 따지면, 난민, 이민 문제에 있어 가장 진보적 입장을 피력하는 좌파당과 반이민주의 정서에 기대고 있는 극우정당인 AfD가 같은 입장을 취하게 된다. 하지만 AfD의 입장이 근원적으로 낯선 문화의 이민자를 배제한다는 데 근거하고 있다면, 좌파당은 사회적으로나 글로벌 차원에서나 약자의 입장을 대변하는 차원에서 전문인력이민법을 반대한다고 볼 수 있다. 좌파당은 이민과 피난(Flucht)의 차이가 점점 더 불명확해진다고 지적하며, 기후변화에 따른 기후난민(환경난민)과 세계적인 경제 양극화에 따른 남쪽 국가의 빈곤이민은 이민과 피난의 구분을 모호하게 만든다고 말한다. 좌파당은 노동시장에서 노동력 상품가치가 높은 전문자격을 갖춘 인력에 대해서는 이민의 문호를 점점 더 개방하는 반면, 미숙련/저숙련 노동자의 이민은 제한하고 정작 보호를 필요로 하는 난민이나 빈곤이민에 대해서는 국경의 경계를 강화하고 있다고 보다 근원적인 문제를 제기한다.

## 5. 노동이민에 대한 정치 담론

독일 정당의 이민정책에 대한 정치적 담론은 크게 3가지로 구분할 수 있다. 자유주의 담론, 평등주의 담론, 그리고 민족주의[16] 담론이 그것이다. 자유주의 담론은 경제적 자유주의에 기초하고 세계시장에서 독일의 산업경쟁력을 유지하는 데 초점을 맞춘다. 저출산과 고령화에 의한 인구구조의 변화와 디지털화와 서비스화에 따른 경제구조의 변화에 대응하기 위해 필요한 전문인력을 해외에서 들여오는 데 적극적이다. 우수한 해외 인재를 두고 다른 이민국가와 경쟁관계에 있다고 보기 때문에, 독일의 노동시장이 해외 이민자에게 매력적이 곳이 되어야 한다고 강조한다. 이런 이유로 이주노동자의 독일 정주와 독일 시민권 획득이 더 용이해져야 한다. 독일의 사회복지를 저해하지 않으면서 독일에서 스스로 일하여 생계를 책임지고, '열린사회'의 가치를 지지하는 이민자의 유입을 목표로 내세운다. 자유주의 담론에서 난민은 협소한 의미로 정의된다. 정치적 박해자와 전쟁 및 내전에 의한 피난민만 인도주의적 보호를 받을 수 있고 전쟁이나 내전 피난민은 전쟁이 끝나면 본국으로 돌아가야 한다. 망명신청은 최대한 효율적으로 신속하게 이루어져야 한다. 망명신청자에게 망명신청 권리를 인정하고 그 기간 동안의 보호를 보장하지만 보호의 범위는 필요한 현물급여로 제한된다. 무엇보다 망명신청 절차가 끝나기 전에 불법 난민이 되는 것을 막기 위해 신청기간 동안 난민수용시설에서만 머무르고 난민수용시설 내에서 의료, 법적 이의 제기 등의 문제가 해결되는 방안을 선호한다. 이 자유주의 담론을 대표하는 정당이 자민당이다.

16) 제국주의에 대항하는 민족주의는 역사적으로 진보적 성향을 대표하는 담론 중 하나지만, 탈제국주의 시대에 타민족, 타문화를 배제하는 민족주의 논리는 맹목적, 광신적 애국주의를 의미하는 쇼비니즘으로 흐를 수 있다. 이런 차원에서 극우정당인 AfD의 정치 담론을 민족주의로 지칭한다.

자유주의 담론과 대척점에 서 있는 담론이 평등주의 담론이다. 모든 인간이 평등하게 인간의 존엄과 가치를 누려야 한다는 사상에 토대를 두고 있다. 이 평등주의 담론에는 인도주의와 보편적 인권의 가치가 내포되어 있다. 이런 이유로 평등주의는 난민에 대해 가장 포용적 입장을 취한다. 자유주의 담론이 기업의 경쟁력을 강조하며 임금협약과 최저임금을 반대한다면, 평등주의 담론에서는 임금협약의 강화와 최저임금 인상을 강조한다. 자유주의 담론이 경쟁을 강조한다면, 평등주의 담론은 모든 사람들에게 양질의 일자리를 제공하는 연대성을 강조한다. 평등주의 담론은 신자유주의 세계화 과정에서 글로벌 차원에서의 남북 간 불평등과 사회적 차원에서의 빈부격차가 심화되면서 빈곤이민이 발생하고 기후변화에 의한 환경난민이 이러한 추세를 더욱 심화시킨다고 인식한다. 그래서 난민과 이주노동자의 구별이 점점 모호해진다고 파악한다. 더 나아가 이주노동자의 양극화가 심화된다고 비판한다. 즉, 능력 있는 전문인력에 대한 이민은 점점 개방되는 추세지만 미숙련 노동자나 빈곤난민에 대해서는 이민의 벽이 더욱 높아지기 때문이다(박경순·윤도현, 2009). 이런 상황에서 평등주의 담론은 노동이민을 단순히 자국의 경제적 유용성 차원으로만 바라보지 말고 남쪽 송출국가의 사회경제 발전을 저해시키지 않는 발전모델을 추구할 것을 강조한다. 평등주의 담론은 글로벌 차원에서 연대와 보다 평등한 발전을 추구한다. 자유주의 담론이 오로지 경제적 유용성에만 초점을 맞추어 해외 전문인력을 유치하려 하기 때문에 정작 이민자의 정치적 권리에 대해서는 침묵하는 반면, 평등주의 담론은 모두를 위한 좋은 일자리라는 연대적 이민정책을 추구하기 위해 이주노동자도 내국인과 동일한 정치적 권리를 누려야 한다고 주장한다. 이런 이유로 이주노동자들의 국적이나 영주권 취득을 완화해야 한다고 본다. 이 평등주의 담론을 대표하는 정당이 좌파당이다.

마지막으로, 민족주의 담론은 기본적으로 배제의 논리에 기초하여 타민족과 타문화에 배타적이다. 이 논리의 당연한 귀결로, 민족주의 담론은 속인주의에 근거한 국적 취득을 옹호한다. 국익을 위한다는 차원에서 이민을 완전히 배제하지는 않지만 능력이 확실히 보장된 유능한 사람들의 이민만을 허용하고 빈곤난민의 유입에 오용될 소지가 있는 망명권리는 폐지되어야 한다고 주장한다. 민족주의 담론은 '국가 중심주의' 지향과도 어느 정도 겹치지만, 자유주의 담론이 국가의 경제적 이해관계를 위해 전문인력 중심의 노동이민 확대에 적극적인 것과는 대조적으로 민족주의 담론은 이민정책이 악용될 소지에 더 집중한다. 이렇게 악용될 경우 '빈곤' 이주민이 유입되고 이로 인해 임금덤핑, 주택 공급 부족 등 사회경제적 손실이 초래될 수 있다는 입장이다. 민족주의 담론은 낯선 문화에 대해 폐쇄적 입장을 견지하면서 개방화된 경제에서도 노동의 이동은 반대한다. 이런 차원에서 자유주의 담론의 '열린사회' 지향과는 상반된다. 민족주의 담론은 EU 차원의 노동정책이나 이민정책을 거부하고 국경은 장기적으로 폐쇄하여 난민 유입을 제한해야 한다고 주장한다. 이 민족주의 담론을 대표하는 정당이 AfD이다.

〈그림1〉 독일 정당의 노동이민에 대한 정치적 담론

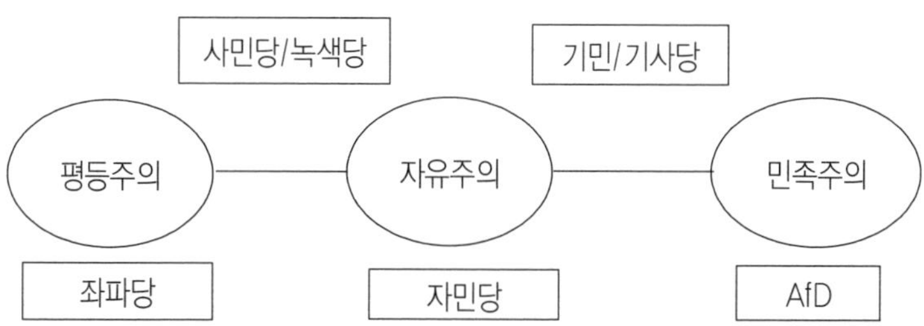


〈그림1〉에서처럼 기민/기사당의 정치적 담론은 민족주의와 자유주의 담론 사이에 위치시킬 수 있으며 사민당과 녹색당은 자유주의 담론

과 평등주의 담론 사이에 위치시킬 수 있다. 녹색당의 경우 전문인력 이민에서는 임금정책을 제외하면 거의 자유주의 담론을 추구하고 있으며, 난민 문제에 있어서는 보편 인권과 인도주의에 기초한 평등주의 담론을 추구하고 있다.

평등주의 담론을 어느 정도 공유하는 사민당, 좌파당, 녹색당 가운데 사민당은 집권당으로서 야당인 좌파당이나 녹색당보다는 정치적 논쟁에서 선명성을 드러내기 힘든 위치에 있다. 사민당은 2019년 유럽의회 선거에서 선거 프로그램 중 이민정책에 대한 비중이 5%로 가장 낮았다. 연립정부를 함께 구성하고 있는 기민/기사당이 AfD 다음으로 이민정책 비중이 높은 것과는 대조적이다. 기민/기사당의 경우, 민족주의와 자유주의 담론 사이에서 AfD의 세력 확대를 저지하기 위해 특히 난민 정책에서는 사민당보다 보수적인 목소리를 내야 하는 정치적 역학이 작용한다. 그럼에도 불구하고 정치적 담론의 거리가 멀다고 할 수 있는 기민/기사당과 사민당의 연정은 연정 내 이민정책 합의 과정을 통해 이민정책이 민족주의 담론으로 당겨지는 힘을 약화시키고 이민정책을 좀 더 진보적인 방향으로 이끄는 역할을 수행한다. 2018년 가을 연방정부가 제시한 전문인력 이민을 위한 핵심사항에 대해 기민/기사당이 제기한 비판이 그것을 대변한다. 가령 기민/기사당은 공식적인 노동계약 없이 독일로 입국하는 조치를 비판했고 일자리를 찾는 시간도 6개월이 아닌 3개월이어야 한다고 주장했다. 기민/기사당은 노동계약 없이 6개월 동안 입국을 허락할 경우 사회보장시스템을 저해하는 불법이민이 촉발될 수 있다고 강조했다. 또 전문인력이 확실히 부족한 직종 이외에 다른 분야로 전문인력을 확대하는 것을 반대했다.[17] 이런 기민/기사당의 입

---

17) Spiegel Onlie, 2018.10.20. "Union will Einwangerungsgesetz verschaerfen" (https://www.spiegel.de/politik/deutschland/union-will-einwanderungsgesetz-verschaerfen-a-1234196.html)

장이 전문인력이민법안에서 관철되지 않은 것은 대연정 내의 사민당의 입장이 작용했기 때문이다. 난민정책에 있어서도 사민당은 연정 내에서 민족주의 담론이 끄는 힘을 저지하는 역할을 수행한다. 만약 정치적 담론이 서로 가까이 있는 기민/기사당-자민당 연정이었다면 난민정책이 더 보수화되었을 가능성이 크다. 왜냐하면 자유주의 담론이 추구하는 협소한 난민정책과 기민/기사당이 어느 정도 공유하는 민족주의 담론의 난민 배제 정책이 만나 난민 정책을 지금보다 더 민족주의 담론 방향으로 견인했을 가능성이 크기 때문이다. 실제로 사민당은 가족이민이나 난민수용소 문제에 있어 기민/기사당과 의견을 달리하며 연정 내 이러한 긴장관계 속에서 정책 조율이 이루어지고 있다.

## 6. 한국사회에 던지는 시사점: 정치적 논쟁의 중요성

지금까지 독일의 2019년 전문인력이민법을 둘러싼 정치적 논쟁이 어떻게 전개되고 있는지 살펴보고 정당의 입장을 평등주의, 자유주의, 민족주의라는 정치 담론으로 구성했다. 독일의 사례는 이민정책이 국가 외적인 상황과 국내의 인구통계학적, 사회경제적, 정치적 맥락에 따라 지속적으로 변화할 수밖에 없고 이에 따라 정당 사이에서 형성되는 정치 담론 구조도 끊임없이 진동할 수밖에 없는 진행형의 과제라는 것을 보여주고 있다. 독일과 한국은 이민 또는 난민 정책의 정치사회적 맥락에서 많은 차이를 보인다. 이러한 차이에도 불구하고 한국과 독일은 저출산과 고령화라는 비슷한 인구통계학적 변화를 겪고 있고 상대적으로 높은 수출 의존도를 보이며 개방화된 경제환경에 동일하게 노출되어 있다. 전문인력 이민정책과 난민정책을 둘러싼 독일의 정치 논쟁은 경제이민과 난민정책에 대해 한국정치가 그동안 본격적으로 논의하지 않은 많은 쟁점을 소개하고 있다.

독일은 이민 배경을 지닌 사람이 전체 인구에서 거의 1/4을 차지하며 이민의 역사도 한국에 비해 훨씬 더 길다. 독일은 1950년대 주로 미숙련 노동력을 해외에서 수입하여 경제성장기의 인력 부족을 메웠다면, 2019년 전문인력이민법을 통해서는 EU 이외의 제3국의 전문인력의 취업이민을 원칙적으로 개방함으로써 독일 경제의 미래 성장 잠재력을 유지하고자 한다. 전문인력 이민에 대한 독일사회의 수용성은 높다. 난민정책은 인도주의적 차원과 경제성장에 대한 긍정적 기여 등이 복합적으로 작용하지만, 독일 국민의 대다수는 극우 정치세력의 부상을 우려하며 제한된 난민 수용을 지지하고 있다. 독일과 비교할 때 한국은 난민 유입에 대한 사회정치적 압력이 거의 없는 편이다. 이런 이유로 2018년 예멘 난민 수백 명이 난민 신청을 위해 한국으로 들어온 것은 일대 사건이 되었다. 하지만 이에 대한 당시 한국의 정치사회적 반응은 일회적 이슈로 그치고 말았다. 또 이주노동자의 가족결합을 인도주의적 차원에서 옹호하고 논쟁하는 정치적 세력이 없다는 것도 노동이민 정책이 그만큼 정치적으로 이슈화되지 않았다는 것을 방증한다. 사회적 약자에 대한 문제를 정치적으로 책임 있게 다루지 않은 결과, 한국에서 이주노동자, 미등록 노동자, 미등록 이주아동, 난민 문제는 인권의 사각지대에서 방치되고 있다. 독일에서는 '체류용인'이라는 법적 틀이 존재하는 반면(물론 녹색당이나 좌파당은 '체류용인' 상태에 대해 인도주의적 차원에서 비판적 입장을 견지한다), 한국에서는 체류자격이 없는 사람들을 어떤 법적 틀도 없이 '방치'하고 있다. 한국에서 태어난 미등록 이주아동에 대한 극단적 인권 침해가 발생하는 이유이다.[18)]

샹탈 무페(2006, 2009)는 다원 민주주의가 제대로 작동하려면 '우리

---

18) 한겨레, 2019.7.4. "한 이주민 가족의 이야기"

/그들'이라는 적대의 존재 가능성을 인정하고 대의제에서의 경합적 역동성을 회복하는 것이 시급하다고 강조한다. 이 경합적 역동성을 발현하고 추동하는 핵심이 정당의 정치 담론 경쟁이다. 샹탈 무페(2009, 90)에 따르면, 사회적 행위자의 "의식이란 언제나 담론적으로 구성"되고 "정치적 주체성들은 경쟁하는 정치 담론들에 의해 형성"되며 "정당은 이러한 정치 담론의 경쟁에서 핵심"적 역할을 수행한다. 이러한 담론은 대중의 "삶의 경험에 의미를 부여하는 상징적 표식을 제공"하며 담론을 통해 대중은 정치사회적 이슈에 대해 자신들의 입장을 위치시킨다. 이민정책은 자칫 민족적, 인종적 정체성을 중심으로 극우 포퓰리즘으로 경도될 가능성을 내재하고 있다. 따라서 이를 저지하기 위한 뚜렷한 정치적 정체성을 구성하는 것이 중요하다. 독일에서는 7개의 정당이 민족주의, 자유주의, 평등주의 정치 담론의 스펙트럼에 다양하게 분포하면서 의회 정치 내에서 담론의 경합적 경쟁을 통해 이민정책을 형성하고 있다.

정치적 담론의 실천적 차원에서 살펴보면 민족주의와 평등주의는 현실정치에서 실천되기 어려운 강령이다. 민족주의 담론은 폐쇄적이고 배타적인 정체성으로 인해 다원주의, 민주주의, 다문화사회 등 시대정신을 반영하지 못한다. 이에 반해, 평등주의 담론은 난민정책에서 가장 포용적인 입장을 견지하지만, 근원적으로 평등주의라는 본질주의 형태에 갇혀 있어 실제 대안들 사이에서 시민들이 선택할 수 있는 가능성으로 정책이 표현되지 않는다는 한계를 지닌다(샹탈 무페, 2019, 140). 그렇다고 평등주의 담론의 '유용성'이 사라지는 건 아니다. 평등주의 담론은 자유주의와 민족주의가 이민정책에서 간과하고 있는 문제, 가령 이민자들의 정치권리 문제나 경제적 유용성의 잣대로만 노동이민을 도구화시키는 문제 등을 강조하고 정치적 담론 경쟁에서 진보적인 가치 지향을 보여주는 하나의 등대 역할을 수행한다.

# 참고문헌

## 국내 서적 및 논문

강수돌, 2005, 독일 내 국제이주노동자 현황과 정책, 프리드리히 에베르트 재단, FES-Information-Series, 2005-01, 1-12

김기선, 2016, 독일의 이민정책과 이민정책 추진체계, 노동법논총 37, 111-158

김영술, 2018, 독일의 난민 수용과정에서 나타난 정책 변화의 연구, 분쟁해결연구, 16(2), 99-134

박경순·윤도현, 2009, 세계화와 이민정책-독일의 2005년 『이민법』을 중심으로, 한독사회과학논총, 19:2, 113-140

샹탈 무페, 2006, 민주주의 역설, 인간사랑

샹탈 무페, 2019, 좌파 포퓰리즘을 위하여, 문학세계사

오정은, 2015, 유럽의 반이민 정서와 극우정당 지지율 관계 분석, Homo Migrans, Vol.13, 60-82

이용일, 2003, 외국인 고용과 기술혁신. 독일 연방공화국의 외국인모집정책(1955~1973), 독일 빌레펠트대학 박사학위 논문초록, 서양사론, 제80호, 234-238

이용일, 2007, 파편적·일국사적 이민연구에서 통합적·초국가적 이민연구로-독일 이민사 연구 노트, 서양사론, 제93호, 305-331

이승현, 2016, 유럽의 시리아 난민 유입과 독일의 노동정책, 국제노동브리프, 14(3), 66-81

조의행, 2015, 유럽인, 난민을 향한 불편한 시선, 이제 여기 그 너머, Vol.6, 40-46

최진우, 2016, 난민위기와 유럽통합, 문화와 정치, 3(1), 109-137

한스 베르너 진, 2007, 독일 경제 어떻게 구할 수 있는가, 까치

## 국내 언론기사

중앙일보, 2018.7.3. “독일 대연정 붕괴위기 해소…메르켈 난민 포용책 본격 후퇴”

한겨레, 2018.7.3. “메르켈, 기사련에 ‘백기’…연정붕괴 위기 간신히 봉합”
한겨레, 2019.7.4. “한 이주민 가족의 이야기”

## 독일 연방의회 자료

Deutsche Bundestag, Drucksache 19/6889. 2018.12.20. “Fachkräftestrateige der Bundesregierung”

Deutsche Bundestag, Drucksache 19/9052, 2019.04.04. “Für eine offene, meschenrechtsbasierte und solidarische Einwanderungspolitik”

Deutsche Bundestag, Drucksache 19/9855, 2019.05.03. “Fachkräfteeinwanderungsgesetz – Gute Arbeit garantieren und Vollbeschäftigung erreichen”

Deutsche Bundestag, Drucksache 19/7058, 2018.01.16. “Fachkräfte für den Arbeitsmarkt von morgen”

Deutsche Bundestag, Drucksache 19/6542, 2018.12.14. “Entwurf eines Gesetzes zur Einführung eines Einwanderungsgesetzes”

Deutsche Bundestag, Drucksache 19/6541, 2018.12.14. “Bleiberecht für Geflüchtete gestalten, Aufenhaltsrechte stärken, Rechtssicherheit schaffen, Spurwechsel ermöglichen”

Deutsche Bundestag, Drucksache 19/9924, 2019.05.07. “Für einen konsequenten Ansatz in der Einwanderungspolitik – Eckpunkte eines umfassenden Einwanderungsgesetzbuches”

## 독일 언론 및 기타 자료

Malteser, Migrationsbericht(이주현황보고서) 2017

Mediendienst-Integration, 2019.5.11. “Was steht in den Europawahl-Programmen?”

Sachverständigenrat deutscher Stiftungen für Integration und Migration, Fakten zur Einwanderung in Deutschland(독일 이민 현황), 2018.12.12.

Spiegel Onlie, 2018.10.20. “Union will Einwangerungsgesetz verschaerfen”

Spiegel Online, 2019.3.19. "Studie, So denken die Deutschen ueber Migration"
Spiegel online, 2018.9.18. "Migration nach Deutschland. Warum wir endlich ein echtes Einwanderungsgesetz brauchten"
Tagesschau, 2017.9.12. "Welche Fluechtlingspolitik die Parteien wollen"

## 독일 참고 웹사이트

www.bmi.bund.de
www.bundestag.de
www.diakonie.de/wissen-kompakt/bleiberecht
www.fachkraefteeinwanderungsgesetz.de
www.make-it-in-germany.com

## 프리드리히 에버트 재단

프리드리히 에버트 재단(Friedrich-Ebert-Stiftung, FES)은 풍부한 사회민주주의 전통을 가지고 있는 독일에서 가장 유서 깊은 정치 재단으로 1925년까지 그 역사가 거슬러 올라간다. 재단의 이름이 말해주듯 설립 과정과 재단의 임무는 민주적으로 선출된 독일 최초의 대통령인 프리드리히 에버트의 정치적 유산에 따르고 있다. 프리드리히 에버트 재단의 활동은 사회민주주의의 핵심이자 가치인 자유, 정의, 연대에 중점을 두고 있으며, 사회민주주의 및 자유 노동조합과 깊은 관련을 맺고 있다. 에버트 재단은 비영리 기구로서 자율적이며 독립적으로 활동하고 있다.

프리드리히 에버트 재단 한국 사무소는 1960년대 말 개설되었다. 한국 민주주의 발전 역사와 더불어 활동 형태에 변화가 있었지만, 재단이 추구하는 기본 목표는 변하지 않았다. 바로 다원적 민주주의 속에서 사회적 평등을 지향하는 경제 정책을 추진하고, 이를 통한 경제 발전을 할 수 있도록 지원하는 것이다. 재단은 향후 한국이 필요로 하는 정책이 적용될 수 있도록 한국과 독일 간 대화 및 교류를 촉진하고 한국과 유럽 국가, 그리고 아시아와 유럽 국가 간에도 바람직한 관계가 형성될 수 있도록 노력할 계획이다. 또한, 한반도와 동아시아의 평화와 협력에도 기여하고 있다.

## 프리드리히 에버트 재단 한국사무소

**주소** 서울시 종로구 율곡로 88 1101호
**전화** 02-745-2648 **이메일** info@fes-korea.org
**누리집** http://www.fes-korea.org/

## 다문화평화교육연구소

다문화평화교육연구소는 선주민과 이주민이 평화롭게 공존하는 사회를 만들자는 취지로 2015년 광주광역시에 설립한 비영리민간단체다. 이주민과 함께하는 역량강화교육과 선주민과 함께하는 다문화이해 교육을 통해 이주민과 선주민의 평화로운 공존을 이루고자 하며 다음과 같은 사업을 하고 있다. 첫째, 다문화와 이주민에 대한 다양한 이론과 관점을 연구하고 교재와 매뉴얼을 제작 · 보급한다. 둘째, 선주민과 이주민이 평화롭게 공존하도록 평화교육을 실시한다. 셋째, 다문화 활동을 수행하는 지역사회와 지역교회 기관 그리고 지자체가 연대하고 협력하도록 거너번스 구축에 힘쓴다.

**주소** 광주광역시 동구 예술길15번길 10-1 2층
**전화** 062-674-2508 **이메일** peacepedagogy@daum.net
**누리집** http://www.cfmm.co.kr/

## 사단법인 생명평화아시아

생명평화아시아는 생평과 평화의 가치를 실현하기 위한 연구단체를 지향한다는 취지로 2018년에 설립되었다. 대구에 뿌리를 둔 단체로 생명이 존중받고 평화가 실현되는 공동체와 그 속에서의 평화로운 삶을 지향하며, 생명과 평화의 가치를 바탕으로 아시아인의 소통과 연대를 위해 노력하고 있다. 생명평화 사상과 운동에 대한 연구, 생태파괴 현장에 대한 탐방과 조사, 생명과 평화를 주제로 한 시민 대상 강연과 토론회, 아시아 시민의 연대를 위한 활동 등을 수행하고 있다.

**주소** 대구시 수성구 명덕로 411 광덕빌딩 8층
**전화** 053-753-1894 **이메일** ecopeace-a@naver.com
**누리집** http://www.eco-peace-asia.net/